갈치-Z

갈치-Z [HAIRTAIL-Z]

갈치낚시 최적의 낚싯대로 재탄생!

갈치의 마릿수 입걸림의 식별이 가능한 섬세한 팁 섹션의 움직임은 블랭크와 연계 되어 정교한 휨새를 연출한다.

시인성이 뛰어난 오렌지 형광페인트로 도색하여, 야간 제등낚시에 확실한 시인성을 제공한다.

SIC링을 탑재한 가이드는 전동릴 사용으로 인한 급격한 라인과 링의 마찰을 반영구적으로 견디어 낼 수 있다.

또한 염분에 강한 크롬 증착프레임 가이드 사용으로 악조건하에 로드의 수명을 장기간 지속시킬 수 있다.

Spiral Guide System (나선형 가이드 시스템)

나선형 구조의 가이드 배열은 타겟 어종과의 파이팅시 힘의 하방진행을 이루어지게 만들어, 베이트 로드도 블랭크에 라인이 쏠리거나 낚싯대가 뒤틀리는 현상없이 낚시를 가능하게 한다.

HAIRTAIL 갈치

Black Hole 갈치-Z 420

갈치-Z 420

갈치-Z 360

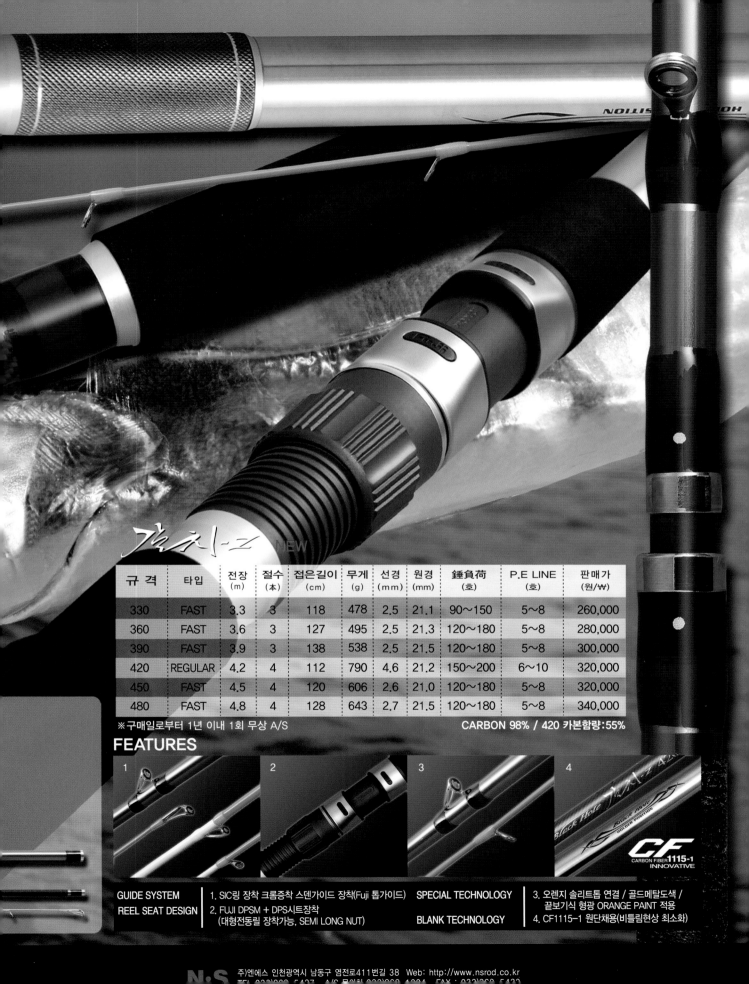

갈치-Z NEW

규 격	타입	전장 (m)	절수 (本)	접은길이 (cm)	무게 (g)	선경 (mm)	원경 (mm)	錘負荷 (호)	P.E LINE (호)	판매가 (원/₩)
330	FAST	3.3	3	118	478	2.5	21.1	90～150	5～8	260,000
360	FAST	3.6	3	127	495	2.5	21.3	120～180	5～8	280,000
390	FAST	3.9	3	138	538	2.5	21.5	120～180	5～8	300,000
420	REGULAR	4.2	4	112	790	4.6	21.2	150～200	6～10	320,000
450	FAST	4.5	4	120	606	2.6	21.0	120～180	5～8	320,000
480	FAST	4.8	4	128	643	2.7	21.5	120～180	5～8	340,000

※ 구매일로부터 1년 이내 1회 무상 A/S   CARBON 98% / 420 카본함량:55%

FEATURES

1   2   3   4

CF 1115-1
CARBON FIBER
INNOVATIVE

GUIDE SYSTEM   1. SIC링 장착 크롬증착 스텐가이드 장착(Fuji 톱가이드)   SPECIAL TECHNOLOGY   3. 오렌지 솔리트톱 연결 / 골드메탈도색 /
REEL SEAT DESIGN   끝보기식 형광 ORANGE PAINT 적용
                   2. FUJI DPSM + DPS시트장착   BLANK TECHNOLOGY   4. CF1115-1 원단채용(비틀림현상 최소화)
                   (대형전동릴 장착가능, SEMI LONG NUT)

주)엔에스 인천광역시 남동구 염전로411번길 38 Web: http://www.nsrod.co.kr

갈치대의 진격 !!
너울과 함께하는 밸런스를 가지고
갈치를 향해 진격한다.

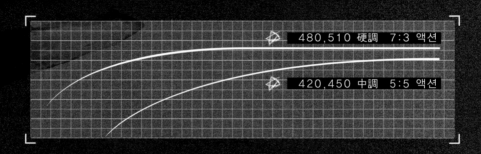

480,510 硬調 7:3 액션

420,450 中調 5:5 액션

420,450/중조 "파도와 물결이 높은 날 킹덤 갈치가 춤을 춘다."

CARBON 과 EPOXY GLASS를 적절히 배합하여 강도와 끈기를 부여 하였으며, 한마리의 갈치가 물으나 여러마리의 갈치가 물으나 자동으로 HOOKING 이 가능하도록 파라볼릭하게 소재를 설계함. 소재 자체의 반발력을 높일수 있도록 5:5 발란스 설계를 함으로써 갈치 낚시를 즐기는 동안 힘들이지 않고 즐거운 낚시를 경험 하게 될것 이다.
420 과 450 의 경우 갈치와 열기 낚시를 동시에 가능 하도록 REEL SEAT 위치를 480 , 510 보다 10 CM 높이 장착 하여, 열기 낚시시 옆구리에 파지가 가능 하도록 적절한 길이를 부여 하였다.

구매일로부터 1년이내 1회무상A/S

규격	전장 (m)	절수 (本)	접은길이 (cm)	무게 (g)	선경 (mm)	원경 (mm)	錘負荷 (호)	LINE (PE)	판매가 (원)
420(중경)	4.2	4	112.0	740	4.6	21.2	150~200	6~10	500,000
450(중경)	4.5	4	119.5	810	4.7	21.5	150~200	6~10	520,000

카본 55%

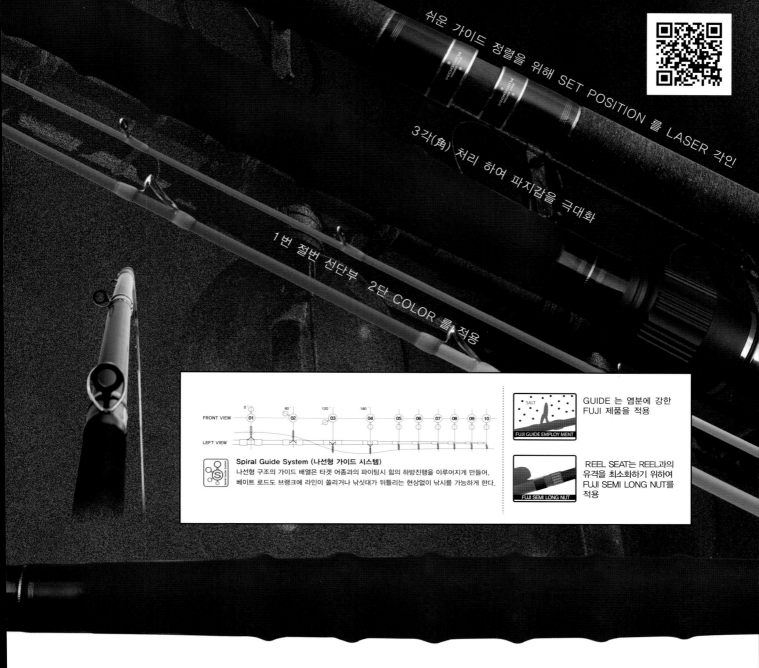

쉬운 가이드 정렬을 위해 SET POSITION 를 LASER 각인

3각(角) 처리 하여 파지감을 극대화

1번 절번 선단부 2단 COLOR 를 적용

Spiral Guide System (나선형 가이드 시스템)
나선형 구조의 가이드 배열은 타겟 어종과의 파이팅시 힘의 하방진행을 이루어지게 만들어, 베이트 로드도 브랭크에 라인이 쏠리거나 낚싯대가 뒤틀리는 현상없이 낚시를 가능하게 한다.

GUIDE 는 염분에 강한 FUJI 제품을 적용

REEL SEAT는 REEL과의 유격을 최소화하기 위하여 FUJI SEMI LONG NUT를 적용

480,510, 300, 360/경조 "파고가 잔잔한날이 기다려지는 아이템"

전통 적인 갈치 ACTION 인 허리힘은 강하고, 톱(TOP) 부분은 부드러운 ACTION 을 구현하기 위하여 98%의 CARBON 을 적용 함으로써 , 가볍고 강한 ACTION 을 구현 하였다.420,450 와 달리 전통 갈치 전용으로 설계 함으로써 REEL SEAT 위치를 10CM 짧게 장착 하여 HOLDER 에 낚시대를 고정시 REEL 위치가 HOLDER 끝에 오도록 배치 하였다.

구매일로부터 1년이내 1회무상A/S

	규격	전장 (m)	절수 (本)	접은길이 (cm)	무게 (g)	선경 (mm)	원경 (mm)	錘負荷 (호)	LINE (PE)	판매가 (원)
	480(경조)	4.8	4	128.0	640	2.9	21.1	120~180	5~8	540,000
	510(경조)	5.1	4	135.5	680	3.0	21.5	120~180	5~8	560,000
NEW	300(경조)	3.0	3	108.0	467	2.4	20.3	90~150	5~8	420,000
NEW	360(경조)	3.6	3	127.0	498	2.5	21.3	120~180	5~8	440,000

카본 55%

N·S 주)엔에스 인천광역시 남동구 염전로411번길 38 Web: http://www.nsrod.co.kr
TEL 032)868-5427   A/S 문의처 032)868-1004   FAX : 032)868-5423

갈치 축제가 시작된다

IN WAY GOLIAS 은갈치

블루코너 G 은갈치

블루코너 G 은갈치 EG450

IN WAY GOLIAS 은갈치 제원

시리즈명	품 번	전 장(m)	마디수	접은길이(Cm)	선 경	원 경	무 게(g)	가 격
인웨이 GOLIAS - 은갈치	150-400TE	4.00	4(+1 Tip)	113	내경 2.8	24.5	590	290,000
	150-450T	4.50	4(+1 Tip)	123	내경 2.8	24.5	650	320,000

블루코너 G 은갈치 제원

시리즈명	품 번	전 장(m)	마디수	접은길이(Cm)	선 경	원 경	무 게(g)	비 고	가 격
블루코너 G 은갈치	EG330	3.30	3	131	3.7	24.0	520	100-150호	270,000
	EG360	3.60	3	135	2.5	24.0	530	80-150호	290,000
	EG420	4.20	3	146	2.3	24.0	590	100-150호	330,000
	EG450	4.50	4	125	2.3	24.0	650	100-150호	450,000
	EG500	5.00	4(+1 Tip)	139	2.5(3.7)	24.0	690	80-100, 100-150호	550,000

멀리 또 가까이 점점이 밝혀진
선상의 불빛만큼 화려한 축제가
마침내 심연으로 부터 시작된다!

아! 가슴 깊은 곳으로 부터
얼마나 고대하던 시간이던가?

그대여, 지금 이 순간 만큼은
갈치낚시의 새로운 패러다임-
인웨이 골리아스 은갈치, 블루코너 G 은갈치대와 함께
바다의 일렁임도 세간의 근심도 아득히 모두 잠재운채
그 축제의 열기속에 무조건 빠져들라!

최고급 인터라인 배낚싯대 – 골리아스(GOLIAS) 은갈치 특장점

◆ 인터라인 시스템 ◆ 조립과 해체, 휴대 용이 ◆ 꽂기 빼기 병용 시스템 ◆ 강하고 탄력있는 허리
◆ 저항이 적은 내부시스템으로 낚시줄의 원활한 소통

선상 갈치낚시에 최적화 되도록 개발한 선상 갈치낚시 전용대입니다. 갈치 낚시가 주로 밤에 행해지는 여건에 맞춰
채비의 운용을 쉽게 할 수 있도록 인터라인 시스템이며 허리힘도 강하게 설계하여 낚시 그 자체가 편안합니다.
400TE는 (전체 빼내기식 물림방식) 450T는 (1번대와 2번대는 빼내기, 3번대는 손잡이대에 꽂기식 물림방식)

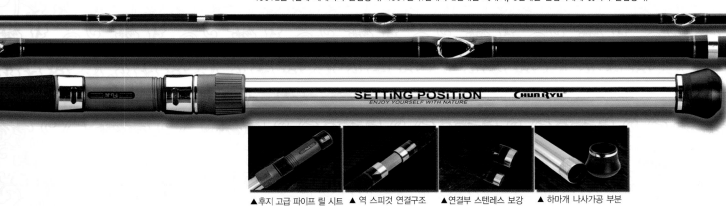

▲후지 고급 파이프 릴 시트 ▲역 스피컷 연결구조 ▲연결부 스텐레스 보강 ▲하마개 나사가공 부분

최고급 선상 갈치낚시 전용 대 '블루코너 G 은갈치' 특장점

◆ 가이드 부착 은갈치대 ◆ 스피컷 시스템 쪼인트 ◆ 강하고 탄력있는 허리 ◆ 호수별 다양한 환경 선택 가능

갈치 낚시의 뉴 패러다임!! 선상 갈치낚시에 최적화된 구조와 액션으로 개발한 선상 갈치낚시 전용대입니다.
가이드를 부착한 구조로 셈세한 팁부분 액션으로 입질 감도가 매우 좋으며 강력한 허리힘으로 장시간 낚시에 편한 구조입니다.
다양한 길이로 환경 선택 폭도 넓습니다.

CHUNRYU 는 혼과 경성이 담긴 고기능 고품질의 다양한 名品 브랜드 제품 공급과 고감도의 완벽한 서비스로 고객과 함께하는 든든한 파트너가 되겠습니다!

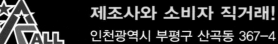

LURE FACTORY

바다루어 올라운드용 선상낚싯대
루어팩토리 지그몬스터 올라운드 로드 LF-JM63

바다루어 올라운드 선상용 로드로 다양한어종 (광어,우럭,참돔,갑오징어,쭈꾸미)의 낚시가 가능하며 강한 허리힘과 예민성으로 대형급의
어종까지 수월하게 제압이 가능합니다. 줄꼬임방지 SIC 탑가이드 , 전가이드 SIS 채용, 최고급 EVA그립

후지 알코나이트 가이드
FUJI ALCONITE GUIDE

제품보증서 포함   기본로드케이스 포함

---

okuma 오쿠마 세드로스 스피닝릴

바다용으로 특수 설계된 최고의 하이스피드 지깅 릴 높은 내구성과 함께 가격대비 고품질을
동시에 실현 전 모델 하이스피드 기어비적용 견고한 알루미늄 다이캐스트 프레임과 사이드
플레이트 정밀한 듀얼포스 드랙시스템 정밀 머신 컷 황동 피니언 기어

GOSEN 고센 클라이맥스 PE 합사 GS-555T

갈치낚시 전용합사 200m 신소재 초고분자 폴리에틸렌 재질로 만들어진 제품
선상 낚시 갈치 전용 합사로 국방색을 채용 대상의 눈에 잘 뛰지않는 색상입니다

GOSEN 고센 킹포인트 와이어 20m

이빨이 날카로운 어종(돌돔/갈치등) 대물전용 와이어코팅 목줄
특수소재의 하이텐션 와이어 고강력섬유 복합화로 고강력화를 실현

GOSEN 고센 킹포인트 와이어 50m

이빨이 날카로운 어종(돌돔/갈치등) 대물전용 와이어코팅 목줄
특수소재의 하이텐션 와이어 고강력섬유 복합화로 고강력화를 실현

GOSEN 고센 와이어목줄 GWN-870

갈치의 강하고 날카로운 이빨에도 끊어지지 않는 강력한 와이어 목줄
나일론 2배에 달하는 강도 강력하면서도 부드러워 이물감이 없음

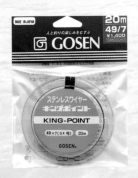

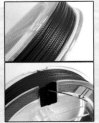

GEOSANG
KOREA
(주)거상코리아

■ 낚시용품 도매 전문업체 (주)거상코리아 ■ 국내 최다 일본 브랜드 수입 · 유통 · 판매
■ 월별 리베이트제 시행 – (3%에서 최고 10% 차등지급 – 자세한 사항은 별도문의)
■ 소량 다품종 주문 가능 ■ 직수입 상담환영 ■ 기타 상담 환영
■ (주)거상코리아 도매사이트(사업자전용) : www.geosangkorea.com
■ 주소 : 경상남도 김해시 대동면 대동로450번길 77
■ 대표전화 : 1644-3725 (내선 1번) ■ FAX : (055)313-3736

한국대리점 GOSEN. NISSIN SASAME YAMAX RYUGI
SYOUEI okuma CHALLION DXcore REFACTORY

NAVER 거상코리아 검색

모든 제품은 (주)거상코리아 저작물로 무단 불법 복제시 민형사상
법적 책임을 물어야 합니다.(저작물을 그대로 복제하여 사용하는
행위 및 이를 일부 수정, 가공하여 복제하는 행위)

갈치 낚시용품 모음전

갈치낚시에 최적인 낚시용품들을 소개합니다

눈이 시리도록 청명한 가을, 보기만해도 마음이 살찌는 것 같으며 낚시하기 좋은 계절입니다
빨간 석양이 바다위로 저물면 여기저기 환하게 불을 밝힌 갈치낚싯배들이 출항합니다
미끼를 잘라 바늘에 걸고 물속으로 던지면 얼마 지나지 않아 은색 영롱한 빛깔로
반짝이는 갈치가 물위로 거울 같이 미끈하게 빠진 앙탈로 낚시꾼들의 품으로 올라옵니다
손맛과 입맛의 황홀경에 빠지는 갈치낚시의 매력으로 거상코리아가 함께 하겠습니다

---

okuma 오쿠마 세드로스 CJ-150P

압축성형 알루미늄 프레임, 투톤 아노다이징 사이드 플레이트, 4BB+1RB 베어링 시스템
머신 컷 알루미늄 아노다이징 스타. 스웹트 파워 핸들은 크랭킹을 향상 및 릴의 떨림을 감소

신와 홀리데이 76L 대장쿨러 아이스박스

오랜시간이 걸려 만들어지는 견고함 수작업에의한 정밀한 피스고정 단열재 두께가 3cm로 두꺼우며
빼고 넣기가 편리한 보조투입구 및 편리한 툴수구멍 장착으로 내용물을 빼지않고 탈수가 가능합니다

SASAME 사사메 은차랑 갈치채비바늘 E-903

내마모성에 강한 후로로카본 하리스 & 슈퍼회전비즈로 가지채비를 하여
걸게 엉키지 않고대상어에게 위화감을 주지 않고 입질파악이 쉽습니다

SASAME 사사메 옵셋훅 바늘 TO-05

날카로움과 훅포인트의 강도를 3방향 압축프레스 성형으로
바늘끝의 강도가 한층높아지고 날카로워 훅킹력을 향상

도히토미 형태기억합금 와이어 OS-13

HYPER 더블와이어 형태기억합금 7본 요리와이어 사용
초극세, 초경량이므로 루어액션을 방해하지않는 것이 특징

낚시의 New Paradigm

갈치 채비

최상급 국산 CARBON HOOK 사용
블루라인과 블랙라인으로 제작
최상의 조과를 약속합니다!!

Trend Leader

최선을 다하여
최고의 품질로 보답하겠습니다

ROCK FISHING
우럭·광어·노래미 루어낚시

광어낚시 최강기법
다운샷 ABC

만능루어
타이라바 & 인치쿠

Special Guide
쥐노래미
루어낚시

첨단 하이테크 라이트 지깅

미국 VS 일본 다운샷
우럭 갯바위 · 방파제 낚시

록피싱 장비 카탈로그
Rod & Reel
Worm Rig & Hard Bait
Accessory & Tackles
동·서·남해 록피시 명소

SEABASS
lure fishing
농어 루어낚시

동해·서해·남해·제
4대 해역별
어낚시 패턴

Special Guide
강 하구의 농어낚시
일본 바다루어낚시 고수 특강
먼바다 갯바위 농어낚시 가이드

입문자 페이지
로드 & 릴 구매 가이드
버트 캐스팅 & 언더핸드 캐스팅

미노우 액션 연구
Rolling·Wobbling·Wiggling

시배스 루어
BIG 3

록피싱

광어, 우럭,
노래미 루어낚시

다운샷, 타이라바, 라이트 지깅 실전 기법

▶ 국민횟감 광어, 우럭, 노래미를 낚는 최강낚시법

▶ 광어 다운샷부터 첨단기법 라이트 지깅까지

▶ 록피싱 장비 카탈로그 & 동서남해 록피시 명소

올컬러 156쪽   값 12,000원

시배스 루어피싱

농어 루어낚시

바다루어낚시의 최고봉 농어낚시 완전정복

▶ 미노우 vs 바이브레이션 vs 펜슬베이트 대연구

▶ 동해, 서해, 남해, 제주
   4대 해역별 농어낚시 실전 가이드

▶ 루어의 액션–워블링 & 위글링 & 롤링

올컬러 164쪽   값 12,000원

에깅

오징어 루어낚시

두족류 루어낚시(Eging)의 교과서

▶ 무늬오징어 에깅 A to Z
▶ 갑오징어 한치 주꾸미 호래기 문어 낚시법
▶ 쫄깃쫄깃 두족류 요리열전

올컬러 172쪽 값 12,000원

지깅

부시리, 참돔, 대구, 록피시 지깅낚시

최신 슬로우 지깅부터 타이라바 지깅, 인치쿠 지깅, 라이트 지깅, 해외 지깅 원정까지

▶ 장르별 지깅 마스터하기   ▶ 지깅 액션 ABC
▶ 지그의 선택 기준   ▶ 맛으로 즐기는 지깅 요리

올컬러 164쪽 값 12,000원

CONTENTS

여수 신월항의 출항 모습.
출조버스에서 내린 낚시인들이
낚싯배에 오르고 있다.

담백하고 고소한
맛이 일품인
갈치 회.

낚시로 잡은 갈치를
구워서 식탁에 올렸다.

근해 배낚시에서
낚은 갈치를
보여주고 있는
부부 낚시인.

맛있는 국민물고기

갈치 낚으러 갑시다!

집어등을 밝힌 낚싯배에서 갈치 입질을 기다리고 있는
낚시인들. 먼바다 배낚시 모습으로서 육지에서 100여 km를
떨어진 난바다에서 갈치를 잡는다.

목포 영산강하구언에서
낚시인 송혜영씨가 루어에
낚인 갈치를 들어 보이고 있다.

가로등이 켜진 여수 돌산도
방죽포방파제에서 낚시인들이
갈치를 노리고 있다.

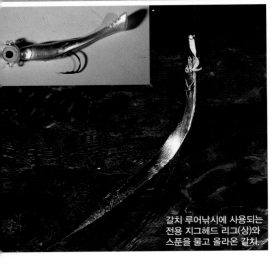

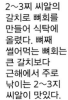

갈치 루어낚시에 사용되는
전용 지그헤드 리그(상)와
스푼을 물고 올라온 갈치.

갈치는 가장 인기
있는 낚시 대상어다.
낚시인에게만 인기 있는
것이 아니라 낚시인의
가족들에게도 인기
만점이다. 왜? 맛에서
타의 추종을 불허하기
때문이다. 갈치는
우리나라 사람이면
누구나 좋아하는
국민물고기로 오래전부터
우리 식탁에 올라왔다.
근래 어획고가 줄면서
가격이 껑충 뛰었는데
그것이 갈치낚시의 인기
상승을 부채질했다. 낚시
하면 눈살을 찌푸리던
부인들도 남편이 낚아온
갈치를 한번 맛보면
또 잡으러 가라고 등을
떠민다고 한다. 직접
낚아온 갈치와 시장에서
판매하는 갈치의 맛이
완전히 다르다는 것을
깨달았기 때문이며,
또한 갈치가 잘 낚일
때 낚싯배 비용의 몇
곱절 어치를 낚아올
수 있다는, 주부들의
셈법이기도 한 것이다.

2~3찌 씨알의
갈치로 뼈회를
만들어 식탁에
올렸다. 뼈째
썰어먹는 뼈회는
큰 갈치보다
근해에서 주로
낚이는 2~3지
씨알이 맛있다.

갈치는 난류성 어종이다. 그래서 남해안과
제주도에서 주로 낚인다. 동해(특히 북부)와
서해엔 극히 귀하다. 겨울엔 제주도 남쪽
먼 바다에서 월동한 뒤 봄이 되면 북상하기
시작해 여름에 남해안에서 산란을 하고
가을부터 다시 남하하는 회유성 어종이다.
갈치가 가장 잘 낚이는 시즌은 갈치가
근해에 가까이 붙는 8~10월이다. 이때가
되면 목포, 고흥, 여수, 남해도, 삼천포,
고성, 통영, 거제, 진해 등 남해안의 모든
항포구가 갈치낚시객들로 북적인다.

갈치는 야행성 어종이다. 그래서 밤에
낚는다. 여름부터 가을까지 남해안의
방파제나 갯바위에는 밤에 집어등을 환하게
밝혀놓고 갈치를 기다리는 낚시인들을
볼 수 있다. 난폭한 육식어종인 갈치는
루어에도 활발한 입질을 보여 간단한 루어
채비로도 많이 낚을 수 있다.

집어등으로 불야성을
이룬 진해 앞바다의
갈치 낚싯배들. 갈치가
근해로 들어오는
8~10월이면
남해안의 출항지는
낚시인과 갈치
낚싯배로 북적인다.

근해 배낚시 중 지그헤드
리그에 올라온 갈치. 근해
배낚시에선 생미끼낚시와
루어낚시를 병행한다.

"이것이 바로 대왕갈치!" 백도 앞바다에서 해거름에 8지급 갈치를 낚은 여수 낚시인 이재복씨.

근해에서 낚이는 갈치는 남녀노소 누구나 쉽게 마릿수로 낚는 생활낚시 대상어지만, 먼바다에서 낚이는 갈치는 전문꾼의 영역인 스페셜한 낚시 대상어다. 백도 남쪽부터 먼 제주도까지, 육지에서 100여 km 떨어진 난바다, 수심 100m 안팎의 심해에서 낚는 먼바다 갈치는 '드래곤급'이라 할 만큼 큰 덩치를 자랑한다.

이런 대형 갈치는 예약제로 운영되는 전문 갈치낚싯배를 타고 전동릴과 전용 낚싯대를 갖추어서 낚아낸다. 배낚시 장르 중 가장 헤비하고 하드한 낚시가 곧 먼바다 갈치 배낚시다. 밤샘낚시는 어부들의 조업에 가까울 정도로 고되지만 다음날 아침 은갈치로 그득한 쿨러를 보면 밀려오는 피로감도 만족감으로 바뀐다. 힘들지만 또 다녀오고 싶은 먼바다 갈치 배낚시는 강한 중독성으로 두터운 마니아층을 형성하고 있다.

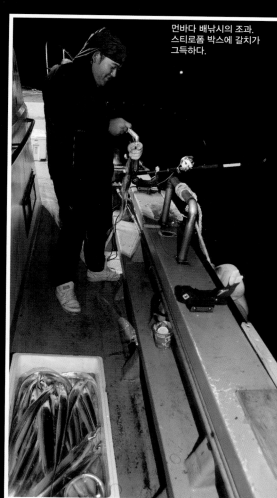

먼바다 배낚시의 조과. 스티로폼 박스에 갈치가 그득하다.

양근배(바낙스 바다스탭)씨가 갈치 낚싯대의 초리를 휘어 보이고 있다. 갈치는 입질이 약하기 때문에 그에 맞는 낚싯대 선택이 중요하다.

철수 전 갑판에 모아놓은 갈치 쿨러들. 근해 배낚시에선 볼 수 없는 씨알과 마릿수 조황이 먼바다 배낚시의 매력이다.

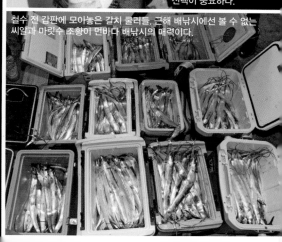

Chapter 1
갈치낚시의 기초

갈치의 은빛 체색은
구아닌이란 색소가 피부
밖으로 드러나 있기
때문인데 갓 낚은 갈치는
이렇게 아름다운 체색을
자랑한다.

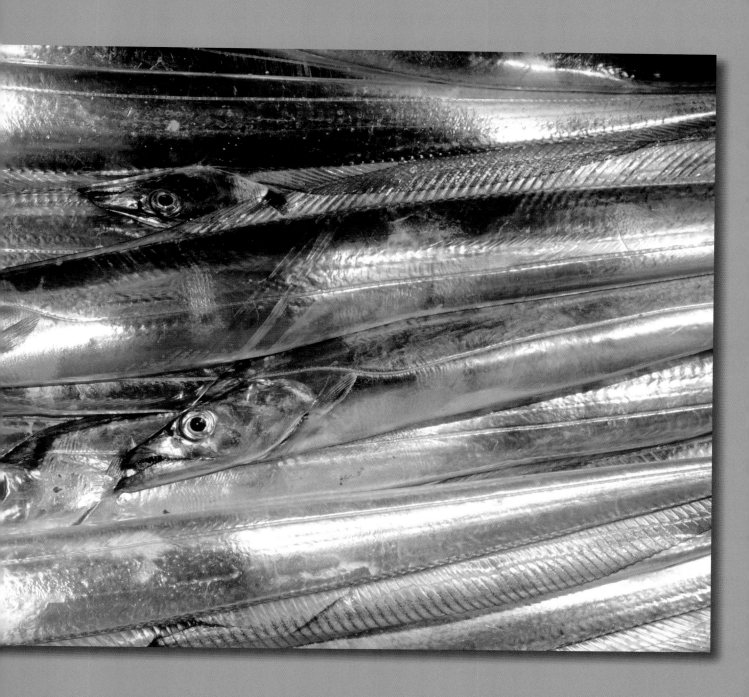

갈치의 생태
4년에 1m까지 자라는 초고속 성장

김준형 부산국립수산과학원 연구기획과·루어낚시인

- ●학명 : *Trichiurus lepturus*
- ●표준명 : 갈치
- ●방언 : 칼치, 풀치, 빈쟁이
- ●영명 : Largehead hairtail, Saber fish
- ●일명 : 타치우오(太刀魚, タチウオ)

친한 사이에 서로를 모함한다는 뜻의 '갈치가 갈치 꼬리 문다', 음식을 많이 먹어도 부르지 않는 날씬한 배를 일컫는 '갈치배', 비좁은 방에서 여럿이 모로 자는 모양을 빗댄 '갈치잠을 잔다', 한 가지 일로 여러 가지 이득을 얻는 것을 일컫는 '맛 좋고 값 싼 갈치자반' 등, 갈치는 여러 속담에도 등장할 만큼 우리에게 친숙한 어종으로 남녀노소 할 것 없이 좋아하는 대표 수산물 중 하나다. 또한 구이, 조림, 회 등 어떤 요리를 해도 맛이 좋아 많은 낚시 팬을 확보하고 있는 인기어종이다. 특히 근래에 들어서는 '실치', '풀치'라고 부르는 작은 크기의 갈치들이 연안에서 많이 낚이고 있는데, 작은 갈치는 마릿수가 많고 젓갈이나 튀김 등의 요리 재료로도 인기가 많아 낚시인들의 관심을 한 몸에 받는 낚시 장르로 부상하고 있다.

갈치는 라이신, 페닐알라닌, 류신, 메티오닌, 발린 등과 같은 필수아미노산을 많이 함유하고 있는데, 이 중에서도 라이신은 성장기 어린이의 발육에 좋으며, 곡류를 주식으로 하는 우리나라 사람에게는 부족할 수도 있는 필수아미노산으로 알려져 있다. 이밖에도 갈치는 감칠맛을 내는 이노신산, 글루탐산, 호박산 등의 성분들이 역시 많이 함유되어 있어 싱싱한 갈치를 먹었을 때 달콤한 맛을 내는 특징을 나타내기도 한다. 또한 한방에서

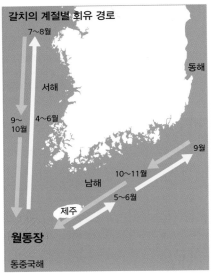

갈치의 계절별 회유 경로

7~8월

동해

서해

9~10월

4~6월

9월

남해

10~11월

제주

5~6월

월동장

동중국해

는 갈치를 오장육부를 이롭게 하고 거풍살충(去風殺蟲)하는 효력이 있으며 특히 위장을 따뜻하게 한다고 하였다.

갈치의 은백색 체색은 구아닌 색소 때문

갈치는 칼치라고도 불리는데 이는 칼처럼 생긴 모습에서 유래한 것으로 생각된다. 하지만 정식 표준명은 갈치다. 자산어보에서는 혁대를 닮았다고 하여 군대어(裙帶魚)라는 이름으로 기재되어 있는데, 속명을 갈치어(葛峙魚)라 하였다. 전어지에는 갈어(葛魚)로 기록되어 있다. 신라시대에 '칼'을 '갈'로 불렀다는 기록이 있는데, 아마도 이 때문에 그 시대부터 갈치라 불린 것으로 추정하기도 한다. 하지만 과거에도 현재도 '칼치'라는 말은 계속해서 혼용되고 있다.

갈치의 학명은 *Trichiurus lepturus*로 이는 머리카락이라는 뜻의 그리스어인 thrix와 꼬리라는 뜻의 oura의 합성어로 머리카락처럼 가늘고 긴 갈치과 어류의 꼬리 모양에서 기인하였다. 영문명으로도 같은 뜻의 largehead hairtail로 주로 불리며, 그밖에 칼처럼 생긴 모양을 본떠 서양 칼의 종류인 Cutlass fish 또는 Saber fish라고 불리기도 한다. 이웃나라인 일본에서도 역시 큰 칼 모양의 고기라는 뜻의 타치우오(太刀魚, タチウオ)라는 이름으로 불리고 있다. 이외에도 물속에서 하늘하늘 떠있는 갈치의 모습을 본떠 Ribbon fish라고 불리기도 한다.

갈치의 외형적 특징을 꼽자면 앞서 이름의 유래에 대한 설명처럼 긴 띠나 큰 칼처럼 보이는 날렵한 체형과 신비로울 정도로 번쩍이는, 마치 거울 같은 순은색의 체색을 들 수

은백색 체색의 갈치. 맛이 있어 낚시인은 물론 국민 모두에게 사랑을 받고 있는 물고기다.

있을 것이다. 이들은 배지느러미, 뒷지느러미가 없고 꼬리지느러미는 긴 실처럼 늘어진 다소 독특한 체형을 갖고 있다. 찬란한 은빛의 체색은 갈치의 피부를 뒤덮고 있는 구아닌(guanine)이란 색소 때문이다. 보통의 물고기는 이 구아닌이 비늘로 덮여 있어 육안으로 관찰하기가 쉽지 않으나 갈치의 경우는 피부 밖으로 드러나 있는 특징이 있는데, 이 갈치의 구아닌은 예전에는 모조진주 제작이나 매니큐어 등 화장품의 원료 등으로 유용하게 사용되기도 하였다.

이외에도 갈치의 특징을 들자면 낚싯줄을 무자비하게 끊어버리는 날카로운 이빨이 있는데, 어릴 때는 송곳 모양의 형태를 하고 자라면서 이빨의 개수가 증가하며, 항문장(주둥이부터 항문까지의 길이)이 20cm가 넘어가면서부터는 이빨 수는 늘지 않고 이빨의 형태가 갈고리 모양으로 변화하는 특징이 있다.

북상과 남하를 반복하는 난류성 어종

갈치는 갈치과에 속하는 어종으로 전 세계에 9속 18종이 알려져 있으며, 우리나라에는 갈치, 분장어, 붕동갈치, 동동갈치 등 4속 4종이 서식하는 것으로 기재되어 있다. 이 중 붕동갈치와 동동갈치는 작은 꼬리지느러미가 있어 갈치와 쉽게 구분될 뿐 아니라 실제 잘 볼 수 없는 종이다. 분장어는 서해지역에서 흔히 '빈쟁이'라는 방언으로 불리며, 갈치와 매우 유사한 생김새를 가지고 있는데 몸길이가 40cm를 넘는 개체는 거의 없고, 양 눈 사이가 볼록하게 튀어나와 있으며, 옆줄이 체측 면에 일직선으로 이어져있어, 양 눈 사이가 평평하여, 옆줄이 비스듬히 휘어져 있는 갈치와 구분할 수 있다.

갈치는 난류성 어종으로 전 세계 열대에서 온대까지 넓은 해역의 수심 0~500m까지 분포하는데, 주로 100m 주변 수심층에서 어획 활동이 이루어진다. 이런 특성에 따라 기본적으로 심해 저서성 어종으로 분류되고 있으며, 우리나라에서는 서해와 남해 그리고

멀리 떨어진 동중국해에 많이 출현하는데, 이들은 각각 분리된 몇 개의 계군(系群)을 형성하고 있는 것으로 알려져 있다.

국립수산과학원의 연구결과에 따르면 우리나라 연근해에 분포하는 갈치는 수온이 낮은 시기인 1~3월에 제주도 서남방과 동중국해 북부해역에서 월동하고, 수온이 상승하기 시작하는 4월부터 북상회유하기 시작하여 7~9월에 남해 연안과 서해남부해역에 도착하여 산란하고, 10월부터 수온이 하강하기 시작하면 다시 남하하여 월동장으로 이동하는 것으로 알려져 있는데 최근 기후온난화로 인해 난류성 어종인 갈치의 산란기, 산란장, 회유시기 및 회유경로 등이 점점 변화할 것으로 예측되고 있다.

갈치의 평균수명은 7~8년, 최대수명은 15년으로 알려져 있으며, 평균 크기는 1m 내외로 최대 234cm, 5kg의 개체가 보고된 바 있다. 갈치의 연령과 성장에 대한 연구결과에 따르면 갈치는 성장이 빠른 편으로 생후 1년에 항문장 15cm, 2년생은 23cm가량으로

먼바다 배낚시에서 대형 갈치를 낚아 올린 낚시인.

갈치의 수중 유영 모습. 몸을 세운
상태로 먹이를 먹으며 먹이를 쫓을 때는
수평 상태가 된다. (수중촬영 김병일)

분일 수밖에 없다.

더불어 갈치의 가장 큰 행동적 특징을 들자면 일반적인 어류와는 반대로 세로로 몸을 곧추 세우고 유영하는 습성을 들 수 있는데 실제로 갈치는 이러한 자세로 휴식을 취하기도 하고 먹이를 사냥하기도 한다. 이러한 행동 특성으로 인해 보통 갈치가 먹이를 사냥할 때는 지나가는 먹이를 기다렸다가 밑에서 위로 공격을 한다고 여기지만 실제로는 수직으로 서있는 자세를 취하다가 먹잇감을 발견하면 몸을 수평으로 하여 먹이를 쫓아 공격하는 경우가 대부분이다. 또한 갈치는 아래턱이 위턱보다 길게 나와 있고 몸 쪽을 향해 굽어 있는 형태의 날카로운 송곳니를 가지고 있는데 이러한 경우는 먹잇감을 통째로 삼키기보다는 일단 물어서 도망가지 못하게 한 다음 먹이를 삼키는 데 적합한 형태이다. 따라서 낚시에 있어서도 이러한 갈치의 형태적 특징을 감안하여 채비를 구성할 필요가 있는데 미끼의 크기에 비해 바늘이 너무 짧을 경우 바늘이 제대로 걸리지 않는 경우가 많으므로 이 점에 특히 주의하는 것이 좋다.

수입산 갈치와 우리나라 갈치는 같은 종일까?

우리가 마트나 시장 등에서 만나게 되는 갈치는 다 똑같은 갈치일까? 보통 우리는 갈치의 종류라고 하면, 매스컴이나 광고전단지 등에서 흔히 접한 '은갈치', '먹갈치'를 쉽게 떠올리는데, 이미 알려진 바와 같이 은갈치나 먹갈치는 둘 다 똑같은 갈치를 이르는 말로, 은갈치는 주로 제주지역에서 채낚기 등으로 낚아 은빛 비늘이 그대로 보존된 어획물을 지칭하는 것이며, 먹갈치는 목포에서 주로 저인망 등의 선망어업으로 어획되어 그물로 인해 갈치 특유의 은빛 색소인 구아닌이 떨어져나가 갈치의 체색이 거무스름해진 데서 붙여진 명칭이다.

갈치는 우리 식탁에서 쉽게 만나볼 수 있지만 어장이 비교적 멀리 형성되고 잡히는 계절이 정해져 있어 가격이 싼 생선은 아니다. 이러한 이유로 근래에는 인도양과 서부태평양 부근에서 잡히는 갈치가 수입되어 팔리곤 하는

자라며, 4년생은 전장 1m 이상, 1.5kg 정도로 자라는 것으로 나타났다. 산란은 생후 2년부터 참여하며, 이때부터는 암컷의 성장이 현저히 빨라지는 것으로 알려져 있다.

갈치는 어릴 때는 곤쟁이, 부유성 갑각류, 두족류 및 작은 어류 등을 주로 섭취하다가 성어가 되면 주로 어류만을 섭취하는데, 어류 중에서도 멸치, 갈치, 정어리 등을 선호하는 것으로 알려져 있다. 어류만을 먹는 갈치의 식성 때문에 예부터 어부들은 갈치가 이빨을 보호하기 위해 딱딱한 것은 절대 먹지 않는다고 생각하여, '갈치는 이빨을 소중히 한다'는 이야기가 전해져 오기도 한다.

큰 갈치는 낮에 얕은 곳에 나와 먹이사냥

갈치는 앞서 말한 계절별 회유 외에도 먹이를 쫓아 깊은 곳과 얕은 곳을 오가는 일주기적 수직회유를 하는데, 성숙한 성어는 주로 낮에

얕은 곳으로 올라와 먹이를 먹고 밤이 되면 바닥으로 이동하며, 이와 반대로 치어나 작은 크기의 성어는 낮 동안에는 무리를 지어 중층에 떠 있다가 밤이 되면 먹이를 찾아 얕은 곳으로 회유하는 것으로 알려져 있다. 이렇게 크기에 따라 수직이동의 주기가 달라지는 것은 앞서 말한 먹이의 종류와 관련이 있는 것으로 추정된다. 이러한 수직회유 습성은 갈치 낚시의 중요한 열쇠가 되는데, 일본에서 주로 행해지는 꽁치를 이용한 선상낚시나 갈치 지깅은 주로 낮에 먼 바다에서 이루어지며, 낚이는 사이즈 또한 그네들의 표현을 빌리자면 '드래곤'급의 초대형이 대부분이다.

우리나라 먼 바다 선상 갈치낚시는 주로 밤에 이루어지지만 무거운 추를 이용해 바닥층을 노리기 때문에 갯바위나 방파제보다 월등히 굵은 씨알의 갈치를 낚아낼 수 있다. 반면에 방파제나 갯바위에서 하는 갈치낚시는 밤에 연안으로 회유하는 소형급의 갈치가 대부

36

데, 국내산 갈치와 외관이 거의 동일해 일반인은 구분하기 쉽지 않다. 이러한 국내산 갈치와 수입산 갈치는 눈과 등지느러미의 색깔로 구분할 수 있는데 국내산은 눈의 흰자위가 백색이고 등지느러미가 투명한 반면에 수입산은 눈과 등지느러미가 황록색을 띠고 있다. 그렇다면 국내산과 수입산 갈치는 같은 종일까 다른 종일까?

일단 현재의 분류학적 지위로 국내산과 수입산 갈치는 같은 종이 맞다. 갈치처럼 거의 전 세계적으로 서식하여 분포가 상당히 넓은 어류의 경우, 정보의 국제적인 소통이 쉽지 않았던 과거에는 서로 다른 나라에서 각각 학명을 명명하는 경우가 왕왕 있어왔는데 이를 동종이명(同種異名, synonym)이라 한다. 갈치의 경우도 이에 속하는 것으로 일본에서 명명한 Trichiurus japonicus 외에 6개의 학명이 발표되었으나 제일 처음 린네에 의해 명명된 Trichiurus lepturus라는 학명이 현재 정식 학명으로 통용되고 있다. 하지만 계속해서 갈치를 서로 다른 종으로 재분류하려는 연구가 계속되고 있으며, 앞서 얘기한 황록색 눈과 등지느러미가 특징인 갈치는 2002년 Nakabo에 의해 Trichiurus sp.2로 명명되었으며, 2005년 Anirban 등은 미토콘드리아 DNA 분석을 통한 갈치의 유전적 차이점에 관한 연구에서 두 종은 서로 다른 별개의 종인 것으로 보고하였으며, 더불어 Trichiurus lepturus와 Trichiurus japonicus 역시 외형에서 꼬리의 길이가 짧고, 긴 것으로 구분되며 유전학적 분석 결과에서도 차이를 나타내어 기존의 Trichiurus lepturus를 새 종으로 구분하여야 한다고 주장하기도 하는 등 계속해서 갈치의 분류학적 지위에 대한 연구가 이루어지고 있으며, 이 결과에 따라 현재의 갈치는 여러 종으로 다시 나뉠 가능성도 있다고 할 수 있겠다.

갈치 자원은 점점 줄어들고 있다

이상 살펴본 바와 같이 갈치는 비교적 많은 수의 무리가 연안 가까이 접근하는 특성과 낚시채비나 방법의 간단함, 무엇보다도 뛰어난 맛까지 낚시대상어로서의 조건을 모두 갖춘 어종으로 앞으로도 계속해서 그 인기를 유지

황록색 눈을 갖고 있는 수입산 갈치. 국내산 갈치의 눈은 백색이다.

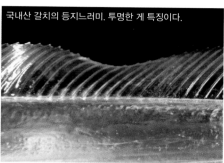

국내산 갈치의 등지느러미. 투명한 게 특징이다.

해 나갈 것으로 생각된다.

하지만 정작 갈치의 입장에서는 그 인기가 부담스러울 수밖에 없는데, 1970~1980년대에는 어획량이 16만톤이 넘을 만큼 풍부한 어종이었으나 최근에는 점점 어획량이 감소하는 추세에 있어 매년 5만~9만톤 사이를 오가고 있다. 이러한 현상에 대해 학계에서는 어업에 의한 자원량의 감소라는 의견과 직접적 감소라기보다는 어장의 축소나 새로운 어업협정 등에 따른 어업질서 개편 등의 간접적 영향에 의한 것으로 보는 의견이 상충하고 있다.

갈치는 기본적으로 '먹는 것'을 전제로 하는 낚시이므로 낚시의 목적은 '효율적으로 더 많이'가 될 수밖에 없는데 그러다보니 웹상에선 하루에 몇 십 마리 심지어는 백 마리가 넘는 갈치와의 사투에 대한 무용담이 종종 올라오고, 이러한 조과는 조사의 낚시실력 입증의 수단과 부러움의 대상이 되기도 한다.

일반적으로 갈치나 전갱이처럼 무리 지어 계절에 따라 회유하는 어종들은 그 자원의 많고 적음을 가늠하기가 쉽지 않고, 특히 개인적인 낚시의 조과로는 더더욱 자원의 감소를 체감하기가 어렵다 볼 수 있다. 따라서 감성돔, 벵에돔 등과 같은 바다낚시의 주요 대상어들은 낚시인들이 자발적으로 자원의 보호를 얘기하고 실제 릴리즈 캠페인이 시행되기도 하지만 갈치 같은 회유어는 아예 그러한 자원보호 대상으로 고려되지도 못한다. 그럴 만도 한 것이 갈치는 마트나 시장에서도 쉽게 볼 수 있고 낚이기 시작하면 많은 양이 낚이는 등 실제 일반인들이 보호해야 할 어종이라는 인식을 가지기가 어려운 대상이다.

하지만 아직 많이 잡히고 시중에서 쉽게 접할 수 있다고 해서 실제로도 그 어종의 자원상

태가 건강하다고 얘기할 수 있을까라고 전문가에게 묻는다면 아마도 대답하기가 쉽진 않을 것이다. 우리가 마음 놓고 잡아도 될 것 같은 고등어나 전갱이 등은 이미 상업적 어업에서는 매년 조업량을 정해서 규제를 하고 있는 상태이고, 갈치의 경우도 얼마 전 언론을 통해 포획금지체장과 금어기의 설정을 추진하겠다고 보도된 바 있다. 즉, 우리가 무궁무진할 것이라 생각하는 이러한 어종들도 실제로는 그 자원의 상태가 위험하고 보호해야 할 수준에 있는 경우가 대부분이라는 것이다.

이러한 시점에서 우리 낚시인들은 어떻게 해야 하는 것일까? 특히 연안에서 낚이는 작은 갈치 즉 풀치를 대상으로 하는 낚시의 경우는 항상 찬반의 논리에 부딪히게 된다. 우리나라는 전통적으로 젓갈 식문화가 강하기 때문에 작은 고기를 잡는 데 아무런 거부감이 없다. 특히 풀치 같은 경우는 상당히 선호하는 젓갈의 재료이기 때문에 낚시인들은 일부러라도 작은 풀치를 최대한 많이 잡고 싶어 하는 것이 일반적이다. 게다가 갈치의 경우는 아직 법적으로 어떠한 보호 장치도 없기 때문에 낚시인들은 큰 거리낌 없이 아직 어린 갈치들을 잡고 있는 실정이라 인식의 전환 역시 쉽지 않은 실정이다. 하지만 우리가 연안에서 낚시의 대상으로 하는 풀치는 실제 한 번도 산란하지 못한 크기인 경우가 대부분이기 때문에 실제로는 낚시인 차원에서도 자원보호가 필요하다고 필자는 생각한다. 생업이 아닌 취미 차원에서 자연과 생명을 이용하는 우리 낚시인들은 법적인 규제가 도입되지 않더라도 그들을 잘 지키고 보존해야 하는 의무가 있지 않겠는가.

갈치낚시 3대 장르
방파제와 근해는 생활낚시터, 먼바다 배낚시는 전문가 코스

갈치는 남해에서 주로 낚이는 물고기다. 서해에서도 낚이긴 하지만 남해보다 어자원이 빈약하고 낚시터도 훨씬 적다. 그래서 갈치는 예전부터 부산, 통영, 여수, 목포 등의 남해 해안도시 지역 낚시인들이 주로 즐겼던 낚시 대상어이며 지금처럼 수도권, 충청도 지역 낚시인까지 동참하여 대중화된 지는 얼마 되지 않았다.

갈치낚시가 대중화된 계기는 2000년대 중반 남해 멀리까지 나가 밤새 갈치를 낚아오는 먼바다 배낚시 상품의 개발이었다. 그 전까지 갈치낚시는 남해안의 방파제나 근거리 섬의 갯바위에서 낚거나, 항포구 앞바다에서 연안 배낚시로 낚았다.

지금도 갈치낚시는 세 가지 장르로 구분되는데, 남해 연안과 근해 섬에서 즐기는 방파제·갯바위낚시, 항구에서 20~30분 거리에서 작은 갈치를 낚는 근해 배낚시, 항구에서 3시간 이상 나가서 큰 갈치를 낚는 먼바다 배낚시로 나눌 수 있다.

방파제 · 갯바위낚시
■시즌-방파제(7~9월), 근거리 섬 갯바위(9~10월)
■낚시방법-생미끼낚시, 루어낚시

남해안의 크고 작은 방파제나 갯바위를 찾아 꽁치 살을 미끼로 사용한 릴찌낚시나 2~3인치 소형 웜을 지그헤드에 꿴 루어낚시로 낚는다. 최근엔 릴찌낚시보다 탐색 능력이 뛰어나고 마릿수 조과가 뛰어난 루어낚시가 인기를 끌고 있다. 갈치는 불빛을 쫓는 특성이 있기 때문에 가로등이 켜져 있는 방파제나 부두 인근은 최고의 갈치낚시터로 꼽힌다. 9월까지 연안에서도 낚이지만 피크 시즌은 풀치가 마릿수로 낚이는 8월이다.

방파제에선 일명 풀치라고 불리는 손가락 두 개 굵기의 갈치가 낚이지만, 작은 만큼 뼈가 부드러워 뼈째 먹는 회맛이 일품이라 오히려 큰 갈치보다 풀치를 선호하는 사람들도 많다.

방파제낚시는 차량을 이용해 자유롭게 출조할 수 있고 또 낚시 시간도 마음대로 정할 수 있는 것이 장점이며, 출조비도 미끼 값만 있으면 되므로 큰 부담이 없다. 해 질 무렵부터 갈치가 연안에 붙기 시작하는데 입질이 끊어질 때까지 낚시하고 오면 된다. 보통 해 지고 두어 시간 동안 잘 낚이고 밤이 깊어지면 입질이 뜸해진다. 물때엔 큰 영향을 받지 않지만 갈치가 연안 가까이 붙을 때도 있고 연안

방파제에서 루어를 사용해 2지급 갈치를 낚은 낚시인.

에서 멀리 떨어져 가까이 붙지 않는 날이 있으므로, 그것은 운에 맡겨야 한다.

근해 갈치낚시가 피크를 이루는 9~10월엔 배를 타고 나가 20~30분 거리의 근거리 섬에 내려 낚시를 하기도 하는데 연안낚시보다 씨알이 굵고 마릿수도 풍족하다. 3지 이상의 씨알이 낚이며 쿨러를 채우는 것도 어렵지 않다. 보통 해 질 무렵에 출조해 자정 전후에 철수하거나 다음날 철수하는 일정인데 4만~5만원의 뱃삯을 받는다. 단, 해마다 조황이 들쭉날쭉해 어느 해는 잘 낚이다가 또 어느 해는 부진을 보이는 게 특징이다.

근해 배낚시
■시즌-9~10월
■낚시방법-생미끼 릴찌낚시·민장대낚시, 루어낚시

오후 5시경 배를 타고 나가 항포구 앞바다나 20~30분 거리의 낚시터로 나가 낚시를 한 뒤 자정 무렵에 철수한다. 남해안의 진해, 거제, 남해, 여수, 고흥, 완도, 목포에서는 여름과 가을에 걸쳐 배낚시가 성행해왔다. 마산과 목포와 같은 대도시 항구 주변에 수십 명이 낚시할 수 있는 수상좌대를 띄워놓고 손님을 받기도 하는데 낚싯대와 채비, 미끼를 대여해준다.

근해 배낚시는 뱃삯이 1인 5만~6만원선으로 저렴하다. 낚이는 갈치의 굵기는 손가락 두세 개 정도로서 연안에서 낚이는 것보다 굵으며 10월에 이르면 손가락 서너 개 굵기의 갈치가 낚인다. 파도가 심하지 않은 근해로 나가기 때문에 멀미 걱정이 없고 웬만한 날씨에도 출조한다는 점에서 원하는 때에 아무 때나 나갈 수 있어 좋다. 그래서 남녀노소 불문하고 가을밤이면 근해 갈치배낚시를 즐기기 위해 많은 낚시인이 바다를 찾는다.

낚시할 동안 갈치를 모으기 위해 배에 환한 집어등을 켜놓고 있으므로 밤낚시의 불편은 없다. 갈치가 낚이는 수심층을 찾는 게 관건인데 이를 위해 다양한 낚시 방법이 활용된다. 예전엔 깊은 수심용 릴낚싯대와 얕은 수심용 민장대를 함께 사용했는데 요즘엔 여기에 상층에 뜬 갈치를 낚기 위한 루어낚싯대까지 사용하고 있다.

남해 앞바다에 뜬 갈치 낚싯배. 근해 배낚시는 항구에서 10~20분 거리로 출조한다.

먼바다 배낚시

■ 시즌-2~4월을 제외한 모든 시기
■ 낚시방법-생미끼 외줄낚시, 루어낚시

통영, 완도, 여수 등 남해안의 출조항에서 멀리 나가 배에서 밤을 새워 낚시하는 장거리 코스로서 연안낚시나 근해 배낚시와는 비교할 수 없는 굵은 씨알과 마릿수가 매력

진해 명동방파제에서 갈치를 노리고 있는 낚시인. 가로등이 켜져 있는 등 불빛이 밝은 남해안의 모든 방파제는 갈치 낚시터가 된다.

이다. 갈치 씨알이 가장 굵게 낚이는 9~11월엔 6~7지 씨알도 올라오며 운이 좋으면 100마리가 넘는 마릿수 조황도 어렵지 않다. 포인트가 멀고 낚시 시간이 긴 만큼 선비는 15~18만원선으로 비싸다. 수도권의 경우, 교통비까지 합치면 25만~30만원 정도 든다. 하지만 조과가 뛰어나서 먼바다 배낚시의 인기는 계속 오르고 있다. 시장에서 한 마리에 1만~2만원씩 하는 갈치를 100마리 넘게 낚을 수 있으니 20만원의 뱃삯이 비싼 것만은 아니라고 생각하는 것이다.

보통 오후 3~4시에 출항해 3~4시간 이상 이동해 해 질 무렵에 포인트에 도착한다. 먼바다 갈치낚시 포인트는 여수 거문도나 백도, 통영 국도 등 원도 주변 해상이며 더 멀리는 추자도 해역과 제주도 북쪽까지 낚시터가 형성된다. 밤새 갈치를 낚은 후 해가 뜨면 철수한다. 낚는 기술은 크게 어려운 것은 아니지만 쉼 없이 미끼를 갈아주는 부지런함이 필요하고 또 파도에 심하게 흔들리는 배에서 낚시를 해야 하므로 체력적으로 힘들다. 배멀미 대비책이 꼭 있어야 한다.

장비도 전동릴과 전용 낚싯대가 있어야 한다. 100m 이상 심해에서 낚아 올리는 경우가 많아 심해용 전동릴은 필수품이다. 전동릴은 레버 하나로 채비를 자동으로 올리고 내릴 수 있다. 채비는 한 줄에 여러 마리를 낚을 수 있는 다단채비를 사용한다. 최근엔 100~150g 중량의 메탈지그를 사용한 지깅도 루어낚시인들 사이에서 시도되고 있다.

갈치낚시의 역사

2000년대 중반
먼바다 배낚시 개발되면서 인기 폭발

갈치는 일반인에게 친숙한 물고기이지만 전문 낚시 대상으로 크게 부각되지는 않았다. 그러다가 전국적으로 갈치낚시 붐이 인 시기는 먼바다 배낚시가 시작된 2000년대 중반부터다. 그 전까지는 남해안 낚시인들이 가을에 잠깐 즐기는 생활낚시 장르였다. 꽁치살을 미끼로 근해에서 낚는 작은 갈치는 시장에서 파는 갈치보다 씨알이 잘아서 눈길을 끌지는 못했다.

채낚기 어업이 낚시상품으로 발전

먼바다 배낚시는 어부들의 갈치 채낚기 어업을 낚시상품으로 개발한 것인데 2006년 경남 통영에서 시작됐다. 처음엔 전문 낚시장비가 없어서 어부들이 쓰는 자새를 이용해 갈치를 낚느라 힘겨운 조업(?)을 해야 했다. 최소 15m가 넘는 긴 가지바늘 채비와 200호가량의 무거운 봉돌을 사용하는 낚시는 매우 피곤했지만 근해에선 볼 수 없는 폭발적인 조황이 낚시인들의 마음을 사로잡았다.

2007~2008년 여수 지역을 중심으로 먼바다 갈치 전문 낚싯배가 늘어나고 전용 장비가 속속 등장하면서 전국적으로 갈치낚시 붐이 일어났다. 여수에는 2007년에 몇 척에 불과했던 갈치 낚시배가 2008년에는 수십 척으로 늘어났다. 여수 외에도 진해, 거제, 통영, 고흥, 완도, 목포, 진도에서 갈치 낚싯배들이 운항하고 있다.

2009년에는 서해에서도 먼바다 갈치 배낚시가 시도되어 좋은 성과를 얻었다. 서천 홍원리에이스낚시의 고주상 사장과 뉴스타호 김인철 선장이 8월 3일 홍원항에서 3시간 나간 바다에서 갈치 군단을 최초로 찾아내는 데 성공했다. 2010년에는 군산 케이원낚시에서 어청도 외해로 나가 3~4지 갈치를 마릿수로 낚았다. 그러나 서해 갈치는 조황 기복이 심해서 남해 갈치와의 경쟁에서 밀렸고 지금은 도태되어 서해에선 갈치 낚싯배를 찾아보기 힘들어졌다.

2009년에는 갈치의 본고장이라 할 수 있는 제주도 원정도 시작되었다. 제주도 갈치 배낚시는 현지 낚시인들이 90년대 이전부터 짬짬이 즐겼으나 육지 낚시인들이 새로운 고객이 되면서 전문화됐다. 수도권 낚시인들은 장거리 운전을 해야 하는 남해안보다 비행기를 타고 오갈 수 있는 제주도 갈치낚시에 매력을 느끼고 있다. 서울 낚시인이 제주도 갈치낚싯배를 예약하면 약속된 날짜에 제주공항에 내리는 순간 낚싯배 측에서 픽업을 하러 나온다. 비용은 15만~18만원선이다.

갈치 루어낚시의 대중화

방파제나 갯바위에서 갈치를 낚는 방법은 생미끼낚시에서 루어낚시로 바뀌고 있다. 90년대까지는 몇몇 루어낚시인들이 스푼으로 갈치를 낚곤 했는데 2000년대 들어서는 웜을 사용한 지그헤드 리그가 보급되어 루어낚시 대중화를 이끌었다. 특히 갈치 전용 지그헤드로 개발된 물결채비가 널리 쓰이고 있다. 최근엔 소형 메탈지그로도 갈치를 낚고 있다.

갈치 루어낚시는 상층에 갈치가 몰렸을 경우 던지고 감아 들이는 것만으로 빨리 고기를 낚을 수 있어서 기존의 릴찌낚시보다 조황에서 앞서기 때문에 방파제나 갯바위낚시에선 루어낚시가 대세를 이루고 있다.

시즌과 낚시터
5월 먼바다 배낚시부터 시작해 9~10월 피크

갈치는 난류성 어종으로서 수온이 떨어지는 겨울엔 제주도 남쪽 해역에서 월동하다가 수온이 오르는 봄부터 점차 북상해 제주도와 거문도, 백도, 국도 등의 원도 해역을 거쳐 7~8월엔 남해와 서해 남부 연안까지 올라와 산란을 하고 수온이 하강하는 가을엔 다시 남하하여 겨울엔 월동장으로 이동한다. 갈치낚시 시즌은 갈치가 월동처에서 북상하는 5월부터 시작해 월동처로 완전히 빠져나가는 1월까지이다.

이러한 시즌은 먼 거리로 나가는 먼바다 배낚시와 연안의 갯바위, 방파제나 항구에서 가까운 앞바다를 찾는 근해권 낚시로 나눠 살펴볼 수 있는데 근해권 낚시보다 먼바다 배낚시가 시즌이 훨씬 길다. 먼바다 배낚시는 매년 5월경이면 시작되어 다음해 1월까지 시즌이 이어지며 근해권 낚시는 갈치가 육지 가까이 붙어 있는 7~10월에 이뤄진다. 먼바다 배낚시와 근해권 낚시 모두 피크를 이루는 시기는 9~10월로서 이때는 씨알이 굵고 마릿수 또한 많아서 연중 최고의 호황을 보인다.

2~4월
낚시 휴식기, 갈치가 월동처로 남하

갈치가 낚싯배가 가기에 너무 먼 제주도 서남쪽 해역에 머무는 시기다. 월동처에서 가장 가까운 출항지인 제주도의 선장들은 날씨만 좋다면 이 시기에도 갈치낚시를 할 수 있다고 하지만 겨울에는 파도가 높아서 출조할 수 있는 날이 적고 또 좋은 조황이 확인된 것도 아니어서 출조가 이뤄지지 않는다.

5~6월
시즌 시작, 제주도에서 먼바다 배낚시 출항

5월은 갈치낚시가 시작되는 시기로서 갈치 낚시터가 제주도 해역을 중심으로 형성되며 제주 성산포항, 도두항 등에서 갈치낚시 출항이 이뤄진다. 하지만 갈치의 입질이 약하고 100m 이상 깊은 수심을 노려야 하기 때문에 낚시가 어렵고

손가락 다섯 개가 넘는 크기의 대형 갈치. 이러한 씨알은 먼바다 배낚시에서만 낚을 수 있다.

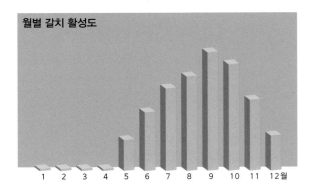

월별 갈치 활성도

1 2 3 4 5 6 7 8 9 10 11 12월

조황도 부진한 편이다. 이 시기엔 겨우내 낚시를 쉬었던 일부 마니아들이 제주도를 찾는데 출항 낚싯배가 많지 않은 편이다.

6월로 접어들어도 갈치 어군은 제주도 해역에 머물러 있지만 5월보다는 좀 더 북쪽에 형성된다. 이때부터는 여수나 완도 등 육지의 갈치 전문 출항지에서 제주도까지 원정 배낚시를 시도한다. 하지만 거리가 너무 멀기 때문에 1박2일 코스가 아닌 2박3일 코스로 배를 띄우기도 한다. 조황은 낱마리 수준에 머물 때가 많고 간혹 대물 갈치도 올라온다.

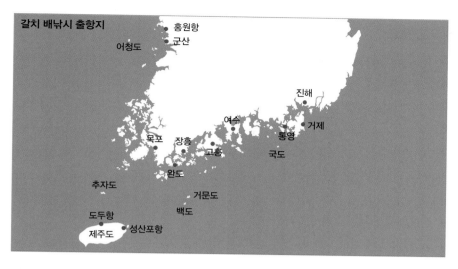

갈치 배낚시 출항지

홍원항
군산
어청도
진해
여수
거제
목포 장흥 통영
고흥 국도
완도
추자도
거문도
백도
도두항 성산포항
제주도

7~8월
먼바다 배낚시 활성기,
8월은 연안낚시 마릿수 시즌

7월로 접어들면 제주도 해역에만 형성되던 갈치 낚시터가 제주도 해역부터 거문도, 백도, 국도 등으로 확대된다. 먼바다 배낚시는 이때부터 일반 낚시인도 동참하기 시작한다. 대표적인 출항지는 제주도 도두항, 성산포항과 여수, 완도, 통영항이다. 이 중 제주도는 휴가철을 맞아 비행기표를 구하는 게 쉽지 않아 여수와 완도항을 중심으로 출조가 활발히 이뤄지며, 통영항의 출조시기는 그보다 조금 늦다. 장마와 태풍이 겹치는 시기여서 출조일은 실제로 많지 않을 수 있다. 그래서 주말 출조를 하려면 2주일 전에는 예약을 해야 배에 탈 수 있다.

8월 중순이 되면 4지 이상의 갈치가 마릿수로 올라오고 조황도 꾸준한 편이어서 낚시인들이 몰리기 시작한다. 우럭배낚시와 갈치낚시를 병행해 운영하던 수도권의 출조점들도 이때부터 갈치 위주로 출조한다.

8월부터는 근해권 낚시도 시작된다. 7월에는 실치라고 불리는, 손가락 하나 굵기밖에 되지 않는 치어들이 낚이다가 8월이 되면 갈치 씨알이 손가락 두 개 혹은 세 개 넓이의 2~3지 씨알이 낚인다. 마릿수가 좋아 연중 최고의 시즌이라 할 수 있는데 9월이 되면 조황은 떨어지기 시작해 중순이 넘어가면 대부분 시즌이 마무리된다. 밤이 되면 남해안 전역의 방파제나 갯바위에서 갈치가 낚이는데, 대표적인 낚시터로는 목포 영암방조제,

여수 돌산도 일원, 남해도 대지포 방파제, 거제 능포방파제, 진해 행암 등이 있다.
근해 갈치 배낚시나 해상좌대 갈치낚시도 8월 중순부터 본격적으로 손님을 맞기 시작한다. 8월은 이러한 근해 갈치 배낚시가 시작되는 시기로서 목포와 진해, 통영, 마산 등에서 출조가 이뤄지며 남해안 전역의 항포구에서 배낚시가 이뤄지는 시기는 9월부터다.

9~10월
먼바다, 근해 모두
연중 최고 호황기

연중 최고의 갈치낚시 시즌이다. 먼바다 배낚시, 가까운 근해 배낚시 모두 활기를 띠며 조황도 뛰어나다. 먼바다 배낚시에서 낚이는 씨알은 5지 이상으로 굵어지며 마릿수도 1인당 세 자리수를 기록할 정도로 풍족할 때가 많다. 갈치낚시터는 제주 해역을 비롯해 거문도, 백도, 국도 등 원도 해역과 남해안 전역으로 퍼져 있는 상황이다.

먼바다 배낚시는 한 달 전에 예약하지 않으면 주말 출조가 어려울 정도로 활기를 띠며 주중에도 출조가 활발히 이뤄진다. 수도권 전문 출조점들은 셔틀버스를 이용해 낚시인들을 남해 출항지로 실어 나른다. 목포, 여수, 완도, 고흥, 통영이 대표적인 출항지이고 휴가철이 지나 비행기 표를 구하기 쉬워진 제주도에서도 출조가 활발히 이뤄진다. 9~10월엔 서해에서도 먼바다 배낚시가 이뤄진다. 군산, 서천 홍원항 등에서 어청도

외해로 출조하기도 하는데 남해안의 인기에 밀려 출항 수는 많지 않다.
연안낚시는 9월 중순까지 방파제 위주로 움직이다가 10월엔 배를 타고 근거리 섬으로 출조한다. 통영의 경우 연대, 만지, 오곡, 비진도, 용초도를 찾으며 더 멀리는 연화도, 욕지도, 노대도까지 출조하기도 한다.
근해 배낚시는 4지 전후 씨알이 낚이고 부지런히 낚시하면 쿨러를 채우는 일도 어렵지 않다. 근해 배낚시는 남해안의 이름난 항포구에서 모두 낚싯배가 뜬다고 할 정도로 출조가 활발하다. 먼바다 배낚시 출항지인 여수, 완도, 통영을 비롯해 거제, 마산, 진해, 고성, 남해, 고흥, 목포 등에서 배낚시가 성시를 이룬다.

11~1월
시즌 마감기,
먼바다 배낚시만 출조 이어져

갈치가 월동처로 남하하는 시기로서 연안낚시나 근해 배낚시는 시즌이 마감되고 먼바다 배낚시 위주로 출조가 이뤄진다. 갈치 어군은 거문도, 백도, 국도 등의 원도부터 제주도 해역으로 남하한 상태이다. 조황은 호황기인 9~10월에 비해 떨어지지 않지만 바다 상황이 거칠어지는 계절이어서 안 좋은 날씨가 조과에 영향을 미치곤 한다. 12월 말이면 육지의 갈치 전문 낚싯배들은 출조를 마감하고 1월에는 제주도에서만 낚싯배가 출항한다.

갈치낚시에서 자주 쓰는 용어들

가이드(guide)
낚싯대에서 줄이 통과하는 부분으로 프레임(다리)과 링으로 구성되어 있다. 줄에 걸린 부하를 낚싯대에 전달 분산하는 역할을 한다.

가짓줄
먼바다 배낚시용 채비인 기둥줄(갈치채비)에 연결하는 2~2.5m 길이의 바늘채비(묶음바늘).

갈치바늘
갈치낚시에 사용하는 바늘. 주로 먼바다 배낚시에 쓰는 바늘을 갈치바늘이라고 부른다. 주로 바늘귀의 구멍(훅아이)에 낚싯줄을 묶어 쓰는 루어낚시용 바늘이 쓰인다.

갈치채비
갈치낚시에 쓰이는 채비. 바늘이 여러 개 달린 먼바다용과 한두 개 달린 근해용으로 나뉜다. 먼바다용은 바늘이 달리지 않은 상태의 기둥줄 채비를 말한다.

경심줄
합사가 아닌 단사(monofilament)를 뜻하는데, 갈치낚시에선 주로 20호 이상의 굵은 나일론줄을 말한다.

경질(경조)
낚싯대의 휨새를 뜻하는 용어. 고기를 걸었을 경우 낚싯대가 7:3 또는 8:2 비율로 빳빳하게 휘어진다. 반대말은 연질(연조).

기둥줄
갈치채비에서 묶음바늘(가짓줄)을 연결하는 긴 채비. 묶음바늘을 연결하는 도래가 2~2.5m 간격으로 달려 있다. 가짓줄의 수에 따라 7단, 8단 등으로 부른다.

나일론사(nylon line)
나일론을 재료로 만든 낚싯줄. 가격이 싸면서도 질긴 특징이 있다. 시간이 지나면 물을 먹어 강도가 떨어지는 단점이 있다. 갈치채비용으로 주로 쓰인다.

내림갈치
7~8월 산란을 마치고 월동처인 동중국해로 남하하는 갈치.

다단채비
바늘이 묶인 가짓줄이 여러 개 달린 채비. 바늘 수에 따라 7단, 8단 등으로 부른다.

단사(單絲, monofilament)
섬유 한 가닥으로 만든 낚싯줄, 모노필라멘트사를 줄여서 '모노줄'이라고도 부르고 흔히 경심줄이라고도 부른다.

단차(段差)
다단채비에서 가짓줄끼리의 간격.

도래
낚싯줄이나 채비의 연결도구. 회전을 통해 뒷줄 꼬임을 방지한다. 묶음바늘을 갈치채비에 연결할 때 쓰인다.

루어(lure)
금속이나 플라스틱, 실리콘을 재료로 만든 가짜 미끼.

루어낚시
루어를 사용하는 낚시.

루어바늘
루어낚시에 사용하는 바늘로서 갈치낚시에서는 바늘귀 쪽에 구멍이 뚫려 있는 구멍바늘을 많이 쓴다.

릴링(reeling)
릴의 핸들을 돌려 줄을 감는 동작.

릴찌낚시
구멍찌 또는 막대찌를 사용한 릴낚시.

물결채비
지그헤드의 바늘 끝을 잘라내고 고리를 만들어 트레블 훅을 단 갈치 루어 채비. 2003년 바다루어닷컴 운영자로 활동한 故 김동원씨가 개발했는데 옥색물결이란 개발자의 닉네임을 따서 물결채비라고 이름 붙였다.

물돛(물풍, 풍닻, 물닻)
배가 조류에 따라 한 방향으로 떠내려갈 수 있도록 던져 놓는 낙하산 형태의 어로 장비로서 먼바다 배낚시에서 사용한다. 물돛을 던져놓고 조류에 흘러가게 한 상태에서 낚시를 한다. 물풍, 풍닻, 물닻이라고도 부른다. 국어사전에 물돛이 표준어로 기재되어 있다.

물때
규칙적으로 바닷물이 들어오고 나가는 조석(潮汐) 현상인 밀물과 썰물, 간조와 만조의 반복주기를 고기잡이에 편리하게끔 정리해 놓은 것.

민장대낚시
릴대가 아닌 민낚싯대를 사용한 낚시.

빙장(氷藏)
아이스박스에 얼음을 넣고 바닷물을 부어 낚은 고기를 신선하게 보관하는 방법.

사무장
낚싯배에 선장과 함께 동승하는 승무원. 총무라 부르기도 한다. 선장의 배 운항과 손님의 낚시를 돕는다.

생미끼

루어가 아닌 진짜 미끼를 뜻하지만 갈치낚시에선 고등어, 삼치, 만새기 등 낚시로 잡은 미끼감을 말한다.

선단(船單)

손님을 함께 받기 위해 여러 낚싯배들이 모인 것을 이르는 말.

선사(船社)

낚싯배를 여러 대 갖고 운항하는 회사.

쇼크리더(shock leader)

이빨이 날카로운 물고기를 노릴 때 또는 캐스팅을 할 때 원줄의 손상과 충격을 막기 위해 덧다는 목줄을 말한다.

스파이럴 가이드(spiral guide)

낚싯대의 가이드가 나선형으로 배열된 형태. 낚싯대 위쪽에 장착하는 전동릴 낚싯대의 경우 가이드가 나선형으로 배열되어 초리 부분은 아래쪽으로 향하므로 채비 투척 시 줄 걸림이 덜하고 낚싯줄이 잘 풀리는 장점이 있다.

연질(연조)

낚싯대의 휨새를 뜻하는 용어로서 고기를 걸었을 경우 낚싯대가 5:5 또는 6:3 비율로 부드럽게 휘어진다. 반대말은 경질(경조)

오름갈치

5~8월 산란을 위해 월동처에서 남해안으로 북상하는 갈치.

와이어목줄

날카로운 갈치의 이빨에 견디기 위해 강철사를 소재로 만든 갈치 전용 목줄.

월명기

보름달이 떠서 달빛이 밝은 시기. 이 시기에는 갈치의 집어가 어렵다고 알려져 있다.

웜(worm)

실리콘 등으로 지렁이나 애벌레 형태로 만든 말랑말랑한 루어.

유영층(입질층)

갈치가 많이 모여 있는 수심층.

인터라인대

낚싯줄이 낚싯대 몸통 안으로 관통하게 만든 낚싯대.

전동릴

전기로 낚싯줄을 풀고 감을 수 있도록 만든 릴. 깊은 수심에서 무거운 채비를 운용하는 갈치낚시에서는 필수 장비.

지그헤드(jig head)

아연이나 납으로 만든 봉돌에 바늘이 달려 있는 형태의 채비. 웜을 사용할 때 많이 쓰인다.

집어

고기를 모으는 것. 먼바다 갈치배낚시에서 쓰이는 용어로서 채비 투척이나 집어등을 활용해 낚시인이 공략하고 있는 수심층에서 갈치 무리가 흩어지지 않도록 잡아두는 것을 의미한다.

집어등

갈치를 모으기 위해 밝히는 발광 장치. 배에도 설치되어 있지만 채비에도 작은 집어등을 단다.

추부하

낚싯대에 사용 가능한 추(봉돌)의 최대 무게.

카본사(carbon line)

폴리불화비닐리텐이란 섬유로 만든 낚싯줄. 비중이 커서 나일론사보다 빨리 가라앉고 물속에 오래 있어도 물을 흡수하지 않는다는 장점이 있지만 가격이 비싸다. 일본에서 '플로로카본'이라고 표기하면서 카본사란 이름이 널리 쓰이게 됐다.

트레블훅(treble hook)

바늘이 세 갈래로 된 바늘.

피이(PE)라인

합사의 한 종류로 폴리에틸렌(polyethylene)을 소재로 만든 낚싯줄.

합사(合絲, multifilament)

가는 모노필라멘트사를 여러 겹 꼬아서 만든 줄이다.

휨새(액션)

고기를 걸었을 경우 나타나는 낚싯대의 휘어지는 형태. 허리가 휘어지면 연질, 낚싯대 끝쪽만 휘어지면 경질이라고 부른다.

갈치 씨알을 표현하는 여러 용어들

2지, 3지, 4지…

갈치 씨알을 표현할 때 가장 많이 쓰는 표현이다. 여기서 '지(指)'는 손가락을 뜻하는 것으로서 손가락 수의 넓이가 씨알을 나타낸다. 2지면 손가락 두 개의 넓이를 말한다.

알치

막 알에서 깨어난 작은 갈치. 1지도 안 되는 씨알로서 낚시 중엔 입질을 하지만 낚이지 않아서 골칫덩이로 통한다. 보통 시즌이 마무리되는 겨울에 나타나는데 알치가 보이면 시즌이 끝났다고 말하곤 한다.

실치

손가락 하나 굵기인 1지 씨알. 7월경 연안에서 자주 낚이는 씨알이다.

풀치

손가락 두 개 굵기인 2지 씨알. 7월경 실치 수준이던 갈치는 한 달 후인 8월엔 풀치로 자라난다.

대갈치(왕갈치)

6지 이상의 큰 갈치를 부르는 말. 왕갈치라고도 부르며 일본에선 드래곤이라 표현한다.

먹갈치와 은갈치란?

갈치는 비늘이 없고 구아닌(guanine)이라는 성분으로 덮여 있는데 그물로 잡으면 이 성분이 떨어져서 어둡게 보인다. 수산물 시장에선 통영이나 목포에서 그물로 잡은 거무튀튀한 갈치를 먹갈치, 제주에서 낚시로 잡아 구아닌 성분이 그대로 덮여 있어 은색 체색이 살아있는 갈치를 은갈치라고 부른다.

Chapter 2
갈치 배낚시 장비

갈치 배낚시에
사용되는 장비와
소품들. 전용 제품은
먼바다 배낚시용품이
주를 이룬다.

입문자를 위한 어드바이스
배낚시 준비와
공통장비

허공을 바라본다는 느낌으로 쉬어야 한다. 선실에서 누워있는 것도 좋다. 먹거나 마시는 것은 피하되 청량제 역할의 사탕을 먹는 것은 도움이 된다. 멀미를 자주 겪는 사람이라면 무엇보다도 배 타기 전에 멀미약을 복용하는 게 좋다. 시중 약국에는 여러 종류의 멀미약이 있다. 멀미약은 제품에 따라 약 성분이 다른데 멀미약을 먹었는데도 별 효과를 못 보았다면 다른 제품으로 바꿔 사용해야 한다. 자신에게 잘 맞는 멀미약이 따로 있다.

1 배낚시 동호회에 가입하라

갈치낚시를 한 번도 안 해본 낚시인이라면 어떻게 출조 계획을 세워야 할지 또 어떤 장비를 사야 할지 막막하다. 이러한 정보를 얻을 수 있는 가장 좋은 방법은 온라인 배낚시 동호회에 가입하는 것이다. 배낚시는 카페가 많고 또 좋은 정보를 공유하는 사이트도 있어 사전 정보를 얻기 쉽다. 카페는 회원 가입을 해도 인사말 정도는 올리는 활동을 해야 정보를 공유할 수 있다. 대부분 동호회는 1년 중 갈치 성수기인 9~10월엔 수시로 갈치낚시를 떠난다.

2 선배 낚시인과 동행출조하라

첫 출조엔 갈치낚시에 대해 시시콜콜 조언을 얻을 수 있는 선배 낚시인과 동행하는 게 좋다. 온라인에서 많은 정보를 얻었다 하더라도 이론과 실제는 다르다. 미끼 썰기부터 채비 구성까지 직접 해봐야 배울 수 있다. 온라인 동호회에서는 입문자라고 솔직히 밝히고 도움을 청하면 출조를 도와줄 선배 회원과 함께 출조할 수 있다. 또 낚시회나 단체출조에선 낚시점 사장이나 운영자가 옆에서 지도를 해준다. 배에 오르면 옆 자리에 앉아서 세세한 도움을 받을 수 있다.

3 배멀미 대책을 세워라

먼바다 배낚시는 거친 난바다에서 하기 때문에 배멀미를 하기 쉽다. 먼 곳을 볼 수 없는 밤낚시의 특성과 정지하고 있는 배의 흔들림 때문이다. 멀미 징후를 느끼면 낚시를 멈추고

4 덧입을 비옷만 있으면 충분하다

갈치 배낚시는 장비가 준비되지 않고 경험이 전혀 없어도 즐길 수 있다. 선장 외에 한 명 이상의 사무장이 같이 타게 되는데 사무장에게 단계별로 배워가며 낚시를 할 수 있기 때문이다. 갈치 배낚시에는 굳이 낚시복을 입을 필요가 없다. 간편 복장이 오히려 더 적합하다. 미끼와 낚은 고기의 비린내가 옷에 많이 배기 때문이다. 배에서 덧입을 얇은 옷을 준비해가면 낚시를 쾌적하게 즐길 수 있다. 비옷을 착용하는 것도 좋은 방법이다. 또 처음엔 아이스박스를 새로 장만할 필요는 없다. 스티로폼 박스를 쓰면 된다. 현지 출조점에서 저렴하게 구입할 수 있는데, 배에 따라서는 서비스로 나눠주기도 한다.

5 장비는 처음엔 빌려 써라

첫 출조길엔 장비를 빌려 쓰는 게 좋다. 배를 예약하면서 장비 렌탈이란 옵션을 선택할 수 있다. 배에 준비된 낚싯대, 전동릴, 받침대를 모두 사용할 수 있다. 비용은 2만원선. 우력

먼바다 배낚시 출조 사무실에서 낚시인들이 가이드로부터 낚시 방법에 대한 설명을 듣고 있다.

갈치 이빨에 물렸다면?

갈치 앞니는 1cm 정도로 길어서 살짝 물린 느낌인데도 깊은 상처를 입을 수 있다. 오랫동안 피가 나고 지혈도 쉽게 되지 않는다. 1회용 반창고와 솜, 알콜을 휴대용 구급품으로 가져가는 게 좋다. 상처를 입게 되면 먼저 알콜 솜으로 소독하고 반창고를 붙인 채 꽉 눌러서 지혈한다.

남해안 항구 내 낚시점 모습. 근해 갈치
배낚시에서 사용할 장비를 고르고 있다.

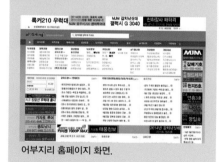

어부지리 홈페이지 화면.

대 등 다른 낚시에 쓰는 짧은 선상대는 채비
를 운용하는 데도 불편하거니와 조과에도 안
좋다. 차라리 빈 몸으로 떠나서 장비를 빌리
는 것이 간편하다.

갈치낚싯배의 승선비는 15만~20만원. 식사
가 제공되고 미끼가 포함되어 있다. 서비스로
얼음을 제공하고 기본적인 채비와 여분의 소
품을 나눠주는 배가 많다. 출항지까지 가는
출조버스는 수도권 기준 5만~6만원으로 낚
시점을 통하면 쉽게 예약할 수 있다. 대개 리
무진 타입의 대형 버스가 다닌다. 좌석이 넓
고 짐을 실을 공간이 넉넉해서 여유롭다. 카

풀 대신에 출조 버스를 이용하는 낚시인이 늘
어나는 추세다.

6 날카로운 갈치 이빨에 주의하라

낚은 갈치를 다룰 때는 날카로운 이빨을 주의
해야 한다. 갈치를 배 위로 올린 후에는 한 손
으로 갈치의 목을 잡고 다른 한 손으로 바늘
을 빼낸다. 바늘이 입 안쪽으로 깊숙이 박혀
있다면 플라이어를 사용해서 제거한다. 갈치
의 입 근처에는 되도록 손이 가지 않도록 주
의한다. 바늘을 제거하는 중에 요동칠 수가

있는데, 갈치 이빨은 웬만한 장갑도 뚫을 정
도로 날카롭다.

배낚시 공통 장비 지상전시

☑ 구명조끼

바다낚시에서 안전을 위해 꼭 착용해야
하는 필수품이다. 부력재가 내장되어 있
는 부력재 제품과 물이 닿으면 센서가
작동해 실린더가 터지는 자동팽창식 제
품이 있다. 채비 소품이 다양하고 이른
봄부터 겨울까지 시즌이 이어지는 먼바
다 배낚시엔 수납용 주머니가 많고 방한
효과가 있는 부력재 제품이 알맞고 5~6
시간 정도 짧게 낚시를 하는 근해 배낚시
나 활동량이 많은 루어낚시에선 자동팽
창식 구명조끼가 적합하다.

구명조끼
바낙스 부력재식
구명조끼 22만원

구명조끼
엔에스 자동팽창식·가스교환식 구명조끼 28만원

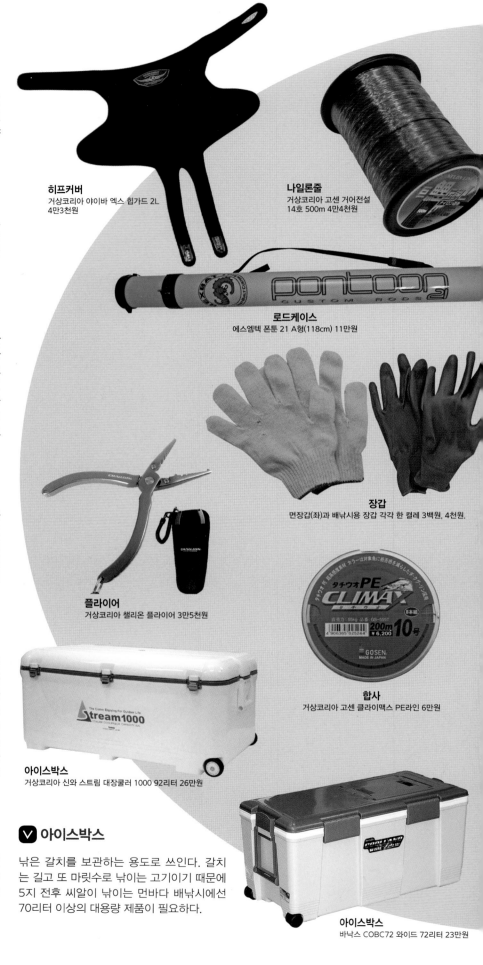

☑ 히프커버

바닷물이나 갈치 피 등의 이물질로부터 바지가 젖는 것을 보호해준다. 특히 파도가 거센 먼바다 배낚시에선 히프커버를 꼭 챙겨가야 한다.

☑ 로드 케이스

외부의 충격으로부터 낚싯대를 보호해준다. 여러 대의 낚싯대를 보관할 수 있다. 두세 대씩 낚싯대를 갖고 다니는 먼바다 배낚시에서 많이 쓰이고 있다.

☑ 장갑

갈치 배낚시에서 장갑의 용도는 생미끼를 자를 때 피나 이물질이 피부에 닿는 것을 막아주고 날카로운 갈치의 이빨로부터 손을 보호하기 위해서다. 한 번 쓰고 버리는 면장갑이 가장 많이 쓰인다. 주방용 1회용 비닐장갑을 낀 뒤 그 위에 면장갑을 착용한다. 면장갑 외에 방수 처리된 배낚시 전용 장갑을 쓰기도 한다.

☑ 합사

합사는 단사를 여러 겹 꼬아 합쳐서 만든 줄이다. 튼튼하고 늘어나는 성질이 없어 릴에 감는 원줄로 가장 많이 쓰인다. 원줄로 많이 사용하는 PE라인은 합사의 한 종류로서 폴리에틸렌 소재로 만든 것이다. 먼바다 배낚시에선 6~10호를 쓴다.

☑ 나일론줄

갈치 채비, 가짓줄, 쇼크리더로 주로 쓰이며 원줄로도 활용한다. 단사를 뜻하는 모노필라멘트는 소재에 따라 나일론사와 카본사로 나뉘는데 갈치 배낚시에선 굵은 나일론줄을 쓴다. 갈치 채비는 20~40호, 가짓줄은 16~20호, 쇼크리더는 2~3호를 쓴다. 먼바다 배낚시에서 한치나 고등어 등 잡어로 인해 합사 원줄이 끊어지는 일이 많을 때 합사 대신 나일론줄을 감아서 쓰기도 한다.

☑ 플라이어

엉킨 채비를 자르거나 채비에 느슨해진 슬리브를 눌러주는 등 다용도로 쓰인다. 갈치 주둥이에 깊숙이 박힌 바늘을 뺄 때 사용하기도 한다.

☑ 아이스박스

낚은 갈치를 보관하는 용도로 쓰인다. 갈치는 길고 또 마릿수로 낚이는 고기이기 때문에 5지 전후 씨알이 낚이는 먼바다 배낚시에선 70리터 이상의 대용량 제품이 필요하다.

히프커버
거상코리아 야이바 엑스 힙가드 2L
4만3천원

나일론줄
거상코리아 고센 거어전설
14호 500m 4만4천원

로드케이스
에스엠텍 폰툰 21 A형(118cm) 11만원

장갑
면장갑(좌)과 배낚시용 장갑 각각 한 컬레 3백원, 4천원.

플라이어
거상코리아 챌리온 플라이어 3만5천원

합사
거상코리아 고센 클라이맥스 PE라인 6만원

아이스박스
거상코리아 신와 스트림 대장쿨러 1000 92리터 26만원

아이스박스
바낙스 COBC72 와이드 72리터 23만원

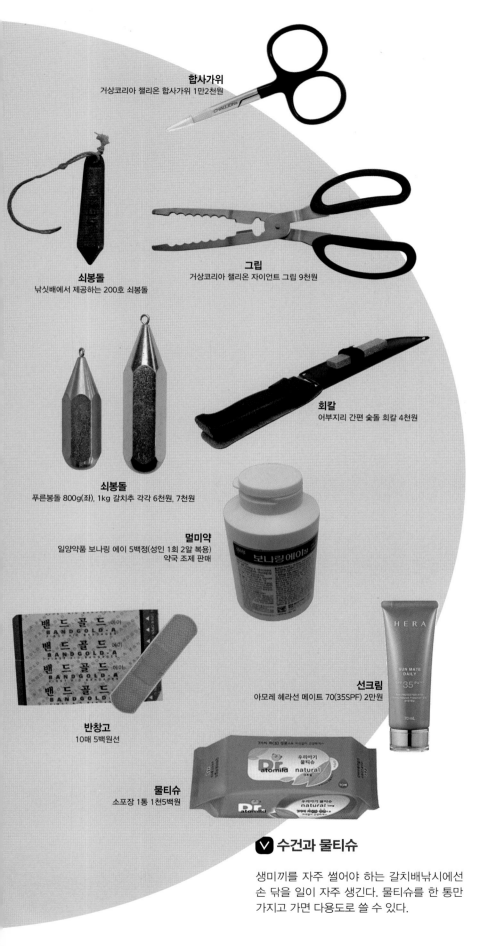

합사가위
거상코리아 챌리온 합사가위 1만2천원

쇠봉돌
낚싯배에서 제공하는 200호 쇠봉돌

그립
거상코리아 챌리온 자이언트 그립 9천원

회칼
어부지리 간편 숯돌 회칼 4천원

쇠봉돌
푸른봉돌 800g(좌), 1kg 갈치추 각각 6천원, 7천원

멀미약
일양약품 보나링 에이 5백정(성인 1회 2알 복용)
약국 조제 판매

선크림
아모레 헤라선 메이트 70(35SPF) 2만원

반창고
10매 5백원선

물티슈
소포장 1통 1천5백원

☑ 수건과 물티슈

생미끼를 자주 썰어야 하는 갈치배낚시에선 손 닦을 일이 자주 생긴다. 물티슈를 한 통만 가지고 가면 다용도로 쓸 수 있다.

☑ 합사가위

합사 원줄을 잘라낼 때 사용한다. 일반 라인 커터는 나일론사나 카본사를 잘라내기는 쉽지만 합사는 잘 잘리지 않고 잘린 면도 지저분하다.

☑ 집게 또는 그립

낚은 갈치를 들어 올릴 때 사용한다. 갈치의 이빨이 날카로워서 손으로 만지면 다치기 쉽다.

☑ 쇠봉돌

외줄낚시를 하는 먼바다 배낚시에서 사용한다. 쇠로 만든 150~250호 봉돌이 쓰이며 낚시 전 낚싯배에서 나눠 준다. 낚시점에서도 구입할 수 있다.

☑ 다용도 회칼

회를 써는 목적 외에 낚은 고기의 아가미를 찔러 피를 뺄 때, 채비를 자를 때 등등 낚시 중 다양하게 쓰인다. 긴 것은 불편하고 케이스에 수납되어 보관하기 편한 제품이 좋다.

☑ 멀미약

먼바다 배낚시는 장시간 배를 타고 또 파도도 높기 때문에 평소 배멀미를 하지 않던 사람도 멀미를 하게 된다. 파도가 2.5m 이상이라면 출항 전 멀미약을 먹는 게 좋다. 출항 1시간 전에 먹으면 효과가 나타나는 마시는 멀미약이나 알약, 캡슐로 된 제품이 좋다.

☑ 선크림

밤낚시 위주로 이뤄지는 갈치 배낚시는 집어를 위해 집어등을 환하게 밝혀놓는다. 광량이 많고 강한 오징어등을 쓰기 때문에 장시간 낚시를 하면 피부가 탄다. 낚시 하기 전 선크림을 발라두는 게 좋다. 자외선 차단지수를 SPF라 하여 숫자로 표기하는데 숫자가 높을수록 자외선 차단 효과가 좋다. 30~40 제품을 고르고 3시간에 한 번씩 발라주는 게 좋다.

☑ 휴대용 반창고

갈치 이빨에 찔렸을 경우 필요한 구급품이다. 상처 난 부위를 깨끗이 닦고 붙여준 뒤 꾹 눌러주면 지혈이 된다.

갈치낚싯대의 선택
4.5~4.6m 연질대가 가장 많이 쓰인다

이주웅
배낚시 출조 전문 카페인 제트피싱(zFISHING)
운영자로서 온라인상에서는 감성킬러란 닉네임으로
잘 알려져 있다. 매주 한 번 이상 배낚시 출조를
떠나고 있다.

갈치낚싯대라고 하면 '먼바다 배낚시용 갈치 낚싯대'를 말한다. 근해 배낚시나 방파제에선 갈치를 낚더라도 갈치 전용 낚싯대를 사용하지 않기 때문이다.

먼바다용 갈치낚싯대는 배낚시에서 사용하는 외줄낚싯대 중 가장 파워가 강하고 가장 길다. 그래서 가격도 가장 비싼 축에 든다. 파워가 강한 낚싯대를 쓰는 이유는 갈치의 힘이 세기 때문이 아니라 무거운 봉돌을 사용하기 때문이다. 갈치낚시가 이뤄지는 먼바다는 100m 전후의 깊은 수심이 많으며 조류도 거세기 때문에 일반 배낚시에선 거의 사용하지 않는 150~250호의 초대형 봉돌을 사용한다. 여기에 여러 마리의 갈치까지 걸리면 무게가 상당하기 때문에 이를 버틸 수 있는 강한 낚싯대가 필요할 수밖에 없다.
낚싯대 길이가 긴 이유는 갈치의 입질을 유도

하는 데 긴 낚싯대가 더 유리하기 때문이다. 갈치는 미끼를 한꺼번에 삼키지 않고 조금씩 뜯어먹으며 이상하다 싶으면 뱉어버린다. 같은 휨새라 하더라도 길이가 짧은 낚싯대보다 긴 낚싯대가 유연해서 갈치가 미끼를 취할 때 이물감을 덜어주며 자동챔질 확률도 높다. 이러한 이유로 2010년 갈치낚싯대 생산 초기엔 3.5m대가 주류였으나 현재는 6m 길이의 제품까지 등장했다. 하지만 너무 길어도 낚싯대를 세워 채비를 거둘 때 원줄을 잡기 힘들고 다루기 불편하다. 지금은 4.5~4.6m 길이의 낚싯대가 사용하기 편하면서도 입질도 잘 들어오는 표준 길이로 통한다.

하나 더 장만한다면 4.5~4.6 경질대를

시중에 판매되는 갈치낚싯대는 휨새와 길이로 분류할 수 있다. 휨새는 연질과 경질. 길이는 3m부터 6m까지 다양하다. 만약 갈치낚싯대를 한 대만 구입하려 한다면 4.5~4.6m 길

이에 5:5 또는 6:4 휨새를 가진 연질대를 추천한다. 연질대는 자동챔질이 잘되어서 입질이 약한 5~6월 시즌 초반부터 성수기까지 두루 활용할 수 있다. 연질대 특성상 갈치가 많이 물었을 경우 낚싯대가 낭창거려 끌어올리기 힘들다는 의견도 있지만 채비 올리기는 전동릴의 역할일 뿐, 낚싯대의 휨새는 큰 영향을 미치지 않는다. 다만 고기를 뱃전에 올리기 위해 낚싯대를 세웠을 경우 고기의 무게 때문에 경질대보다 많이 휘어져서 채비를 잡기 힘들다는 단점은 있다.
4.5m 연질대 외에 한 대 더 장만한다면 7:3 또는 8:2 휨새의 경질대를 구입한다. 길이는 역시 4.5~4.6m가 좋다. 경질대는 성수기에 속전속결로 갈치를 낚는 데 유리하다. 갈치낚시는 누가 빨리 고기를 처리해서 다시 채비를 입수시키느냐가 조과를 좌우하는데 직접 경험해보면 경질대의 필요성을 느끼게 된다.
한편 3~3.5m의 짧은 대도 필요할 때가 있다. 배 밑 상층에 갈치가 올라붙었을 때엔 배 밑 가까이 채비를 내릴 수 있는 짧은 대가 유리하다. 보통 성수기에 배 중간 정도 자리에서 이렇게 갈치가 배 밑 가까이 올라붙을 때가 많다.

갈치낚싯대의 두 가지 조건

①초릿대가 부드럽고 경쾌해야 한다
갈치낚시 전용대는 갈치 특유의 입질 즉 '이빨로 먹이를 잘라먹는 형태의 입질'을 시각적

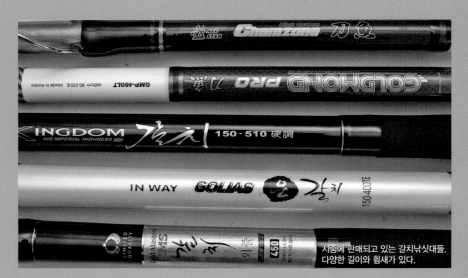

시중에 판매되고 있는 갈치낚싯대들.
다양한 길이와 휨새가 있다.

먼바다 배낚시에서 필자가 핸들을 감으며 초리의 움직임을
살펴보고 있다.

으로 잘 표현할 수 있어야 한다. 갈치가 미끼에 접근해 미끼를 건드리기 시작할 때부터 텐션(tension, 긴장감)의 변화가 생겨나게 되고 원줄을 타고 초릿대에 그 변화가 전달되는데, 이 변화를 낚시인이 시각적으로 충분히 판단할 수 있도록 표현해주어야 한다.

아주 미세한 텐션 변화의 표현…. 갈치낚시 전용대가 갖춰야 할 첫째 조건이 되는데, 이를 효율적으로 수행하기 위해서는 초릿대의 움직임이 부드럽고 경쾌해야 한다. 작은 힘으로 당기더라도(미약한 입질) 움직임이 나타나야 한다. 갈치의 입질은 의외로 까다로울 때가 많아 뻣뻣한 초릿대로는 이를 알아채지 못하고 미끼만 도둑맞는 경우가 생긴다.

②허리가 강해야 한다
갈치낚시 전용대가 갖추어야 할 둘째 조건은 여러 마리의 갈치를 걸어 올리는 기능을 잘 수행할 수 있어야 한다는 것이다. 갈치낚시는 낚싯대에 걸리는 부하가 큰 낚시 장르인데, 추 무게만 해도 200호를 훌쩍 넘고 씨알 좋은 갈치가 여러 마리 줄을 타면 그 무게 역시

만만치 않다.
하지만 허리가 강하면서 초리는 부드러운 조건을 모두 충족시키는 낚싯대는 사실상 찾기 어렵다. 왜냐하면 예민한 입질의 대응(부드러움)과 큰 부하를 견딘다는 것(강함)은 서로 상반되는 개념이기 때문이다. 그래서 갈치낚시대는 부드러운 낚싯대와 강한 낚싯대 두 가지를 모두 구입하게 되는 것이다.

가이드식 낚싯대가 유리하다

갈치낚싯대는 2011년까지는 낚싯줄이 낚싯대 속으로 들어가는 인터라인대를 많이 사용했지만 약한 입질을 제대로 잡아내지 못한다는 단점 때문에 현재는 일반 가이드식 낚싯대가 주류를 이루고 있다.

인터라인대가 초기에 인기를 모은 이유는 채비 투척 시 엉킴이 거의 없다는 편의성 때문이었다. 7단 이상의 다단채비와 1.5m 전후 길이의 목줄을 사용하는 갈치낚시는 추를 멀리 던져 채비를 정렬하는 방법이 보편적인데, 이때 추를 던지는 방향이 잘못되면 낚싯대에

채비가 엉키는 일이 잦아진다. 낚싯대에 달려 있는 가이드는 잘못 날아간 채비가 엉키는 지점이 되어버리기 때문에 엉킨 채비를 푸느라 많은 시간이 허비되곤 한다. 그러나 인터라인대는 가이드가 없기 때문에 채비 엉킴의 위험 요소가 없어지는 장점이 있다.

하지만 인터라인대는 가운데가 비어있는 낚싯대 구조상 입질을 표현하는 액션 구현에 있어서 한계가 있었다. 특히 초릿대도 파이프 형태로 만들다보니 자연히 굵어질 수밖에 없어서 초릿대가 뻣뻣할 수밖에 없고 그 결과 약한 어신은 잡아내지 못했다. 이것은 갈치낚싯대로서 치명적인 단점이었다. 그래서 2011년부터는 대부분의 갈치낚싯대가 가이드식 낚싯대로 생산되고 있다.

시즌 초반엔 연질대, 피크시즌엔 경질대 유리

갈치낚시에 적합한 휨새를 단정적으로 결론 내리기는 상당히 어렵다. 개인의 취향이 상당 부분 작용하기 때문이다. 7:3 정도의 액션으로 초릿대 부분만 휘는 휨새를 좋아하는 사람이

있는가 하면 5:5 정도로 허리까지 휘는 액션을 선호하는 사람도 있다. 그러나 개인별 선호도와 별개로 시즌에 따라 갈치를 잡아내기 좋은 휨새가 있다. 해마다 5월이 되면 제주도 본섬의 갈치낚시가 잠시 호황을 누릴 때가 있는데, 이 시기에 들어오는 갈치를 흔히 '햇갈치' 또는 '1차 갈치'라고 부른다. 작은 씨알의 갈치는 아예 찾아보기 힘들 정도로 굵은 씨알의 갈치가 주를 이루기 때문에 갈치낚시 마니아라면 이 시기부터 출조를 시작하는데, 이렇게 시즌이 열리는 시점에는 갈치의 입질이 미약한 경우가 많기 때문에 어신 전달이 좋은 연질대가 유리하다.

이후 시즌의 절정으로 치달을 때엔 사실 경질대나 연질대 구분 없이 입질이 잘 들어온다. 하지만 한꺼번에 여러 마리가 달린 갈치를 끌어올리기엔 경질대가 편리하다. 경질대는 메이커에 따라 다르지만 7:3 또는 7.5:2.5 휨새 정도의 제품을 고르면 되겠다.

선두와 선미에선 긴 대, 배 중간에선 짧은 대 유리

한편 낚시 자리에 따라서도 적합한 낚싯대의 길이가 달라진다. 이는 집어등의 불빛, 물돛(배가 조류와 함께 떠내려갈 수 있도록 수중에 가라앉히는 낙하산 형태의 어로 장비)의 진행 방향에 따라 갈치가 배에 접근하는 형태에서 그 근거를 찾을 수 있다. 즉 선수(船首)와 선미(船尾) 쪽은 갈치가 비교적 먼 거리에서 접근하기 때문에 4m 이상의 긴

뱃머리 쪽에 앉은 낚시인이 채비를 거두기 위해 낚싯대를 세우고 있다.

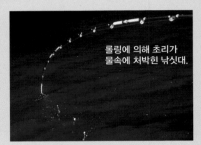

롤링에 의해 초리가 물속에 처박힌 낚싯대.

낚싯대가 유리하고, 배의 중간 자리는 배 밑으로 바짝 붙어 들어오기 때문에 3m를 전후한 짧은 대를 써야 입질의 빈도를 높일 수 있다. 이런 생각이 극단적으로 치닫게 되면 선두 선미의 경우 5m가 훌쩍 넘는 장대가 등장하기도 하고 중간 자리는 배 그림자를 직접 공략하기 위해 1.8m 남짓한 짧은 우럭대를 쓰기도 한다.

그러나 지나치게 길거나 짧은 대보다는 4m 이상의 긴 대 한 대와 3m 전후의 짧은 대 한 대, 이렇게 두 대면 충분하다. 시중에는 낚싯대 길이를 줌 방식으로 조절할 수 있는 제품도 나와 있는데 MJM의 갤럭시 G 3040이란 모델은 3절로 쓰면 3m로, 4절로 쓰면 4m로 사용할 수 있다.

자신의 낚싯대로 쌓은 입질 데이터 있어야

갈치를 잘 잡기 위해서는, 자신이 사용하고 있는 낚싯대의 액션을 눈에 익혀두는 게 중요하다. 갈치의 입질 패턴은 실로 다양하게 나타나기 때문에 낚싯대가 표현하는 움직임이 '입질인가 아닌가'를 판단하기 위해서는 경험의 축적에 의한 감(感)이 중요한 역할을 하기 때문이다. 입질이 아닌 것 같았는데 입질이었다면 그때 초릿대의 움직임을 기억해두어야 다음엔 그 타이밍에 맞춰 챔질할 수 있게 되는 것이다. 즉 자신이 사용하고 있는 낚싯대만의 입질 데이터가 쌓이는 셈이다.

유행과 추세를 쫓아 대를 자주 바꾸면 그동안 애써 눈으로 익혀 놓았던 입질 데이터가 모두 무위로 돌아갈 수도 있다. 누군가 5m 이상의 긴 대로 갈치를 잘 잡았다고 해서 무작정 긴 대를 장만할 필요는 없다. 낚시 상황과 낚시 능력은 그때그때 달라지기 때문인데, 낚싯대를 구입하기 전에 이를 염두에 둔 선택을 한다면 낚시 현장에서의 후회를 줄일 수 있을 것이다.

필자 연락처 cafe.daum.net/zFishing

은빛 체색을 자랑하며 뱃전에 올라온 갈치.
전통 어부식 조업 방식인 채낚기로 낚아 올렸다.

갈치낚싯대
히트상품

*제품 게재 순서는 업체명 가나다순

바낙스 | 지엠에스GMS 갈치 450 리미티드LIMITED

바낙스에서 생산하는 갈치낚싯대 중 최고급 제품으로서 CDS(Carbon Dia Spiral) 공법을 적용해 갈치를 여러 마리 건 상황에서도 강력한 제어력을 발휘한다. 최고급 절삭 릴시트를 채용했으며 그립은 천 소재를 사용해 낚싯대를 쥐었을 때 파지감이 뛰어나다. 고급스러움을 강조하기 위해 디자인에 많은 공을 들였으며 먼바다 배낚시의 주요 트러블인 줄 꼬임을 근본적으로 해결하기 위해 혁신적인 가이드 시스템을 적용했다.

품 명	전체 길이(m)	접은 길이(cm)	마디 수	선경(mm)	원경(mm)	가 격
390	3.9	136	3	2.31	2.3	42만원
420	4.2	112	4	2.17	2.2	47만원
450	4.5	119	4	2.17	2.2	49만원
490	4.9	130	4	2.31	2.3	51만원
520	5.2	136	4	2.31	2.3	53만원

바낙스 | 어비스ABYSS 갈치 외줄

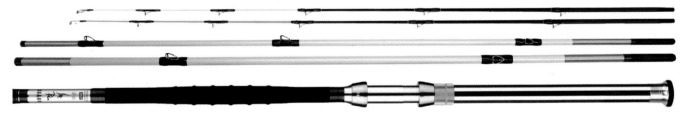

낚시 상황에 적절히 대응할 수 있도록 설계된 중경질 타입 액션의 제품이다. 갈치 활성도에 맞춰 대응할 수 있도록 연질과 경질 두 가지 타입의 초리를 사용할 수 있다. 활성도가 떨어질 때는 연질 초릿대를 세팅하고 활성도가 높을 때는 경질 초릿대를 세팅한다. 초리는 원색을 택해 시인성이 높다. 줄 꼬임을 차단하도록 스파이럴 가이드 시스템을 적용했으며 라인 트러블을 줄이기 위해 후지사의 LC 타입 SiC 가이드를 장착했다. 무게가 나가는 갈치 전용 전동릴을 확실히 잡아줄 수 있도록 절삭 릴시트를 채용했다.

품 명	전체 길이(m)	접은 길이(cm)	마디 수	선경(연질/경질, mm)	원경(mm)	사용 봉돌 무게(호)	가 격
360	3.6	126	3	2.3/2.4	16.8	80~200	32만원
450	4.5	120	4	2.3/2.4	20	80~200	35만원
520	5.2	137	4	2.3/2.4	20.6	80~200	38만5천원

에스엠텍 | 골드몬드GOLDMOND 프로PRO 도어刀魚

고탄성 카본을 사용한 전문가용 고급 낚싯대로서 감도가 뛰어나고 내구성이 좋다. 후지사의 SiC 가이드를 채택했으며 내구성을 강화하기 위해 더블래핑 처리했다. 낚싯대 마디 끝에 연결할 위치를 표시해놓아 조립과 분리가 편하며 낚싯대를 세우고 눕힐 때 잡는 핸들 부위를 스테인리스 소재로 만들어 고급스럽다. 초리는 빨간색으로 만들어 시인성을 높였다. 입질을 잡아내는 초릿대와 순간 복원력이 작용하는 2번대의 적절한 조합에 개발 초점을 맞췄다.

품 명	전체 길이(m)	접은 길이(cm)	마디 수	선경(mm)	원경(mm)	무게(g)	사용 봉돌 무게(호)	가 격
350LT	3.5	123	3	2.3	18.8	525	80~250	47만8천원
460LT	4.6	123	4	2.3	18.8	660	80~250	59만8천원

에스엠텍 | 골드몬드GOLDMOND 도어刀魚

연질과 경질 두 가지 사양으로 제작되어 낚시인들에게 인기를 모으고 있는 제품이다. 연질인 LT는 입질 파악 기능을 강조한 제품으로서 사계절 전천후로 사용할 수 있으며 경질인 HT는 조류가 세거나 갈치가 몰려 속전속결로 마릿수를 채우고자 할 때 사용한다. 후지 가이드와 알루미늄 릴시트를 채용했으며 더블너트 잠금시스템을 적용해 튼튼하다. 릴시트 아래 핸들 부위는 고강도 스테인리스 소재를 사용했다.

품 명	전체 길이(m)	접은 길이(cm)	마디 수	선경(mm)	원경(mm)	무게(g)	사용 봉돌 무게(호)	가 격
연질 350 LT	3.5	123	3	2.4	20	585	80~250	32만6천원
연질 460 LT	4.6	123	4	2.4	20	735	80~250	41만원
경질 450 HT	4.5	121	4	2.4	20	715	100~300	41만원
경질 560 HT	5.6	121	5	2.4	24	975	100~300	50만6천원

엔에스 | 킹덤KINGDOM 갈치

중조

경조

낚시 상황에 맞춰 쓸 수 있도록 중조와 경조 두 가지 휨새로 개발된 최고급 제품이다. 줄 꼬임 방지 톱가이드를 채택했으며 후지사의 SiC 가이드를 장착했다. 눈부심 방지와 시인성 강화를 위해 톱 부분을 무광 형광 처리했다.

■420, 460 중조
5:5 밸런스로서 파도가 높은 상황에서 배의 움직임에 따라 적절히 움직여 입질을 유도하는 것은 물론 자동 챔질 기능도 우수하다. 카본과 에폭시 글라스화이버 소재를 적절히 배합하여 강도와 끈기를 부여했다. 릴시트를 일반 갈치대보다 10cm 상향 고정시켜 열기대 겸용으로 쓸 수 있도록 만들었다.

■ 300, 360, 480, 510 경조

허리힘은 강하고 톱 부분은 부드러운 정통 갈치 낚싯대다. 98% 카본을 사용했으며 릴시트와 릴의 유격을 최소화하기 위해 후지 세미 롱 너트 시스템을 적용했다. 가이드는 나선형 형태의 스파이럴 구조로서 낚시할 때 가이드가 아래쪽으로 향해 있어 줄 걸림이 적으며 낚시 하기에도 편하다.

품 명	전체 길이(m)	마디 수	접은 길이(cm)	무게(g)	선경(mm)	원경(mm)	사용 봉돌 무게(호)	사용 PE 원줄(호)	가 격
중조 420	4.2	4	112	740	4.6	21.2	150~200	6~10	50만원
중조 450	4.5	4	119.5	810	4.7	21.5	150~200	6~10	52만원
경조 480	4.8	4	128	640	2.9	21.1	120~180	5~8	54만원
경조 510	5.1	4	135.5	680	3	21.5	120~180	5~8	56만원
경조 300	3	3	108	467	2.4	20.3	90~150	5~8	42만원
경조 360	3.6	3	127	498	2.5	21.3	120~180	5~8	44만원

엔에스 | **갈치 제트 z**

420, 450, 480

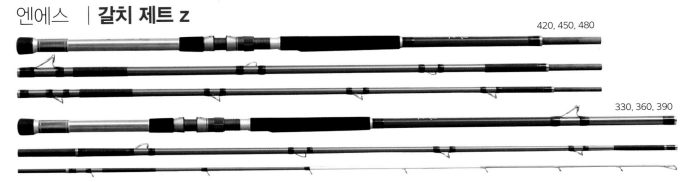

330, 360, 390

다양하게 변하는 현장 상황에 대응할 수 있도록 길이와 휨새에서 선택의 폭을 넓힌 제품이다. 후지사의 톱가이드와 SiC 가이드를 채택 했으며 대형 릴 장착용으로 설계된 후지 DPS시트를 장착했다. 오렌지 색상의 초리는 시인성이 높으며 그립감 향상을 위해 삼각 형태의 EVA 소재를 사용했다.

■ 330, 360, 390

성수기인 9~10월 배 밑으로 집어된 갈치를 빠르게 낚을 수 있는 길이다. 7:3 휨새로서 갈치를 끌어올림과 동시에 곧바로 처리하기에 유리하다.

■ 420

5:5 밸런스로 설계된 제품으로서 시즌 초반 깊은 수심에서 예민한 입질을 보이는 갈치를 노릴 때 적합하다.

■ 450, 480

7:3 휨새의 전천후 모델로서 시즌 초반부터 후반까지 고루 사용할 수 있다. 성수기에 갈치가 마릿수로 낚일 때 사용하면 효과를 볼 수 있는 제품이다.

품명	전체 길이(m)	마디 수	접은 길이(cm)	무게(g)	선경(mm)	원경(mm)	사용 봉돌 무게(호)	사용 PE 원줄(호)	가 격
330	3.3	3	118	478	2.5	21.1	90~150	5~8	26만원
360	3.6	3	127	495	2.5	21.3	120~180	5~8	28만원
390	3.9	3	138	538	2.5	21.5	120~180	5~8	30만원
420	4.2	4	112	790	4.6	21.2	150~200	6~10	32만원
450	4.5	4	120	606	2.6	21	120~180	5~8	32만원
480	4.8	4	128	643	2.7	21.5	120~180	5~8	34만원

올스타조구 | **카이저Kaiser 45 갈치**

88년부터 낚싯대를 생산 수출해온 올스타조구의 주력 갈치낚싯대다. 입질을 좌우하는 초릿대를 질기면서도 부드럽게 만들었다. 릴시트 아래를 스테인리스 소재로 만들어 튼튼하며 초릿대의 가이드 부위를 빨간색으로 도장해 입질을 파악하기 쉽다. 연질과 경질 두 가지 타입의 초릿대가 있다. 중량은 665g이며 마디 수는 4절, 전체 길이는 4.5m다. 가격은 28만원.

올스타조구 | 참존Chamzone 도어刀魚 350

중경질 휨새의 낚싯대로서 고기를 제어하기 알맞은 적당한 허리힘에 초리 부위는 부드러워 입질을 잘 표현해준다. 동호인들 사이에 평이 좋아 마니아가 많다는 게 회사 측의 설명. 블랭크를 흰색 도장 처리해 고급스럽다. 전체 길이는 3.5m로서 중량은 454g이며 3절로 구성되어 있다. 가격은 15만원.

천류 | 블루코너 Blue Corner 지G 은갈치

고탄성 고강도 카본을 사용한 대물 갈치용 낚싯대. EG 500의 경우 연질 초릿대와 경질 초릿대가 있어 낚시 상황에 맞춰 쓸 수 있다. 전체 길이는 연질 초릿대를 세팅하면 4.8m, 경질 초릿대를 세팅하면 5m다. 후지 고급 파이프 릴시트를 채용했으며 그립에 수축고무를 사용해 파지감이 편하다. 슬림한 몸통을 구현하기 위해 마디 연결 부위를 가공 처리했으며 면사를 감아 손상을 방지했다. 릴시트 아래를 스테인리스 파이프로 만들어 장시간 낚시할 때도 파손 위험이 적다.

품 명	전체 길이(m)	마디 수	접은 길이(cm)	무게(g)	선경(mm)	원경(mm)	사용 봉돌 무게(g)	가 격
EG 330	3.3	3	131	520	3.7	24	100~150	27만원
EG 360	3.6	3	135	530	2.5	24	80~150	29만원
EG 420	4.2	3	146	590	2.3	24	100~150	33만원
EG 450	4.5	4	125	650	2.3	24	100~150	45만원
EG 500	4.8/5	4(+1 Tip)	139	690	2.4/3.7	24	4.8m-80~100, 5m-100~150	55만원

천류 | 인웨이 골리아스INWAY GOLIAS 은갈치

인터라인 낚싯대의 장점과 가이드식 낚싯대의 장점을 결합하여 개발한 제품이다. 400TE, 450TE 두 가지 모델이 있으며 450TE의 경우 초릿대(1번대)와 2번대는 안테나 방식, 3번대는 손잡이대에 꽂아서 사용한다. 400TE는 안테나식 구조의 낚싯대다. 인터라인 구조여서 채비 엉킴이 적어 낚시하기 편하며, 길이가 길고 허리힘이 강하기 때문에 대물 갈치나 마릿수 갈치를 낚을 때 강한 제어력을 발휘한다. 낚싯줄의 저항이 적은 내부 시스템을 적용해 낚싯줄의 방출과 회수가 원활하다.

품 명	전체 길이(m)	마디 수	무게(g)	접은 길이(cm)	선경(mm)	원경(mm)	가 격
150-400TE	4	4(+1 Tip)	590	113	내경 2.8	24.5	29만원
150-450T	4.5	4(+1 Tip)	650	123	내경 2.8	24.5	32만원

전동릴의 선택
30kg 이상 고출력 파워 필요

민평기
배낚시 웹진 '어부지리' 운영자로서 2000년대 초부터 온라인과 낚시잡지에 배낚시 관련 글을 써오고 있다. 장비, 채비, 테크닉에 관한 해박한 지식을 토대로 갈치낚시 보급에 앞장서고 있다.

먼바다 갈치 배낚시에선 전기의 힘으로 감아 올리는 전동(電動)릴이 필수품이다. 모터가 내장된 전동릴이 낚싯배에 비치된 배터리나 휴대용 배터리에 연결해 사용한다. 갈치낚시에 전동릴이 필수장비인 이유는 200호(750g) 이상의 무거운 봉돌을 100m 전후의 깊은 수심에서 감아올리는 작업이 사람의 힘으로 하기엔 너무 힘들기 때문이다.

갈치용 전동릴은 우럭 외줄낚시나 대구낚시에 사용하는 전동릴보다 더 크고 강한 고급 기종을 사용한다. 30kg 이상의 고출력 파워, 저속 감기 기능, 8호 합사가 200m 감기는 권사량을 갖추고 있어야 하기 때문이다.

파워는 낚싯줄을 감는 모터의 힘을 뜻하며 권상력이라고도 부른다. 파워 30kg이라면 200호(750g) 봉돌 40개를 한 번에 감아올릴 수 있다는 뜻이다. 전동릴의 파워는 10kg부터 80kg까지 다양한데 10~20kg은 우럭 열기 외줄낚시용으로 쓰이고, 30kg 이상 제품이

갈치낚시용으로 쓰인다. 갈치용 전동릴보다 더 고출력의 전동릴은 방어 부시리용 전동릴인데 50kg 이상의 출력을 낸다.

저속감기 기능은 낚싯줄을 매우 느리게 일정한 속도로 감아올리는 기능으로서 갈치낚시에선 중요한 기능이다. 일정한 수심층에서 입질층을 탐색할 때 사용하는데, 갈치가 매달려 부하가 걸려 있는 상황에서도 일정하게 느린 속도로 작동해야 추가 입질을 받을 수 있다. 이처럼 고부하 상태에서 저속감기가 가능하려면 그만큼 릴의 출력이 높아야 한다.

고출력 전동릴은 무거운 대형릴이 많지만 갈치 낚싯배엔 난간에 받침대가 설치되어 있으므로 전동릴의 무게는 그리 중요하지 않게 생각한다. 전동릴에 감는 원줄은 6~8호 합사를 주로 사용한다. 보통 100m 전후 수심에서 낚시하므로 8호 합사가 200m 정도는 감겨야 여유 있게 낚시할 수 있다.

전동릴의 구조

기본적으로 장구통릴에 모터가 들어 있는 구조다. 내부에 모터 등 전기적인 부수장치를 탑재할 추가 공간이 필요하므로 장구통릴보다 부피가 크다. 클러치, 핸들 등 장구통릴의 기본 구조는 그대로 있다. 추가로 스풀 회전 속도를 제어하는 스피드레버가 장착돼 있다. 본체 옆이나 아래에 모터에 전기를 공급하는 전원연결부가 있다. 전동릴만의 특징인 전원 버튼, 설정 버튼, 메모리 버튼 등은 상부 콘트롤 패널(액정패널)에 모여 있다.

①스풀(Spool)
줄이 감기는 곳. 앞뒤로 회전하면서 줄이 풀리고 감긴다. 제조사별 모델에 따라서 스풀이 가늘거나 굵을 수 있다. 대체로 대형 전동릴은 스풀이 길고 굵다.

②핸들(Handle)
스풀을 회전시키는 기능을 한다. 손으로 잡는 부분을 노브(knob)라고 부른다. 전동릴은 전력을 이용해 버튼 등으로 감기 때문에 많이 사용하지는 않는다. 갈치낚시에서는 저속릴링과 함께 추가 입질을 유도할 때 쓰곤 한다.

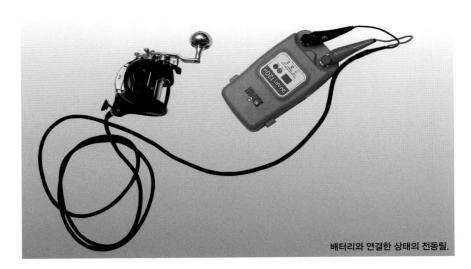

배터리와 연결한 상태의 전동릴.

③클러치 레버(Clutch lever)

누르거나 젖히는 구조로 되어 있으며 스풀이 자유롭게 회전돼 줄이 풀려나가게 할 때 사용한다. 모터에 전달되는 전력을 끊고자 할 때도 클러치 레버를 누르면 된다. 갈치낚시에서 채비를 투척할 때 많이 활용된다.

④레벨와인더(Level winder)

스풀 전체에 줄을 골고루 감기게 해주는 장치.

⑤드랙 노브(Drag Knob)

고기의 저항 등 강한 힘이 가해졌을 때 자동으로 낚싯줄이 풀리게 하는 장치다. 낚시하기 전 일정한 부하에 풀릴 수 있도록 드랙 노브를 돌려서 마찰력을 조절해 놓아야 한다. 갈치낚시에서 드랙 조절은 만새기나 다랑어 등 예상치 못한 손님고기로부터 장비와 채비를 보호하기 위해 반드시 필요하다.

⑥메커니컬 브레이크
(Mechanical brake)

스풀 회전력 제어 장치이다. 갈치낚시는 워낙 무거운 추를 사용하는 낚시이므로 어느 정도

조여 놓아도 채비가 잘 내려간다. 채비 투척 시 줄이 엉키는 백래시(Backrash) 현상을 막기 위해 살짝 조여주는 것이 좋다.

⑦스피드 레버(Speed lever)

자동 감기를 할 때 감는 속도를 조절하는 장치로서 레버를 앞으로 밀면 감는 속도가 빨라진다. 속도의 단계는 제조사마다 차이가 있으나 액정패널에 표시되므로 금방 적응할 수 있다. 고기 유영층을 찾고 입질을 유도해야 하는 갈치낚시에서는 보통 1~3단계의 저속 모드를 많이 사용한다. 고속 모드는 빈 채비 회수 시 사용한다.

⑧콘트롤 패널(Control Panel)

비행기로 본다면 조종석으로서 전동릴을 작동시키는 스위치와 기기의 상태를 파악할 수 있는 액정이 있다. 액정엔 수심, 속도, 작동 모드, 배터리 상태 등이 표시된다. 스위치를 이용해 모드 변환, 수심 알람, 0점 조정 등 전동릴을 제어할 수 있다. 수심 체크 기능이 제일 중요하다. 갈치낚시에서 일단 입질 수심층 파악이 조과를 좌우하기 때문이다.

전동릴 관리 요령
안정된 전원 사용하고 낚시 후엔 세척

전동릴을 흐르는 물에 세척하고 있다.

전동릴을 오래 쓰기 위해서는 첫째, 안정된 전원을 사용하는 게 좋다. 전동릴 고장의 상당 부분이 불안정한 전원을 써서 생긴다. 제품 규격에 맞는 용량의 배터리를 사용한다. 전력과 관련해서는 배터리를 연결하는 파워코드의 관리도 중요하다. 오래됐거나 훼손된 게 눈에 보이면 교체한다. 파워코드가 안 좋으면 구동력이 떨어지고 수시로 전원이 끊겼다 연결되는 증상도 나타난다. 전동릴 연결부에는 그리스를 발라 보관하고 배터리 연결부는 녹이 스는 것을 조심해야 한다.
둘째, 낚시를 다녀와서 꼭 세척한다. 세제를 사용해서 오염 부분을 닦아낸 후 물을 뿌려 세제와 오염물을 제거한다. 전동릴 콘트롤 패널은 방수 처리가 되어 있기 때문에 위 방향으로는 물을 뿌려도 괜찮지만 물속에 담그거나 뒤집어서 물을 뿌리면 침수가 될 수 있으니 주의해야 한다. 샤워기 아래에서 핸들을 이용해 스풀을 회전시켜 가며 구석구석 염분을 제거하는 것이 좋다. 세척 후 건조한 그늘에서 말린다. 완전히 말린 후 레벨 와인더와 전원연결부에 그리스를 주유한 후 보관한다. 부품 마모 등 가벼운 고장이 의심되면 AS센터에 전동릴 분해 점검 및 세척을 의뢰하는 것이 순서다. 제조회사 AS정책에 따라 유상 또는 무상으로 처리되니 사전에 확인해본다.

⑦스피드 레버

③클러치레버

①스풀

⑧콘트롤 패널

⑤레벨와인더

전동릴의 앞면

⑥메커니컬 브레이크

④드랙 노브

⑨전원 연결단자

②핸들

전동릴의 옆면

전동릴 배터리 구입
8암페어 이상 중대용량 제품 골라야

전동릴은 12~16볼트의 직류전원을 사용한다. 전동릴 제조업체는 전동릴 보호 차원에서 일정 규격 이상의 전용 배터리 사용을 권고하고 있다. 규격 이하의 배터리를 사용하면 사용 중 문제가 생기거나 고장이 생길 확률이 높다고 경고한다. 요즘 전동릴 배터리는 가볍고 휴대가 편한 소형이 대세다. 무거운 납 배터리를 사용하던 시절도 있었으나 요즘은 찾아보기 힘들어졌고 1kg 정도의 무게와 손바닥에 견줄 만큼 작은 부피가 특징인 리튬 배터리를 주로 쓴다.

낚싯배 중에는 전동릴용 배터리 설비를 갖춘 배가 제법 많다. 특히 갈치 낚싯배는 100%

배 난간에 고정 끈으로 묶어놓은 배터리.

배터리 설비가 돼 있다. 문제점은 단체로 한꺼번에 전원을 공급하는 방식이라 순간순간 전압 편차가 크다는 점이다. 불규칙한 전압이 전동릴 고장 1순위 요인이라는 사실 때문에 전동릴 제조업체들은 개인 배터리 사용을 적극 권하고 있다.

실제로 갈치낚시 마니아 사이에선 개인용 배터리도 거의 필수품으로 자리 잡아가고 있다. 중형 전동릴 기준으로 여유분을 고려하여 8~10암페어(Ampere) 용량의 배터리를 많이 사용하는 편이나 일부 대형 전동릴은 10암페어도 모자라는 경우도 있다. 암페어란 전류의 크기로서 이게 클수록 많은 양의 전기가 공급되는 것이므로 전동릴의 힘이 좋아진다. 갈치낚시용은 8암페어 이상이라야 한다. 전동릴 제품별 권고 배터리 용량이 다를 수도 있으니 자신이 사용하는 전동릴 제원을 살펴보는 것이 좋다.

⑨전원 연결단자

배터리를 연결하는 전원 코드가 접속되는 부분이다. 제조사별로 위치가 다르고 형태도 차이가 있다. 낚시 도중에 접점이 떨어지지 않도록 꽉 조여야 한다. 녹에 취약한 부분이므로 항상 그리스를 발라 놓는 게 좋다.

갈치용 전동릴의 조건

파워(권상력)

파워는 전동릴 성능을 추정해 볼 수 있는 기본 제원이다. 감아올리는 힘이란 뜻인데 보통 kg 단위로 표기돼 있다. 전동릴을 분류할 때도 파워를 기준으로 한다. 그러나 파워 표기 방법은 제조업체별로 달라서 서로 다른 제조업체 제품을 파워 수치만으로 상대 비교하는 데는 무리가 있다. 다만 일본 제품들은 2013년부터 일본낚시산업협회 규격 기준을 공동으로 사용하기 때문에 업체가 다르더라도 비교가 가능하다. 갈치낚시에서는 파워보다 꾸준히 힘을 발휘하는 지구력을 더 중요시한다. 여기서 지구력이란 파도, 조류 세기 등 바다상황에 따라 변하는 추부하와 먼저 걸린 물고기의 저항에 밀리지 않고, 처음처럼 일정 속도로 꾸준히 자연스럽게 채비를 회수할 수 있는 능력을 말한다. 지구력은 파워와 연관이 있지만 반드시 비례하지는 않는다. 또한 기준이 명확하지 않고 주관적 견해가 가미된 성능이기 때문에 수치화하기 힘들다. 전동릴 사용후기 등 입소문으로 전해지는 경향이 짙다. 30kg 이상의 고출력 대형 전동릴은 대부분 지구력이 좋다는 평을 듣고 있다.

저속감기

낚싯줄을 느리게 감아주는 기능인데 버튼이나 감기 레버를 조작해서 사용한다. 중요한 것은 일정한 속도다. 갈치가 여러 마리 달려 부하가 걸리는 상황에서도 일정한 속도로 느리게 감기게 하기 위해서는 모터의 힘과 지구력이 필요하다. 10kg대의 보급기종에도 저속감기 기능이 있다고 광고를 하는 제품이 있지만 실제로는 속도가 빨라서 손가락으로 스풀의 낚싯줄을 누르면서 속도 조절을 해야 하는 제품이 많다.

스피드

추 부하가 없는 상태에서 스풀이 공회전할 때 감아 들이는 속도를 말한다. 보통 스풀에 줄을 최대로 감았을 때 계산되는 최대 스피드를 기준으로 한다. 부하가 걸리거나 스풀에 줄이 덜 감겨있는 실제 상황에선 이보다 훨씬 느릴 수 있다. 스피드는 한편으로 파워를 의미하기도 하기 때문에 30kg급 파워의 전동릴이면 스피드가 문제가 되는 일은 거의 없다.

권사량

줄이 스풀에 감기는 양을 말한다. 전동릴 크기를 가늠하는 기준이 된다. 중형은 8호 합사가 200m 정도 감기고 대형은 300m 이상 감긴다. 둘 다 갈치낚시에 알맞은 권사량이다. 권사량은 대개 릴 제품명에 숫자로 표시되는데 전동릴은 제조업체별 고유의 번호체계를 사용한다. 8호 합사가 약 200m 감기는 표준 중형 전동릴의 모델 번호는, 바낙스 7000, 은성 500, 다이와 500, 시마노 3000이다.

기어비

수동으로 핸들을 한 바퀴 돌렸을 때 작동하는 스풀 회전수를 뜻한다. 전동릴은 보통 2.5~3.5 : 1 정도의 기어비를 가지고 있다. 상당히 낮은 기어비 덕에 무거운 채비를 수동으로 오르고 내리는 데에도 힘이 덜 든다. 전동릴은 핸들 사용 빈도가 많지 않아 수동릴과 달리 기어비의 높고 낮음이 제품 특성을 좌우하지는 않는다. 갈치낚시에서는 입질 후 확실한 걸림과 추가 입질을 유도하기 위해서 수동 기능을 사용하는 경향이 늘어가고 있다.

필자 연락처 www.afishing.com

추천 전동릴 &
배터리

*제품 게재 순서는 업체명 가나다순

카이젠 KAIZEN 7000CL 갈치 | 바낙스

먼바다 갈치낚시에 필요한 파워와 기능만을 탑재해 합리적인 가격으로 탄생한 보급형 갈치 전동릴이다. 30kg 파워를 갖추고 있으며 입질층 기억, 뱃전 자동정지 등 갈치낚시에 필요한 프로그램이 탑재되어 있다. 스피드레버를 조절해 저속으로 입질층을 탐색할 수 있다. 안정적인 모터 구동을 통해 고부하 상태에서도 분당 2m의 속도로 감긴다. 또한 95mm 장축 핸들을 장착하여 수동 감기의 편의를 도운 것은 물론, 순간적인 입질에 빠르게 대응할 수 있다. 기어는 고부하 상태에서 더 안정적인 속도를 유지하기 위해 고강도 두랄루민 기어를 채택하고 최고급 베어링을 탑재했다.

기어비	무게(g)	최대 파워(kg)	최대 스피드(m/분)	표준권사량(PE-m)	가격
3.5:1	740	30	56	6-300, 8-200	39만원

카이젠 KAIZEN 7000 HM | 바낙스

세계 최초로 두 개의 모터가 구동되는 바낙스의 최고급 모델이다. 최대 파워가 60kg이며 최대 스피드가 분당 230m여서 빠르게 채비를 회수할 수 있다. 파워 모드와 스피드 모드 두 가지 시스템이 있어 낚시 상황에 맞게 파워를 활용할 수 있다. 힘과 지구력이 필요한 대물과의 파이팅에서는 파워 모드로 전환하고, 채비를 빠르게 회수하고 싶을 때엔 스피드 모드로 바꿔주면 된다. 버튼 하나로 두 시스템을 전환할 수 있어 편하다. 입질 수심층 파악, 뱃전 자동 정지 기능, 라인 자동 입력 데이터가 탑재되어 있으며 스피드 조절레버를 이용해 입질층을 저속으로 탐색할 수 있다. 엄지손가락으로 조종하는 클러치가 있어 풀림과 감기 전환이 쉽다.

기어비	무게(g)	최대 파워(kg)	최대 스피드(m/분)	표준권사량(PE-m)	가격
3.6:1	870	60	230	6-300, 8-200	64만원

드래곤 DRAGON 7000PW | 이쿠다

일본과 대만, 호주에 수출 판매되다가 2013년부터 우리나라에 들어왔다. 드래곤 7000PW는 갈치낚시를 겨냥해 개발한 제품으로서 파워가 50kg이며 메인 모터 외에 보조모터가 스풀 앞쪽에 있어 줄 풀림이 빠르다. PE라인 8호가 240m 감기며 저속 모드 기능이 탑재되어 있다. 커버 옆쪽에 온도 센서가 있어 부하가 많이 걸릴 때는 순간 정지한다. 기기 활용을 위해 한글설명서를 제공하고 있다.

기어비	무게(g)	최대 파워(kg)	최대 스피드(m/분)	표준 권사량	가격
2.8:1	630	50	215	8-240	45만원

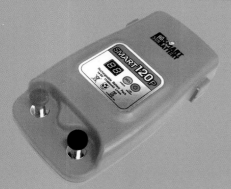

선파워 스마트 66P·88P·104P·120P | 피싱조이

선파워는 우리나라 배낚시 동호인들이 가장 많이 사용하는 배터리다. 완전 방수 제품으로서 고급 리튬이온 배터리를 사용했으며 불에 타지 않는 단연 소재를 케이스로 사용해 내구성이 강하다. 전원 단자를 배터리 아래쪽에 배치해 바닷물이 고이지 않아 녹이 슬 위험이 적다. 배터리의 잔량을 확인할 수 있는 LCD 창이 있어 충전 시기를 체크하기 쉽다. 갈치용으로 6암페어 이상을 많이 사용하는데 66P부터 120P 4가지 모델 도두 8암페어다. 모델명에서 P는 전지의 용량을 뜻하는데 숫자가 클수록 오래 사용할 수 있다. 배터리를 구입하면 배터리 케이스, 충전기가 함께 제공되며 가격은 66P 24만원, 88P 28만원, 104P 32만원, 120P 35만원이다.

따라해보세요
전동릴에 줄 감기

양근배
바낙스 선상스탭. 전동릴 전문가. 전동릴이 보급되기 시작한 2000년대 초반부터 전동릴이란 닉네임으로 온라인에서 활동해왔다. 기기에 대한 해박한 지식과 현장 사용 경험을 토대로 쓴 글이 큰 인기를 얻고 있다.

전동릴을 구입하면 가장 먼저 할 일이 릴에 낚싯줄을 감는 것이다. 그런데 낚싯줄을 감기 위해 사용설명서를 펼치면 생각보다 복잡해서 당황하게 된다. 또 줄을 감는 방법은 적게는 세 가지, 많게는 대여섯 가지에 이르기도 한다. 어떤 방법으로 낚싯줄을 감는 게 가장 좋은지 알 수가 없다. 전동릴에 낚싯줄을 쉽고 편하게 감는 방법은 기기에 입력되어 있는 낚싯줄 데이터를 선택하는 것이다. 대부분의 기기엔 낚싯줄 굵기와 권사량이 입력되어 있어 이를 활용하면 된다.

갈치낚시에선 PE라인 6~10호 합사를 사용하는데 중형급 기기라면 6~8호를 감을 수 있도록 데이터가 저장되어 있다. 갈치용 전동릴로 많이 쓰이고 있는 바낙스 7000TM에 PE라인 6호를 200m 감아보기로 하겠다.

입력된 데이터에 맞춰서 감으면 편리

전동릴 기종에 따라 낚싯줄 데이터의 입력 방법이 조금씩 다르긴 하지만 다음 두 가지로 구분할 수 있다.

첫째, 낚싯줄의 굵기와 길이를 직접 입력하는 방법이다. 합사와 나일론사를 고를 수 있고 굵기도 직접 입력한 다음 감는데, 감은 만큼의 낚싯줄 길이가 입력된다.

둘째, 기기에 입력되어 있는 낚싯줄 데이터를 선택해 입력하는 방법이다. 바낙스 7000TM의 경우, 갈치낚시에서 주로 사용하는 PE라인의 규격과 권사량을 고려하여 여섯 가지 데이터가 표준입력되어 있다. 「4, 400」「5, 200」, 「5, 300」「6, 200」「6, 300」「8, 200」이다.

여섯 가지 데이터 중 원하는 낚싯줄의 굵기와 권사량을 선택할 수 있다. PE 6호 200m를 감고 싶다면 「6, 200」을 선택한다. 입력된 데이터에 따라 낚싯줄을 감으면 15m 정도가 남았을 때 알아서 멈춰준다. 「6, 200」의 경우

릴 스풀에 원줄 묶는 법
클린치 노트

클린치 노트로 원줄을 묶은 스풀.

PE라인은 나일론줄과 달리 표면이 미끄러워 매듭을 지어도 풀리는 경우가 있다. 이때는 원줄 끝단에 한 번 매듭을 지어 놓으면 이 매듭이 걸려 밀려 빠져나가지 않는다. 또 처음부터 빡빡하게 감으려 하면 미끄러운 PE라인은 스풀에서 헛돌므로 대여섯 바퀴는 천천히 감아 PE라인을 스풀에 밀착한 후 서서히 힘을 주면서 빡빡하게 감는다.

01 **02** **03** **04**

05 **06** **완성**

클린치 노트
1. 스풀에 낚싯줄을 걸친다. 2. 두 줄을 겹쳐서 쥔다. 3. 두 줄을 서로 비틀어 꼬아준다. 4. 끄트머리를 잡고 안으로 넣어서 5. 다시 돌려 빼내 만들어진 고리 속에 통과시키고 당겨서 조인다. 6 본줄을 당겨 조여준다. 완성–자투리를 잘라준다.

낚싯줄을 완전히 감은 상태의 전동릴.

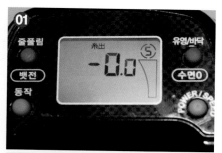

185m가 감긴 뒤 멈추는 것이다. 나머지 줄은 핸들을 돌리거나 감기 버튼을 다시 눌러서 마저 감으면 된다.

전동릴에 낚싯줄 감는 순서

입력된 데이터 중 「6, 200」을 택해 PE라인 6호를 200m 감아본다. 낚싯줄을 감을 때는 전동릴만 들고 감는 것보다 낚싯대에 세팅한 상태에서 감는 게 편하다.

1.전원 연결하기
낚싯줄을 스풀에 묶은 뒤 전동릴 케이블 단자에 케이블을 연결하고 배터리에 연결하면 사진처럼 액정화면에 불이 들어온다.

2.낚싯줄 세팅 모드
전동릴은 기기마다 낚싯줄 세팅을 위한 버튼이 있다. 바낙스 7000TM의 경우 '유영/바닥' 버튼 두 개를 동시에 3초 정도 누르는 게 낚싯줄 세팅 스타트 방법이다. 그 뒤 줄풀림 버튼을 한 번 누르면 「4, 400」이란 표시가 뜬다.

3.입력 선택
계속해서 줄풀림 버튼을 한 번씩 누르면 「4, 400」, 「5, 200」, 「5, 300」, 「6, 200」, 「6, 300」, 「8, 200」등 기기에 입력되어 있는 데이터가 차례로 액정화면에 뜬다. PE라인 6호를 200m 감아야 하므로 「6, 200」이 액정화면에 뜰 때 버튼 누르기를 멈춘다.

4.낚싯줄 감고 확인하기
동작버튼 또는 속도조절 레버를 젖혀서 낚싯줄을 감기 시작한다. 낚싯줄을 감을 때 주의할 것은 스풀에 줄이 느슨하게 감기지 않도록 어느 정도 팽팽하게 잡고 있어야 한다는 것이다. 낚싯줄을 감으면 0부터 시작해 점차 숫자가 늘어난다.

5.완료
200m를 모두 감았는데 액정화면에 196.3m로 표시되어 있다. 낚싯줄을 느슨하게 감은 게 이유지만 그렇다고 풀어낼 필요는 없다. 낚시 현장에선 150호 이상의 무거운 봉돌을 사용해 줄을 풀고 감는 동작을 반복하므로 이 과정을 통해 몇 m 정도의 오차는 자연스럽게 수정된다.

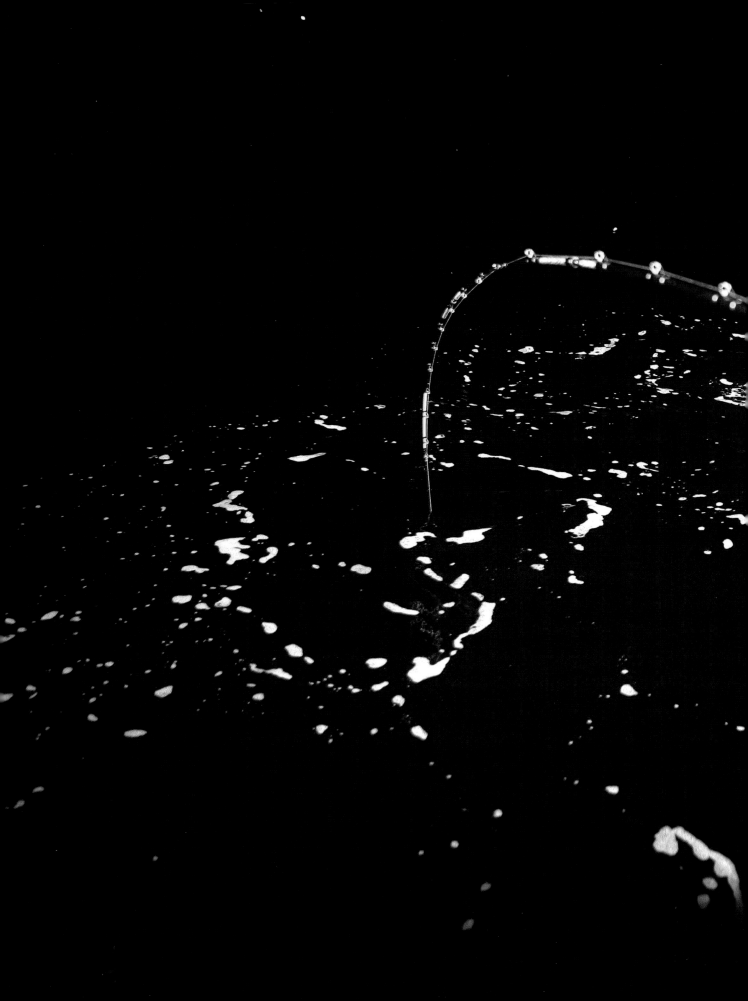

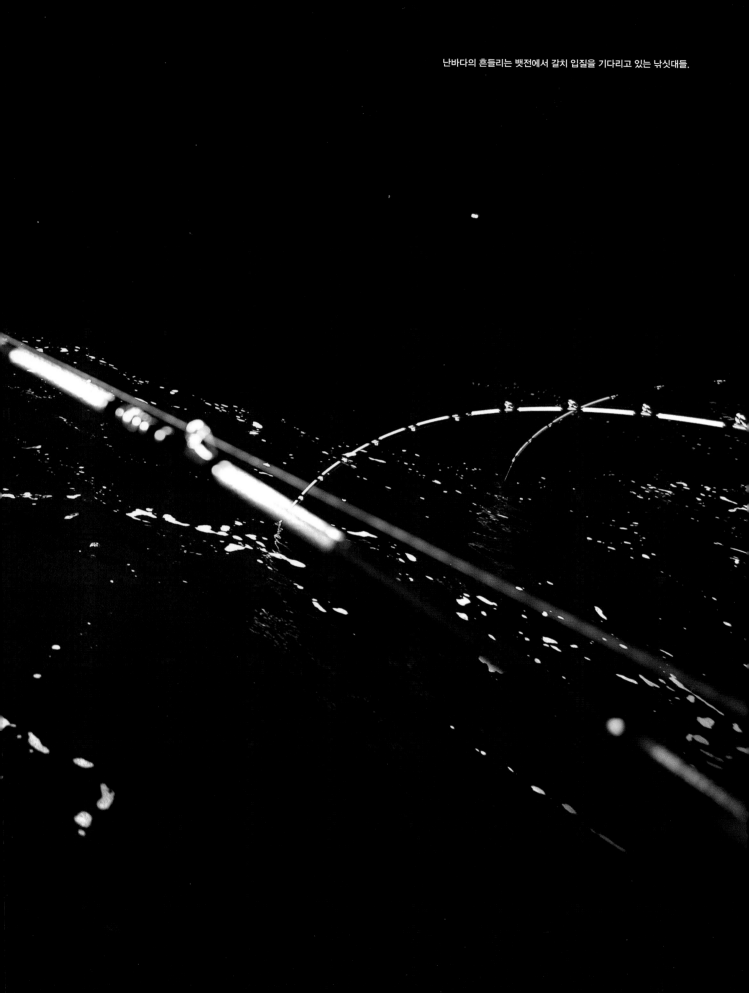

난바다의 흔들리는 뱃전에서 갈치 입질을 기다리고 있는 낚싯대들.

Chapter 3
먼바다 갈치 배낚시

여수 낚시인 이재복씨가
먼바다 배낚시에서 낚은
왕 갈치를 들어 보이고 있다.

Q&A

먼바다 배낚시에 대한 궁금증 11

Q **먼바다에서 어부들이 잡은 갈치는 백화점에서 고가에 판매되고 있는데 낚시인이 낚는 갈치는 가격이 어느 정도일까?**
여수항 등에선 수산시장이나 횟집 사장이 항구에서 낚시인이 잡아온 갈치를 직접 구입하기도 하는데 4지가 2만원, 5지가 3만원선이다. 이렇게 팔려나간 갈치는 1~2만원을 더 얹어서 일반인에게 판매하는데 씨알이 클수록 가격이 더 올라간다. 5지의 경우 6만원까지 가격이 올라간다. 백화점에선 4지 되는 제주산 은갈치 4마리를 14만원에 판매하고 있다.

5지 은갈치의 시장가격은 6만원

Q **낚싯배 선장이 인터넷에 올리는 조황 사진을 보면 쿨러 가득한 갈치가 자주 보인다. 나도 낚시를 가면 그렇게 낚을 수 있나?**
9~10월 성수기에 가면 선장이 올린 사진처럼 마릿수로 낚을 수 있다. 이 시기엔 땀 닦을 시간도 부족하다고 할 정도로 갈치가 잘 문다. 조황이란 게 낚시 여건이나 자신의 기술 등 여러 가지가 복합적으로 작용하는 것이지만 성수기 먼바다 갈치 배낚시만큼은 예외다. 낚시를 처음 간 낚시인도 요령만 익히면 쿨러 가득 갈치를 낚아올 수 있다.

Q **먼바다 배낚시는 어떤 일정으로 진행되는가?**
오후 3~4시에 출항해서 다음날 동틀 때까지 낚시하고 돌아오는 일정이다. 출항 시간은 낚싯배에서 미리 공지를 해준다. 낚싯배에 오르기 전에 승선명부를 작성하고 자리 추첨도 해야 되기 때문에 출항 1시간 전에는 항구에 도착해야 한다. 출항한 낚싯배는 3~4시간 거리의 포인트로 나가 동이 틀 때까지 낚시가 이뤄진다. 8월의 경우 아침 6시면 해가 뜨므로 이때가 철수 시간이고 항구에 도착하면 오전 9~10시가 된다.

출조 비용은 23만~40만원

Q **1회 출조 비용은 어느 정도인가?**
23만~40만원이다. 낚싯배 뱃삯 15만~20

만원, 여수 기준 왕복 교통비 15만원을 합하면 25만~30만원이 드는데 여기에 채비 구입비나 식사 한두 끼가 더 얹어져서 5만원 정도가 더 든다. 수도권에서 떠나는 출조버스를 이용하면 경비를 절약할 수 있다. 여수 기준 한두 끼 식사가 포함된 출조 비용이 23만~25만원선이다.

Q **낚싯배 간 뱃삯이 제각각이다. 뱃삯이 싼 낚싯배를 타야 할까?**
뱃삯은 15만~20만원 내에서 오르고 내린다. 주중엔 뱃삯이 내려가고 주말엔 2만~3만원이 더 오른다. 낚싯배 간 경쟁이 치열해짐에 따라 뱃삯을 내리는 낚싯배도 있지만 출조 비용보다는 조황을 따져서 선택하는 게 바람직하다. 먼바다 배낚시는 기상악화 등의 이유로 출조일이 짧고 실제로 낚싯배에 오르는 숫자도 많지 않다. 제값을 치르더라도 고기를 잘 잡게 해주는 선장의 배를 타는 게 낫다.

Q **수도권에서 여수까지 태워주는 출조버스가 운행된다고 들었는데 어떻게 이용하나?**
출조버스 운행자에게 전화를 걸어 승차 예약

갈치 채비를 낚싯대 앞으로 투척하고 있는 낚시인.

을 하고 약속된 시간에 탑승지에 나가 버스에 오르면 된다. 출조항에서 다시 태우고 오는 왕복 교통편으로서 비용은 6만원이다. 버스 출발지에 따라 운항코스가 조금 다르긴 하지만 교통요충지인 외곽순환고속도로 중동IC 인근의 부천 상동공원 앞, 평촌농수산물시장, 수원 지지대고개, 서해안고속도로 비봉IC 등을 거쳐서 간다. 기타 지역은 협의 후 결정한다. 출조버스 연락처와 비용(2014년 기준)은 아래와 같다.

- F-BUS(피싱버스) 010-3119-4475(7만원)
- 에이스관광 010-3236-2329, 02-2665-2326 (7만원)
- 중동낚시 010-4102-8671(7만원)
- 한마음낚시버스 010-7111-9463(7만원)

Q 낚싯배 안에서도 고기가 잘 잡히는 낚시 자리가 따로 있는가?

선두(船頭)와 선미(船尾)가 가장 조황이 좋을 뿐 아니라 공간도 넓어 낚시하기 편하다. 물돛(배가 조류에 따라 한 방향으로 떠내려 갈 수 있도록 던져 놓는 낙하산 형태의 어로장비)을 내린 낚싯배는 선수 방향으로 나아가게 되는데 선수가 가장 먼저 갈치 무리를 만나는 자리이기 때문이다. 종종 바람에 밀려서 선미가 선수 위치가 되어 흘러가기도 하는데 이때는 선미의 조황이 더 뛰어나기도 하다. 그래서 낚시인들은 서로 선두나 선미 자리를 앉기를 원하는데 자리 때문에 다툼도 일어난다. 이러한 논란을 막기 위해 주사위나 번호를 써놓은 탁구공, 화투장을 이용해 추첨으로 자리를 정하는 방식이 낚싯배들 사이에 정착되어가고 있다.

집어는 고기를 모으는 게 아니라 묶어 두는 것

Q 채비를 입수할 때 멀리 투척을 하던데 이게 어떤 효과가 있는가?

채비 던지기를 하는 낚시인의 조과가 더 좋다. 바늘을 하나하나 입수시키는 낚시인보다 채비 입수 횟수가 더 많기 때문이다. 마릿수 조과를 올리는 방법은 크게 두 가지라 볼 수 있다. 하나는 갈치를 확인한 수심층에 남들보다 많이 채비를 집어넣는 것이고 또 하

나는 남들과 채비가 엉키지 않는 것이다. 갈치채비는 길기 때문에 던지기를 하면 사선을 그리면서 입수하기 때문에 채비가 쉽게 정렬된다.

Q 바다낚시에선 물때라는 것을 많이 따지는데 먼바다 배낚시도 그런가?

물때는 크게 상관하지 않는다. 보통 배낚시에선 조류가 약한 조금물때가 좋고 조류가 강한 사리물때는 조황이 안 좋다고 하지만 그것은 항구에서 1시간 거리의 근해 배낚시 얘기다. 먼바다 배낚시는 파도 때문에 못 나가는 날이 많기 때문에 출조를 할 수 있느냐 없느냐가 관건이다. 다만, 보름사리엔 달이 밝은 월명기(月明期)라고 해서 다른 때보다 조황이 떨어지는 것은 사실이다. 그 이유에 대해선 낚시인들은 갈치를 모으는 집어등 효과가 달빛 때문에 떨어지기 때문으로 보고 있다.

Q 낚싯배는 물돛 때문에 항상 선수 쪽으로 움직이는 것으로 알고 있는데 뒤로 가기도 한다. 그 이유는 무엇인가?

조류의 방향과 바람의 방향이 다를 때 발생하는 현상이다. 물돛을 바다에 던져 놓으면 배는 물돛에 의해 조류에 따라 흘러가는데 배 좌우측으로 강한 바람이 불면 배가 밀리면서 돌아가 뒤쪽으로 흘러가기도 한다. 선장은 이렇게 배가 밀리거나 틀어지면 시동을 걸어 배의 위치를 바로 잡기도 한다. 조류와 바람의 방향이 바뀌면 옆 사람과 채비가 엉키는 일이 잦아진다.

Q 갈치를 집어한다고 하는데 정말 고기를 모아서 낚는다는 얘기인가?

엄밀히 얘기한다면 모으는 게 아니라 다른 곳으로 빠져나가지 않도록 묶어두는 것이다. 갈치 무리는 유영층이 수시로 바뀌는데 다른 곳으로 가지 않도록 미끼를 단 채비를 계속 투입하는 것이다. 갈치가 잘 낚이다가도 채비 엉킴 등으로 인해 한동안 미끼를 넣지 못하면 입질이 끊기는 경우가 많다. 그래서 베테랑 낚시인은 일단 한 마리라도 갈치를 확인하면 빠른 속도로 채비 투입과 회수를 반복한다.

물때 상식

음력 15~18일은 조황 떨어지는 '월명기'

●물때란?
밀물과 썰물을 조석(潮汐)이라 한다. 이러한 조석현상의 규칙성을 정리한 것이 물때다. 조석현상이 생기는 이유는 지구 둘레를 공전하는 달의 인력이 지구 표면의 물을 당기기 때문이다. 달이 한반도의 위에 왔을 때와 지구 반대편인 유럽의 상공에 있을 때 한반도에 미치는 달의 인력이 최고조가 되어 만조(滿潮)가 되고, 달이 그 중간쯤의 상공을 지날 때 달의 인력이 최저로 되어 간조(干潮)가 된다.

● '사리'와 '조금'
사리는 바닷물이 많이 들고나는 물때이며, 조금은 적게 들고나는 물때에 해당한다. 사리는 음력 보름(15일)과 그믐(30일)을 뜻하며, 조금은 음력 상현(8일)과 하현(23일)을 뜻한다. 그리고 사리 이후의 며칠간(음력 15-16-17-18일 또는 30-1-2-3일)을 '사리물때'라 하고, 조금 이후의 며칠간(음력 8-9-10-11일 또는 23-24-25-26일)을 '조금물때'라 부른다. 보름달이 떠서 달빛이 밝은 보름 사리물때인 음력 15~18일을 월명기라고 부르는데 이때는 다른 물때보다 갈치 조황이 떨어진다.

●추석은 항상 사리, 설은 항상 7물
추석은 음력 8월 15일이므로 항상 사리다. 구정은 음력 1월 1일이므로 늘 7물이다. 따라서 "올해 추석은 몇 물이지?"하고 물으면 웃음거리가 된다. 추석과 구정은 이처럼 조류가 강한 물때이다.

●반달이 뜨는 날은 조금물때
보름달이 뜰 때와 달이 없는 그믐은 사리물때이며, 반달이 뜰 때는 조금물때다. 바닷물을 당기는 천체의 인력은 달과 태양이 일직선이 될 때 세지고, 달과 태양이 직각이 될 때 약해진다. 달-지구-태양으로 직선이 되면 보름달이 되고, 지구-달-태양으로 직선이 되면 달이 태양에 가려 그믐이 된다. 그래서 보름과 그믐엔 바닷물이 많이 들고나며 그로 인해 유속이 빨라진다. 한편 달-지구의 선과 태양의 위치가 직각이 되면 반달의 형상을 보이는데 그때는 바닷물이 적게 들고나며 유속도 느리다.

먼바다 시즌

7월부터 12월까지 성수기

민평기 웹진 어부지리 운영자

갈치낚시 시즌은 근해는 짧지만 먼바다는 꽤 길다. 겨울 한 철만 쉬고 여덟 달 이상 낚시가 이뤄지는데 현지의 전문 선장들은 기상만 괜찮다면 겨울에도 가능하다고 한다. 5월에서 1월까지 낚시가 이뤄지며 7월에서 12월까지가 성수기다. 난류성 어종인 갈치는 수온에 따라 남하와 북상을 반복하는데 겨울엔 제주도 남쪽 먼 바다의 월동처에 머물다가 봄이 되면 육지 쪽으로 북상하기 시작해 가을엔 남해안 근해로 접근한다. 갈치의 이동에 따라 시기별 포인트와 조황, 낚시 스타일, 출항지가 조금씩 차이가 난다.

① 5~6월 시작기

아직 수온이 낮은 탓에 육지에서 남쪽으로 5시간 이상 걸리는 먼 바다에 포인트가 형성된다. 포인트 이동 거리가 상대적으로 짧은 제주도 출조가 좀 더 활발한 편이지만 조황은 떨어지는 편이어서 낱마리 수준으로 머물 때가 많다. 겨우내 낚시를 참았던 갈치낚시 마니아의 갈증을 풀어주는 정도의 조과다. 간혹 포인트를 잘 만나면 30마리 이상 낚을 수도 있고 성수기에 버금가는 대물 갈치도 올라온다.

이 시기의 갈치 어군은 수심층별로 넓게 분포해 있으며 입질이 약한 것이 특징이다. 약한 입질을 잡아내기 위해 연질대가 많이 쓰이며 채비는 10단을 주로 쓰는데 15단 이상을 사용하기도 한다. 이렇게 긴 채비를 쓰는 이유는 수심층을 넓게 잡고 많은 수의 미끼로 흩어져 있는 갈치를 유인하기 위해서다. 자연스럽게 미끼가 유영할 수 있도록 목줄을 2.5m 정도로 길게 사용한다. 입질은 오는데 챔질이 안 돼서 빈 바늘로 올라오는 경우가 많다면 챔질 확률을 높이기 위해 미끼를 바

늘 축 쪽에서 고정시킬 수 있는 미끼 고정식 갈치바늘을 쓰면 효과가 있다.

② 7~8월 시즌 초기

본격 시즌에 대한 기대감이 높아지는 시기다. 바다 상황이 좋고 포인트를 잘 만나면 성수기만큼 조과가 나오기도 한다. 아직 포인트까지 이동하는 데는 3시간 정도가 소요된다. 기본적으로 50마리 이상 조과를 올리는 게 어렵지 않다. 성수기만큼 많은 마릿수는 아니지만 4지급의 씨알 좋은 갈치의 빈도가 높다. 해마다 다르기는 하지만 8월 중순부터 성수기에 돌입하는 경우가 많다. 수온이 급격히 올라가면서 오징어나 한치가 먼저 설쳐 낚시가 힘들어지는 시기이기도 하다.

③ 9~10월 성수기

본격적인 갈치 시즌이다. 여수, 완도, 고흥, 통영 등 갈치낚시 출항지의 모든 갈치 낚싯배가 날씨만 괜찮으면 출조한다. 여수의 거문도, 백도 주변이 대표적인 낚시터다. 원래 달이 밝은 보름사리 때는 조과가 저조해서 출조가 뜸해지지만 성수기만은 예외다. 갈치 활성도가 좋아서 보름사리 때도 웬만큼 조과를 올릴 수 있기 때문이다. 이 시기의 갈치는 대체로 쉽게 집어가 되고, 여러 마리가 동시에 낚이기 때문에 쿨러 조과가 가능하다.

어군의 밀도가 높아서 유영층을 찾으면 곧바로 입질을 받을 수 있다. 또 집어가 잘 되면 표층까지 올라와 먹이활동을 하기 때문에 얕은 수심에서도 마릿수 조과를 올릴 수 있다는 게 특징이다. 대형 갈치와 여러 마리의 갈치를 동시에 제어하려면 튼튼한 허리의 경질대가 필요하다. 채비도 길 필요가 없다. 7, 8단 채비를 사용하면 재빨리 올리고 내리는 데 유리하고 트러블이 적다. 바늘은 일반 갈치 바늘(15~22호)이면 충분하다. 일반 갈치 바늘에 입질이 뜸한 비수기에는 갈치 눈에 잘 띄도록 케미가 내장된 튜브를 바늘 위쪽에 단 케미형이나 꼴뚜기바늘을 사용하기도 하는데, 9~10월 성수기엔 고등어나 삼치 같은 잡어가 많기 때문에 그런 유인용 바

먼바다 배낚시 시즌과 특징

	시작기	시즌 초기	성수기	마감기
월	5, 6월	7, 8월	9, 10, 11월	12, 1월
난이도	갈치 마니아 위주	중급자 이상 동호인	비낚시인이나 초보도 무난	중급자 이상
주요 출항지	제주도	여수, 고흥, 완도, 통영	남해안 전 출항지	제주도와 남해안 전 출항지
수온	18도 이하	20도 내외	24도 이상	20도 내외
이동시간	5시간	3시간	1~2시간	1~3시간
주 입질 수심	60m 이상(100m까지)	30~60m	0~30m	10~50m
조과	낱마리(10~30마리)	10~50마리	30~100마리	20~50마리
낚싯대	연질대	연질대	경질대	중질 혹은 경질대
릴	중형 대형 전동릴	중형 대형 전동릴	중형 대형 전동릴	중형 대형 전동릴
라인	6~10호 합사	6~10호 합사	6~10호 합사 (14~16호 나일론줄)	6~10호 합사 (14~16호 나일론줄)
채비	10단 이상	10단	8단	8~10단

먼바다 갈치 출조점들어 모여 있는 여수 소호항 입구.

여수 돌산도 신기항의 갈치 낚싯배들.

갈치 배낚시 출항지 연락처

낚싯배 이름	출조점	전화번호	홈페이지 / 주소
골드피싱1호	골드피싱	010-4604-7955	http://www.goldfishing.kr 소호동 1216
그랜드맥스호		010-3608-2308	http://cafe.daum.net/grandmax 돌산읍 금성리 168-2
금강호		010-9210-3250	http://cafe.daum.net/kang1248 신월동 177-24
뉴백상어호		010-9111-5899	http://cafe.daum.net/baeksanga 국동 1083
뉴스피드호	해변낚시프라자	010-8799-2838	http://www.taegong.co.kr 화양면 안포리 329-12
뉴여명호	여수왕갈치출조점	010-9918-3456	http://cafe.daum.net/01099183456 신월동 34-7
뉴자이언트호		010-6614-2012	http://www.newgiant.co.kr 신월동 34-2
뉴패밀리호		010-3635-8512	http://cafe.daum.net/sbvoalfflgh 돌산읍 군내리 590
뉴한사리호		010-7640-0888	http://cafe.daum.net/hinshli 돌산읍 군내리 594-10
뉴한사리2호		010-7640-0888	http://cafe.daum.net/hinshli 돌산읍 군내리 594-10
뉴호프4호		010-3885-6482	http://cafe.daum.net/kalche 소호동 1216
동성호	해동낚시프라자	010-3609-8437	http://www.haedongnaksi.co.kr 화양면 안포리 25-11
레인보우호		010-5612-7058	http://www.rainbow114.com 소호동 1216
명진호		010-7373-0940	http://cafe.daum.net/0116160940 돌산읍 신복리 905-13
바다레져호	바다레져	010-8467-7744	http://www.badales.com 소호동 1217
보디가드호	포인트24시낚시	010-8624-0049	http://www.point24.co.kr 소호동 1216
블랙박스호	대교낚시프라자	010-6608-2392	http://www.daegyofishing.com 국동 1082-24
블랙스타호	서울낚시	010-6660-4339	http://www.yosubada.co.kr 국동 1082-47
블랙야크호		010-6608-2392	http://www.daegyofishing.com 국동 1082-24
블랙이글호	월드낚시	010-8218-6800	http://www.ysworldfishing.com 국동 1082-1
블랙홀호	대교낚시프라자	010-6608-2392	http://www.daegyofishing.com 국동 1082-24
비너스호	어부와 낚시인	010-6333-6969	http://cafe.daum.net/white-ho 국동 1082-13
비너스호		010-9187-7654	http://www.gdv.co.kr 신월동 80-16
신강수도호		011-666-1520	http://cafe.daum.net/sinkangfishing 신월동 120-1
아라미르호		010-7929-8910	http://www.aramir.kr 종화동 462-5
오리엔트호	포인트24시낚시	010-8624-0049	http://www.point24.co.kr 소호동 1216
일오삼호		010-3575-1089	http://cafe.daum.net/rlagudtjs153 돌산읍 군내리 594-10
임마누엘호		010-2008-4833	http://cafe.daum.net/lmmanuel4833 돌산읍 금성리 844-1
제우스1호	백도왕갈치	010-3645-2619	http://cafe.daum.net/wjpfishing 신월동 112-42
진피싱호		010-9222-5433	http://www.jinfishing.co.kr 돌산읍 군내리 555-4
참피온호		010-3623-5706	http://www.dsfish.kr 돌산읍 금봉리 866
청홍피싱1호	청홍낚시	010-6282-3421	http://cafe.daum.net/chfish1992 돌산읍 우두리 797-3
청홍피싱2호	청홍낚시	010-6282-3421	http://cafe.daum.net/chfish1992 돌산읍 우두리 797-3
킹피쉬호	대진낚시	010-8348-0305	http://kcckorea.cafe24.com 소호동 1216
태빈호		010-7423-6606	http://cafe.daum.net/taepin.ho 돌산읍 금성리 848-2
태성스타호		010-5631-8839	http://www.ysfish.kr 돌산읍 우두리 796-35
포세이돈호		010-2060-4812	http://cafe.daum.net/yeosuPoseidon 국동
피싱가이드호		019-9013-0000	http://cafe.daum.net/ysgalchi 돌산읍 군내리 569
피쉬헌터호	여수바다낚시	010-3666-0622	http://www.yeosubadanaksi.co.kr 소호동 1215
피싱프랜드호		010-4079-1163	http://cafe.daum.net/f2916 신월동 88-9
한사리호	바다사랑낚시	010-4582-2032	http://www.badalove.co.kr 신월동 112-42
헤라클레스호	낚시인낚시	010-4634-6060	http://www.yosunaksiin.co.kr 신월동 120-21
화이트호	어부와 낚시인	010-6333-6969	http://cafe.daum.net/white-ho 국동 1082-13
황제호	여수왕갈치출조점	010-9918-3456	http://cafe.daum.net/01099183456 신월동 34-7
뉴무지개호		010-9237-5351	산양읍 영운리 498
뉴청용호		010-8531-4399	산양읍 신전리 777
명륜호		010-9232-1722	http://cafe.daum.net/myeongrwoon 산양읍 신전리 49-2
부성피싱호		010-9766-5912	http://cafe.daum.net/ibuseong 산양읍 영운리 725
비너스호		010-6487-7610	http://cafe.daum.net/asd7610 산양읍 연화리 700-7
썬라이즈호	들물낚시	010-3823-5346	http://cafe.daum.net/tongyoungdeulmul 산양읍 영운리 723
스카이호		010-8708-5279	산양읍 영운리 529-1

늘을 쓰면 잡어가 더 달려들 수 있어 오히려 불리하다.

④ 12~1월 마감기

육지는 겨울로 접어들지만 바다 속은 아직 가을 상황이다. 조과도 성수기에 비해 그리 떨어지지 않는다. 다만 바다가 거칠어지는 계절이라 악천후가 자주 발목을 잡는다. 12월에도 수온은 20도 이상으로 높아서 손님 고기도 많은 편이다. 경남과 전남에서 출항하는 갈치 낚싯배는 대체로 12월 말에 시즌을 마감한다. 전남의 갈치낚시 마니아가 많이 찾는 일부 낚싯배와 포인트 이동거리가 상대적으로 짧은 제주도 본섬의 낚싯배가 1월까지 출조를 이어간다.
일단 출조를 하면 집어가 잘 되고 입질이 왕성한 경우가 많다. 이때는 성수기처럼 재빨리 채비를 오르내려서 낚은 고기를 갈무리하는 부지런한 낚시를 하는 게 정석이다. 12월까지는 얕은 수심층에서 입질을 해준다.

갈치낚시 주요 출항지

여수

갈치낚시 최대 출항지로서 50여 척의 갈치

갈치 배낚시 출항지 연락처

선명	출조점	전화번호	홈페이지 / 주소
아이비호	흥부낚시	010-7777-7877	http://cafe.daum.net/ivycruise 산양읍 삼덕리 843-6
영운호	영운낚시	010-7160-2149	http://cafe.daum.net/duddnsgh 산양읍 영운리 724-4
오리온호	흥부낚시	010-2951-0790	http://www.hbfishing.com 산양읍 신전리 740-8
온유호		010-6307-8802	http://cafe.daum.net/onyufishing 산양읍 연화리 700-5
유림호		010-9347-2635	산양읍 삼덕리 372-10
은빛나래호	은빛나래피싱	010-8930-1811	http://cafe.naver.com/naraefishing 용남면 장평리 298-13
최강리드호	리드낚시	010-8523-9793	http://www.tyleader.co.kr 산양읍 연화리 882
최강리드3호	리드낚시	010-8523-9793	http://www.tyleader.co.kr 산양읍 연화리 882
칼3호	칼낚시	010-6312-9137	http://cafe.daum.net/tyKAL 산양면 연화리 876
칼7호	칼낚시	010-6312-9137	http://cafe.daum.net/tyKAL 산양면 연화리 876
태영호		017-544-3593	http://cafe.daum.net/6413593 산양읍 삼덕리 220
항진호	항진피싱	010-3551-0315	http://cafe.daum.net/kjs9049 산양읍 풍화리 527-5
호반호		010-6420-1229	http://cafe.daum.net/hoban1229 산양읍 신전리 324-4
OK씨파크호		010-8567-2114	산양읍 삼덕리868-3
갈치호		010-2335-0275	http://cafe.daum.net/sbs3142 완도읍 가용리 1072-1
명성레저호		010-6277-0694	http://cafe.daum.net/audtjdgh 완도읍 군내리 1288
서경피싱호		010-6635-7975	http://www.wdfish.net 완도읍 가용리 588-1
서림레저호		010-6342-9857	http://www.srfish.co.kr 완도읍 군내리 1257-1
영일호		010-3869-2229	http://www.youngilho.com 완도읍 군내리 1257-11
청해호		010-8866-3593	http://cafe.naver.com/wnfish 완도읍 군내리 1248-3
피싱매니저호		010-6340-6980	http://cafe.daum.net/wandoace 완도읍 군내리 1342
해신호		010-2036-1425	http://www.wdkal.com 완도읍 군내리 1257-11
녹동해신호		010-4058-2266	http://cafe.daum.net/gotlsgh 도양읍 봉암리 2958-12
뉴비너스호		070-4028-2784	http://www.gdv.co.kr 도화읍 봉암리 2958-1
삼산호	삼산낚시	010-4848-2000	http://cafe.daum.net/ssfishing21 봉래면 신금리 1033
싱싱피싱호		010-3645-8811	http://www.singsingfishing.com 도양읍 봉암리 2788
영진호		010-3190-2560	http://cafe.daum.net/ygfishing 도화면 구암리 142-1
전국낚시호		010-4626-8963	풍양면 풍남리 1158-2
진성호		010-8609-9471	http://cafe.daum.net/jinsungho 도양읍 봉암리 2786
해마루1호	바다낚시114	010-3602-1400	http://www.bada114.co.kr 도양읍 봉암리 2776-7
뉴그린호		010-4288-5599	http://cafe.daum.net/newgreenphishing 도두항
뉴서부호		010-3698-3630	http://cafe.daum.net/ksb- 도두항
뉴탐라호		010-6758-8253	http://www.뉴탐라호.com 도두항
방주호		010-9032-5582	http://cafe.daum.net/jjGALCHIGSho 도두항
은갈치1호		010-9121-7913	http://www.egcho.co.kr 도두항
은갈치2호		010-9121-7913	http://www.egcho.co.kr 도두항
피싱웨이호		010-3144-6111	http://www.fishingway.co.kr 도두항
해룡호		010-5222-5357	http://www.갈치낚시.com 성산포
화원호		010-4850-8375	http://cafe.daum.net/tyhwawonho 도두항
78피싱호		010-3693-7826	http://cafe.daum.net/78fishing 도두항
고성삼성호	고성매섬낚시	011-9396-7888	http://cafe.daum.net/maeseom 경남 고성군 삼산면 두포리 1312
남해금강호	스페셜피싱	010-3591-2333	http://cafe.daum.net/tjdgus-2333 경남 남해군 창선면 대벽리 12-8
보성전일호	보성전일낚시	010-3610-5755	http://cafe.daum.net/jeonilnaksi 전남 보성군 회천면 전일리 692-7
장흥남도1호	남도레저	010-5225-1358	http://www.namdofishing.co.kr 전남 장흥군 회진면 대리 116
장흥남도2호	남도레저	010-5225-1358	http://www.namdofishing.co.kr 전남 장흥군 회진면 대리 116
장흥온누리호		010-5225-1358	http://cafe.daum.net/fishing1358 전남 장흥군 회진면 회진리 2141-4
장흥회진피싱호		010-4611-1199	http://cafe.daum.net/01046111199 전남 장흥군 회진면 회진리 2141-4

*출항지의 낚싯배와 연락처는 2014년 7월 기준이다.

낚싯배가 있다. 대부분의 배가 넉넉한 규모의 22인승이다. 2개의 선실에 에어컨, 정수기, 커튼을 설치하는 등 낚시인의 휴식에 신경을 쓴 배들이 많이 늘었다. 선비는 15만~20만원. 성수기에는 서울, 인천 등 수도권에서 여수를 오가는 갈치낚시 셔틀버스가 매일 다닌다.

통영

여수와 함께 갈치낚시 양대 출항지다. 30여 척의 크고 작은 갈치배가 있다. 선비는 15만~18만원. 여수 등 서쪽 출항지에 비해 조금 늦게 출조가 시작된다. 주요 낚시터는 1~2시간 걸리는 국도 남쪽이다. 통영은 가까운 부산은 물론이고, 수도권에서 가는 길도 여수보다 편하다. 주변의 거제도와 남해도에도 갈치 낚싯배가 생기고 있다.

고흥, 완도

고흥에 8척, 완도에 10여 척이 있다. 남해 최대 갈치낚시터인 거문도, 백도 해역까지 가는 데 걸리는 시간이 2시간 이내로 여수보다 뱃길이 가깝다. 제주도 쪽으로 출조가 이뤄질 때도 여수보다 뱃길이 가깝다. 그러나 찻길은 여수보다 더 멀다. 선비 등 제반 조건은 여수와 동일하다. 인접한 보성과 장흥의 포구에서도 출조가 이뤄지고 있다.

제주도

제주시 도두항과 서귀포시 성산포항에 10여 척이 있다. 오후 2, 3시 김포공항을 출발하여 밤새 갈치낚시를 하고 다음날 점심 전에 김포공항으로 돌아오는 스케줄로 다녀올 수 있어 편하다. 보통 제주공항에서 출항지까지 가는 차편은 낚싯배 측에서 제공한다. 출항지는 계절별 갈치 어군 이동 상황에 따라 변하기도 한다. 선비는 15만원 정도. 항공료가 싼 주중엔 항공편까지 일괄(패키지)로 배 측에 의뢰하기도 한다. 항공편까지 일괄로 했을 때 저가항공을 이용하면 총 비용 22만~25만원에 다녀올 수도 있다. 항공편 잡기가 어려운 휴가철에는 출조가 힘들다는 게 단점이다. 일부 갈치 낚싯배에서는 휴가철에도 직접 항공편을 챙겨놓기도 한다.

먼바다 채비

원줄+집어등+
갈치채비+봉돌

배 난간에 가지런히 놓인 묶음바늘들. 여수 낚시인 이재복씨가 차례대로 바늘에 미끼를 꿰고 있다.

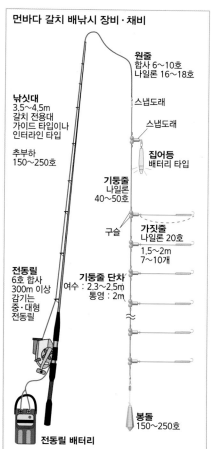

먼바다 갈치 배낚시 장비·채비

낚싯대
3.5~4.5m
갈치 전용대
가이드 타입이나
인터라인 타입

추부하
150~250호

전동릴
6호 합사
300m 이상
감기는
중·대형
전동릴

전동릴 배터리

원줄
합사 6~10호
나일론 16~18호

스냅도래

스냅도래

집어등
배터리 타입

기둥줄
나일론
40~50호

구슬

가짓줄
나일론 20호

1.5~2m
7~10개

기둥줄 단차
여수 : 2.3~2.5m
통영 : 2m

봉돌
150~250호

먼바다 배낚시는 한 번 채비를 내릴 때 여러 마리를 낚을 수 있도록 바늘이 여러 개 달린 다단 채비를 사용한다. 이러한 먼바다용 갈치 채비는 여러 개의 가지바늘을 사용한 조업 방식인 채낚기에서 발전했다.

먼바다 갈치 채비는 원줄에 스냅도래를 활용해 집어등을 연결하고 그 밑에 7, 8단의 기둥줄을 연결한 뒤 1.5~2m 길이의 가지바늘을 연결한다. 가짓줄과의 꼬임을 줄이기 위한(가짓줄 연결부위의 회전력을 높이기 위한) 다양한 아이디어의 채비들이 시판되고 있으므로 경험 많은 낚시인의 조언을 듣고 구입하는 것이 좋다. 보통 기둥줄 채비와 가지바늘은 구입해서 사용하지만 직접 만들어

원줄용 합사(좌)와 기둥줄용 나일론사.

쓰는 낚시인도 많다. 채비 자작 방법은 94페이지 참조.

■원줄
원줄은 6~10호 단색 합사나 16~18호 나일론줄(경심줄)을 사용하는데, 강도 대비 굵기가 가늘고 신축성이 없어 입질 전달력이 뛰어난 합사를 주로 쓴다. 합사는 짙은 녹색의 단색 합사로 우럭낚시 등에 사용하는 오색합사보다 물속에서 잘 보이지 않아 삼치 같이 이빨이 날카로운 고기들의 공격을 덜 받기 때문이다. 보통 원줄에 집어등을 바로 달고 갈치채비를 연결하는데, 삼치들이 원줄을 자주 끊어 먹을 땐 원줄과 갈치채비 사이에 쇼크리더를 연결하고 이 쇼크리더에 집어등을 달기도 한다. 30호 정도의 굵은 나일론줄을 2m 정도 연결하여 사용한다.

■갈치채비(기둥줄)
나일론 35~40호 정도로 굵은 줄로 만든다.
***여수식 갈치채비** : 바늘 단차는 2.3~2.5m, 단수는 7~8단, 총 채비 길이는 18~20m.
***통영식 갈치채비** : 바늘 단차는 2m, 단수는

7~10단으로
만들어져 판매되고
있는 갈치채비.

9~10단, 총 채비 길이는 18~20m. 통영권 낚시터는 여수권 낚시터보다 수심이 얕아서 단차가 좀 짧은 편이다.

갈치채비는 예비용을 포함해 3벌 정도 준비하면 된다. 가격은 채비 1벌에 1만원.

■갈치묶음바늘(가짓줄)

갈치채비에 연결하는 가짓줄. 나일론 18~20호 줄에 바늘이 묶여 있다. 시판 제품은 길이가 약 2m로 적당히 잘라 쓰면 된다. 낚시 중 꺾이거나 꼬이고 바늘이 무뎌지면 교체해야 하므로 여유 있게 준비해야 한다. 한 봉지에 10개씩 들어 있는데 하룻밤에 3봉지면 충분하다. 가격은 1봉지에 1만원.

갈치묶음바늘은 갈치의 날카로운 이빨에 가짓줄을 보호하고, 갈치를 유혹하기 위해 바늘 연결부위에 축광튜브가 끼워져 있다. 한편 전문가들은 축광튜브도 잘라먹는 대물갈치의 날카로운 이빨에 대비해서 바늘에서부터 10cm 정도 40호 나일론줄이나 와이어를 8자 슬리브로 연결한 '이중아리(이중목줄. 아리는 목줄을 뜻하는 일본말 하리스(鉤素)에서 파생된 제주 사투리다)' 채비를 쓰기도 한다. 이중아리 채비는 시판 제품도 있지만 대부분 자작해서 사용한다.

축광튜브가 씌워진 묶음바늘.

가짓줄의 길이는 길수록 미끼의 움직임이 자연스럽지만 단차보다 길 경우 기둥줄을 감거나 옆 사람의 채비와 엉키기 쉽다. 여수권에서는 단차 2.5m에 가짓줄 1.8m 정도로 쓰는데 이는 기둥줄과 가짓줄의 연결부위를 잡고 양 팔을 뻗었을 때 손이 바늘에 닿을 수 있는 길이로 채비 회수를 신속히 하기 위해서다. 갈치의 활성도가 높을 때는 1.5m 정도로 짧게 쓰는 것이 속전속결에 유리하다.

■집어등

집어등을 달아놓으면 확실히 집어 효과가 있다. 방수가 잘되는 제품을 구입해야 한다. 한쪽에만 불이 들어오는 오색집어등과 위아래 모두 불이 들어오는 양방향 집어등 두 종류가 있는데 양방향 집어등이 집어효과가 더 낫다는 평이다. 두 제품 모두 1.5V AA 건전지를 사용한다.

■봉돌

먼바다 갈치 배낚시는 100m 정도의 깊은 수심을 노리는 경우도 있기 때문에 배낚시에서 사용하는 봉돌 중 가장 무거운 150호 이상 200호 봉돌을 일반적으로 많이 쓴다. 제주해역선 250호 봉돌을 쓰기도 한다.

양방향 집어등(좌)와 한 쪽만
불이 들어오는 오색집어등.

먼바다 배낚시에서 쓰이는 200호 쇠봉돌.

경심줄이란 무엇인가?

갈치 배낚시 채비와 관련해 '경심줄'이라는 용어를 자주 듣게 된다. "기둥줄은 경심줄을 써야 하는데 몇 호를 써야 한다" 등등.

여기서 경심줄이란 낚싯줄로 가장 많이 쓰이는 나일론사를 말하는 것이다. 경심이란 '고래심줄(힘줄)'이란 뜻으로 나일론이 개발되기 전 테니스 라켓 줄이나 낚싯줄의 재료로 고래 힘줄을 썼다고 한다. 그래서 과거에 경심은 낚싯줄과 같은 의미로 쓰였다. 1958년 미국 듀퐁사가 나일론을 낚싯줄로 개발하여 고래 힘줄이 낚시터에서 사라진 후에도 일본과 한국의 낚시인들은 나일론이란 이름 대신 입에 익은 경심줄이라 계속 불러왔다.

오늘날 경심이란 말은 합사의 반대말, 즉 단사(單絲, 모노필라멘트)를 가리키는 말로 종종 쓰이고 있다. 그래서 플로로카본으로 만들어진 카본사도 경심줄이라 부른다. 앞으로는 너무 낡은 경심줄이란 말보다 나일론줄, 카본줄이라는 정확한 명칭을 쓰는 것이 좋겠다.

갈치바늘의 선택
1/0~3/0
여수식 바늘 많이 사용

갈치바늘은 1/0~3/0을 쓴다(숫자가 클수록 바늘 크기가 크다). 동양의 바늘 크기 기준인 호(號) 대신 1/0, 2/0란 서양식 표기를 쓰는 이유는 먼바다 배낚시 초창기에 갈치용 바늘로 루어용인 스트레이트 웜훅을 썼기 때문이다. 이 표기법은 지금까지 쓰이고 있으며 갈치낚시에는 일본제 바늘보다 국내산 바늘을 많이 쓰고 있다. 이 바늘은 인터넷 등에서 '여수식 바늘'이란 이름으로 구입할 수 있는데 일본제 바늘보다 가늘고 미늘이 광각, 대형이라 챔질된 갈치의 바늘 빠짐이 적다.

활성도가 높은 시즌에는 2/0~3/0을, 입질이 예민한 시즌 초기엔 1/0 바늘을 주로 쓴다. 최근에는 미끼가 밀려 올라가지 않도록 등침이 달린 바늘이나 별도의 미끼 고정 장치가 달린 바늘도 출시되고 있다. 수시로 바늘의 예리함을 체크하여 무뎌진 바늘은 교체해야 한다. 엄지손톱 위를 바늘 끝으로 가볍게 긁어보고 쉽게 미끄러진다면 교체하는 것이 좋다.

손톱에 바늘 끝을 긁어보며 예리한
정도를 체크하고 있다.

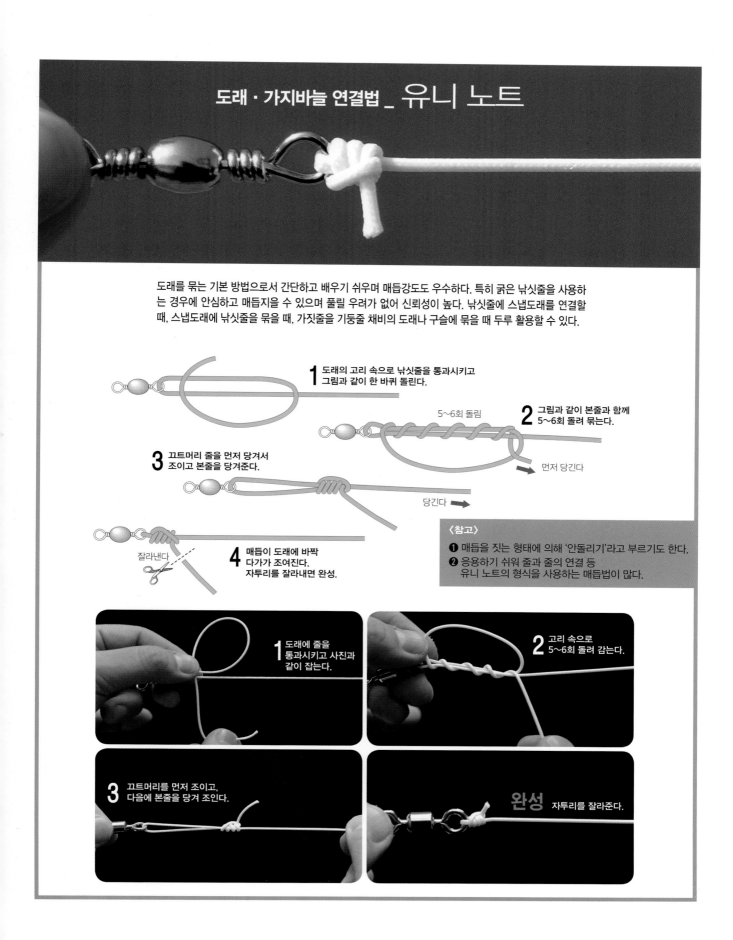

도래 · 가지바늘 연결법 _ 유니 노트

도래를 묶는 기본 방법으로서 간단하고 배우기 쉬우며 매듭강도도 우수하다. 특히 굵은 낚싯줄을 사용하는 경우에 안심하고 매듭지을 수 있으며 풀릴 우려가 없어 신뢰성이 높다. 낚싯줄에 스냅도래를 연결할 때, 스냅도래에 낚싯줄을 묶을 때, 가짓줄을 기둥줄 채비의 도래나 구슬에 묶을 때 두루 활용할 수 있다.

1 도래의 고리 속으로 낚싯줄을 통과시키고 그림과 같이 한 바퀴 돌린다.

5~6회 돌림

2 그림과 같이 본줄과 함께 5~6회 돌려 묶는다.

먼저 당긴다

3 끄트머리 줄을 먼저 당겨서 조이고 본줄을 당겨준다.

당긴다

잘라낸다

4 매듭이 도래에 바짝 다가가 조여진다. 자투리를 잘라내면 완성.

〈참고〉

❶ 매듭을 짓는 형태에 의해 '안돌리기'라고 부르기도 한다.
❷ 응용하기 쉬워 줄과 줄의 연결 등 유니 노트의 형식을 사용하는 매듭법이 많다.

1 도래에 줄을 통과시키고 사진과 같이 잡는다.

2 고리 속으로 5~6회 돌려 감는다.

3 끄트머리를 먼저 조이고, 다음에 본줄을 당겨 조인다.

완성 자투리를 잘라준다.

먼바다 배낚시용 채비와 소품들

일부 낚시인은 채비를 만들어 쓰기도 하지만 대부분의 낚시인들은 완제품을 구입해 사용한다. 시중에 판매되고 있는 갈치채비는 7~10단이 주를 이루며 시즌에 따라 달리 나타나는 갈치의 입질에 대응하기 위해 여러 형태의 묶음바늘을 골라서 사용하고 있다. 또 갈치의 날카로운 이빨에 가짓줄이 잘리지 않도록 와이어나 나일론사를 덧대는 등의 튜닝도 하고 있다.

묶음바늘 연결 소품으로 도래 대신 구슬을 사용한 10단 갈치 채비.

●갈치 채비

낚시점에선 유명 업체에서 대량 생산한 채비가 판매되고 있으며 개인이 만들어 파는 경우도 많다. 좋다는 평을 들은 채비는 없어서 못 팔 정도로 수요가 많아서 채비 제작 전문으로 돌아선 낚시인도 있다. 갈치낚시에선 채비의 역할이 중요하기 때문에 동호인들 사이에 좋은 평이 난 제품을 사는 게 좋다. 갈치 채비는 35~40호 나일론사에 2.2~2.7m 간격으로 묶음바늘 연결용 도래를 슬리브로 고정해놓은 게 일반적인 형태다. 2.2m 단차의 10단 채비라면 길이가 22m에 이른다. 채비가 길기 때문에 잘못 다루면 서로 엉켜서 낚시를 망치기도 하는데 엉킴을 방지하기 위해 낚싯줄을 삶아서 쓰기도 한다.

묶음바늘은 따로 보관하고 있다가 낚시할 때 도래에 연결해 쓰는데 이 도래가 엉킴을 유발하는 주원인이 되기도 한다. 금속 도래는 바닷물이 닿으면 부식되어 회전력이 떨어지고 이로 인해 기둥줄과의 엉킴을 유발하기 때문에 재사용은 하지 않는 것이 좋다. 이러한 이유로 금속 도래대신 구슬을 사용한 제품이 인기를 얻고 있다. 묶음바늘을 연결할 구멍이 뚫려 있는 이 구슬은 기둥줄에 삽입하면 도래처럼 빙글빙글 돌게 되는데 깨지지 않는 한 회전력에 영향을 주지 않아서 재사용이 가능하다.

가격은 바늘을 연결할 도래가 많을 수록 비싸며 금속도래 사용품보다 구슬 사용 제품이 더 비싸다. 8단 기준 구슬 제품의 가격은 1만원.

●묶음바늘

일반 묶음바늘

루어낚시에서 쓰는 2/0~3/0 크기의 스트레이트 훅에 18~20호 나일론사를 1.5~1.8m 길이로 연결해놓았다. 갈치의 날카로운 이빨로부터 가짓줄을 보호하기 위해 훅아이 부위부터 가짓줄 쪽으로 10cm 길이의 축광튜브를 끼워 넣었다. 집어를 위해 튜브에 케미를 삽입할 수 있는 제품도 있다. 10개가 보통 포장되어 있으며 가격은 1만원선.

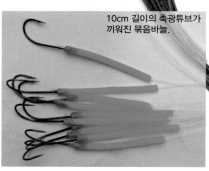

10cm 길이의 축광튜브가 끼워진 묶음바늘.

꼴뚜기 묶음바늘

일반 축광튜브 대신 꼴뚜기 형태의 축광튜브를 끼웠다. 꼴뚜기의 다리에 해당하는 술이 바늘 쪽으로 향해 있는 형태다. 일반 묶음바늘에 입질이 없을 때 사용해 효과를 본 낚시인들이 있어 악조건 극복용 바늘로 통한다. 겨울부터 여름까지 쓰이고 갈치가 잘 낚이는 성수기엔 사용하지 않는다. 10개 1봉지에 1만~1만2천원.

입질 유도 효과가 뛰어난 꼴뚜기 묶음바늘.

미끼 고정형 묶음바늘

바늘에 미끼를 고정할 수 있는 핀이 달려 있다. 보통 꽁치 미끼를 꿸 때엔 끝 쪽에 걸쳐서 꿰는데 이 바늘을 사용하면 중간 쪽을 꿰어도 미끼의 한쪽 끝이 고정되어 시즌 초반 입질이 약해서 미끼만 따먹는 경우가 많을 때 사용하면 효과가 있다. 또한 미끼가 빠지거나 밀려 올라가는 것도 방지할 수 있다. 8개 1봉지에 1만2천원.

따먹고 마는 갈치 입질에 대응해 만들어진 미끼 고정형 묶음바늘.

튜닝
이중아리 채비 만드는 법

대물 갈치의 경우 목줄의 튜브까지 잘라먹기도 하는데 이런 상황에서 채비 강도를 높이기 위해 바늘 위 목줄에 나일론사나 와이어줄을 덧대는 방법이다. 이중아리에서 아리는 제주도 사투리로 목줄을 뜻한다.

귀바늘, 1.4mm와 1.2mm 8자슬리브, 10~15cm의 목줄에 덧댈 40호 경심줄이 필요하다. 1.4mm 8자슬리브로 40호 나일론사의 한 쪽 끝과 바늘귀 부분을 연결(슬리브 압착기로 눌러준다)하고 40호 나일론사의 다른 쪽 끝과 20호 가짓줄을 1.2mm 8자슬리브로 연결한 뒤 축광튜브를 끼우면 완성. 바늘귀 부분에 순간접착제 한 방울을 떨어뜨린 뒤 축광튜브를 끼우면 밀리지 않고 단단하게 고정된다.

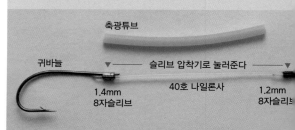

축광튜브

귀바늘　　　▼　　슬리브 압착기로 눌러준다　　▼

1.4mm
8자슬리브　　　40호 나일론사　　　1.2mm
8자슬리브

완성품으로 판매되고
있는 단일코리아의
갈치채비와 묶음바늘.

갈치바늘로 쓰이는 루어바늘. 단일코리아
갈치 카본 훅(좌)과 사사메 스트레이트훅.

갈치낚시 필수품인 집어등. 사진은
단일코리아의 양방향 3색 집어등.

● 채비 소품

바늘

루어낚시에서 쓰이는 2/0~3/0 스트레이트 바늘이 주로 쓰인다.
튜닝하기 편하도록 훅아이가 없는 귀바늘 형태도 있으며 미끼 이
탈을 방지하기 위해 바늘허리 쪽에 작은 미늘이 있는 등침 바늘도
있다. 소포장이나 작은 용기에 넣어서 판매하고 있는데 가격은 3
천~1만원.

집어등

갈치의 집어를 위해 사용한다. 전원이 들어오면 네온사인처럼 다양
한 불빛으로 깜박인다. 한쪽만 깜박이는 외방향 제품보다 양쪽이
깜빡이는 양방형 제품이 효과가 더 낫다. 전력 소모를 줄이기 위해
물속에서만 점등이 되는 제품도 있다. 가격은 1개에 7천~1만원.

목줄 보호용
튜브인 사사메
우키고무
파이프 3mm.

축광튜브

바늘 위쪽에 끼워서 사용한다. 목
줄을 보호하는 목적도 있지만 축광
기능이 있어 갈치의 입질을 유도하
는 효과도 있다. 가격은 2천원선.

채비틀

채비를 감아놓은 둥그런 형태의 금
속 틀이다. 20m 전후의 긴 채비는
잘 말아놓아도 잘못 풀어내면 꼬이
는 일이 종종 발생한다. 원래 작은
자전거 타이어의 프레임을 사용하
던 것이었는데 인기가 높자 제품으
로 만들어 판매되고 있다. 가격은 1
만~2만원.

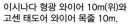

이시나다 형광 와이어 10m(위)와
고센 태도어 와이어 목줄 10m.

와이어줄

갈치의 이빨에 낚싯줄이 잘려나가
는 것을 막기 위해 목줄 보호용으로
사용한다. 훅아이 위쪽 10~15cm
구간에 와이어줄을 덧대는 식으로
사용한다. 가격은 10m 길이 제품이
6천~1만2천원.

스냅도래

채비함이나 구명조끼 주머니에 보
관하고 있어야 할 소품이다. 낚시 중
원줄이 끊어졌을 때나 쇼크리더를
달아야 할 때 연결형 소품으로 스냅
도래가 필요하다. 가격은 많이 사용
하는 5호가 1백개에 5천원이다.

스냅도래

갈치채비를
감아놓은 채비틀.

여수 백도의 절경. 먼바다 갈치낚싯배들이 자주 찾는 백도 해역은
최고의 갈치 어장이자 각종 어류가 서식하고 있는 물고기 박물관이다.

먼바다 미끼

꽁치가 메인!
갈치, 만새기 살 쓰면 씨알 굵어

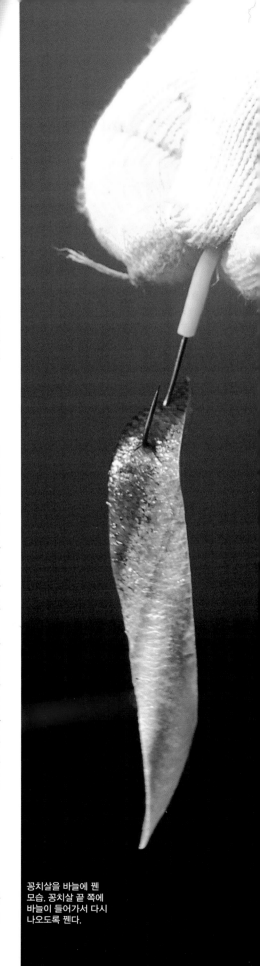

갈치는 아무거나 잘 먹는다. 갈치 살을 잘라서 미끼로 써도 잘 낚일 정도다. 다만, 갈치의 취이습성이 단숨에 삼키는 게 아니라 날카로운 이빨로 물고 뜯어먹는 습성을 가지고 있으므로 적당히 질기고 어느 정도 길면서 바늘에 오래 붙어있는 미끼가 좋다. 현장에서 낚은 만새기나 고등어, 삼치를 미끼로 쓰기도 하고 제주도에선 오징어를 쓰기도 한다.

그러나 먼바다 갈치 미끼로 가장 많이 쓰는 것은 꽁치다. 갈치낚싯배에선 냉동꽁치를 미끼용으로 준비해놓는다. 꽁치는 껍질이 단단해서 포를 떠서 바늘에 꿰면 잘 떨어지지 않으며 쉽게 구할 수 있다는 게 장점이다. 보

통 먼바다 배낚시에선 미끼 값이 출조 비용에 포함되어 있어 별도로 구입할 필요는 없다. 밤새 낚시를 한다면 1인당 20마리 정도를 사용한다.

꽁치 썰기와 꿰기

날이 잘 선 칼로 꽁치의 반을 갈라 두 장의 포를 뜬 뒤 뱃살 쪽의 내장과 잔가시를 제거한 뒤 등살 쪽의 살점으로만 4~5조각을 썰어 미끼로 쓴다. 칼은 배에서 나눠주는데 초보자는 옆 사람이 하는 것을 보고 따라하면 쉽게 할 수 있다. 꽁치살의 길이는 엄지손가락 길이 정도가 적당하다. 대략 가로 2cm, 세로 6cm 정도로 자르며 길쭉한 마름모꼴 형태가 적당하다. 가급적 얇게 포를 떠서 조류에 잘 나풀거리도록 하는 게 좋다.

미끼를 꿸 때엔 질긴 등 쪽 껍질에 바늘이 들어가서 다시 껍질 쪽으로 나오도록 꿴다. 일반적으로 물속에서 잘 나풀거릴 수 있도록 꽁치살 끄트머리에 바짝 붙여서 바늘을 꿰지만 활성도가 떨어졌을 때는, 갈치가 꽁치살을 야금야금 먹고 들어오는 도중에 입질을 그만두는 수도 있다. 이럴 때엔 꽁치살 가운데 쪽에 바늘을 꿰어 입걸림을 보다 빠르게 유도하기도 한다.

현장 미끼(생미끼) 활용하기

■갈치(풀치)

보통 2~3지 정도의 작은 씨알의 갈치를 사용한다. 갈치는 동족끼리도 잡아먹을 정도로

미끼용으로 쓰기 위해 냉동꽁치를 썰고 있는 낚시인.

꽁치살을 바늘에 꿴 모습. 꽁치살 끝 쪽에 바늘이 들어가서 다시 나오도록 꿴다.

포식성이 강해서 갈치살도 잘 먹는다. 씨알이 굵게 낚이는 효과도 있다. 갈치는 포를 뜨지말고 뼈째 사용하는 것이 좋다. 바늘을 꿸 때는 우측 하단의 사진처럼 갈치 포의 끝머리 뭉툭한 부위에 바늘을 꽂으면 밑에서 올라오며 공격하는 갈치가 바늘에 걸릴 확률이 높아진다.

■ 만새기, 삼치, 고등어
7~9월엔 갈치 외에도 고등어나 삼치가 함께 올라오고 만새기도 자주 등장한다. 갈치 외에 다른 어종이 섞여 낚일 때에 현장에서 낚은 다른 어종들을 생미끼로 쓰면 의외로 큰 씨알이 낚이는 경우가 많다. 만새기는 껍질이 질겨서 잡어, 특히 오징어가 설칠 때 많이 사용하며 미끼만 따먹히는 경우가 드물다.

만새기 미끼 장만하기

① 머리를 잘라내고 내장을 깨끗이 제거한다.

② 두껍지 않게 포를 뜬다.

③ 1.5cm 정도의 폭으로 잘라낸다.

④ 만새기 살을 바늘에 꿴 모습.

냉동꽁치 미끼 장만하기

① 냉동꽁치 머리 아래부터 반을 갈라 두 장의 포를 뜬다.

② 등살 쪽의 살점으로만 4~5조각을 썬다.

③ 바늘에 꿰어 놓은 꽁치 미끼.

새벽엔 미끼 동나는 수 있어

여분의 미끼를 준비해가면 요긴하게 쓰인다

밤새 낚시를 하는 먼바다 배낚시에선 낚싯배에서 나눠주는 미끼 외에 예비용으로 자신이 직접 준비해가면 좋다. 낚싯배에서 미끼를 준비했다고 하더라도 동틀 무렵이면 미끼가 동이 나는 경우가 종종 발생하기 때문이다. 마트에서 판매하는 냉동꽁치를 10마리(1마리당 500원선)가량 구입하여 미리 썰어서 냉동했다가 챙겨 가면 된다. 새벽녘 미끼가 바닥날 때에 대비할 수 있고 입질이 집중될 때 미끼를 준비하는 시간을 줄일 수 있어 좋다.

갈치(풀치) 미끼 장만하기

① 꽁치 살보다는 가늘게 뼈째 썬다.

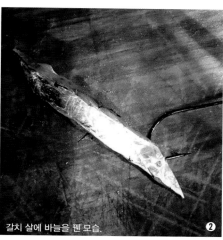

② 갈치 살에 바늘을 꿴 모습.

먼바다 현장기

백도 출조 30시간

서성모 낚시춘추 기자

아침 6시 20분경 제트피싱 버스가
부천 상동호수공원 앞에서 탑승
낚시인을 기다리고 있다.

부천을 빠져나온 출조 버스가
안산IC 공영주차장에 들러
낚시인을 태우고 있다.

출조 버스 안 모습. 탑승 낚시인이
스마트폰으로 갈치 조황을 살펴보고 있다.

여수로
내려가던 중
들른 고속도로
휴게소에서
안철균(대물)
회원이
우동로
아침식사를
하고 있다.

배낚시 출조 전문
카페인 제트피싱
메인 화면(좌)과
출조 공지 게시판.

서울에서 전남 여수까지 내려가서 다시 배를 타고 3시간여
걸리는 백도 해상까지 나가 밤새워 갈치를 낚는 현장을
취재했다. 제트피싱의 출조버스를 타는 순간부터 다음날 철수할
때까지 전 낚시과정을 50여 장의 사진과 함께 정리해보았다.

예약
성수기 9~10월엔 2주 전에 예약해야

낚싯배 예약은 출조 낚싯배에 직접 예약을 하는 방법, 낚시점이나 출조 사이
트를 통해 예약하는 방법 두 가지다. 낚시점 출조는 전화를 통해 예약하면 되
지만, 낚싯배나 출조 사이트는 홈페이지나 인터넷 카페를 통해 출조 일정을
공지하고 낚시인은 댓글 등으로 출조 예약을 한다. 갈치낚시 경험자와 동행
할 때는 낚싯배를 바로 예약하면 되고, 한 번도 갈치낚시를 해보지 않은 초보
자라면 낚시점 출조에 합류하는 게 다양한 도움을 받을 수 있어서 좋다.
낚싯배는 15만~18만원의 뱃삯만 받는다. 하지만 낚시점이나 출조 사이트
는 뱃삯 외에 버스를 대절해 단체출조를 하는 데 따른 교통비와 식사 한두 끼
값이 포함되어 23만~25만원을 받는다. 갈치가 잘 낚이는 9~10월엔 출조
가 몰리기 때문에 적어도 이주일 전에는 예약을 해야 하며 유명한 낚싯배는
한 달 전에 예약이 꽉 차기도 한다.
기자는 출조 전문 사이트인 제트피싱(cafe.daum.net/zFishing)의 일일손님
으로 갈치낚시 출조를 해보았다. 제트피싱은 여수 신월항에서 출항하는 22
인승 금강호를 타기로 되어 있었다. 우측의 사진은 제트피싱 홈페이지의 예
약 일정표. 댓글로 예약하면 운영자는 출조 이틀 전에 출조비를 입금하라
는 공지사항을 띄우는데 예약자는 해당 계좌에 입금함으로써 출조 예약을
완료한다.

탑승부터 출항지 도착까지
AM 6:00~PM 2:00

제트피싱에서 마련한 버스가 수도권의 두세 곳 정도에
서 예약 낚시인들을 태운다. 보통 휴게소나 공공주차장

출조 버스에 오르고 있는 낚시인. 운전석 옆에 비치된 채비를 구입하고 있다.

여수에 도착해 점심식사를 하고 있다.

멀미약. 낚싯배에 오르기 1시간 전에 먹는다.

여수 신월항에 도착한 낚시인들이 낚싯배 사무실로 향하고 있다.

시선은 모두 화투장 든 손에. 금강호 사무실에서 화투장을 뽑아 자리 추첨을 하고 있다.

에헴, 어제 금강호 조황은 파도가 높아 썩 좋지 못했지만 오늘은 파도도 자고 해서…

나와라, 나와라. 몇 번이 오늘 행운의 주인공인고?

승선명부를 작성하는 모습.

낚싯배에 올라 쿨러에 얼음을 붓고 있다.

포인트로 가는 도중 선실에서 잠을 자고 있는 낚시인들.

제트피싱 운영자 이주옹(감성킬러)씨가 운전 도중 낚시인들에겐 최근 출조지의 갈치 조황과 입질 패턴에 대해 설명해주고 있다.

여수 신월항에서 금강호에 오른 낚시인들.

여수 백도 앞바다의 초저녁 조황. 임형기(난항내음) 회원이 5지 씨알을 들어 보이며 미소 짓고 있다.

이 있는 곳을 탑승지로 선정한다. 제트피싱 버스는 경기도 고양시 장항동에서 아침 6시 일부 손님을 태우고 출발, 외곽순환고속도로 중동 IC 상동호수공원 앞, 안산IC 입구 공영주차장, 북수원IC 휴게소에서 각각 낚시인들을 태우고 여수로 향했다. 총 탑승인원은 운전자 포함 21명이었다. 부천에 사는 기자는 상동호수공원 주차장에 주차한 뒤 탑승시각인 6시 30분에 맞춰 출조버스에 올랐다. 부천에서 여수까지는 통상 4시간 정도 걸리지만 중간 중간 낚시인을 태우고 고속도로 휴게소에도 들르기 때문에 5시간 정도 소요된다.

이날 운전은 감성킬러란 닉네임으로 유명한 갈치낚시 고수이자 제트피싱 운영자인 이주웅씨가 했다. 이주웅씨는 전날 갈치 조황을 알려주었는데 날씨가 나빠서 썩 좋지는 않았다고 한다.

12시30분에 출항지인 여수에 도착하여 여수 시내에 있는 식당에서 백반을 먹었다. 금강호가 있는 신월항으로 향하는 버스 안에서 이주웅씨가 파도가 높을 것 같으니 멀미약을 먹어두라고 당부한다. 멀미약은 버스에 비치되어 있고 무료. 평소 배멀미를 하지 않는 기자이지만 먼바다에서 밤새 낚시를 해야 한다는 상황을 감안해 멀미약을 먹어두었다.

자리 배정부터 먼바다 포인트까지
PM 3:00~PM 6:30

여수시 신월항으로 이동, 선장이 있는 낚싯배 사무실에 들러 승선명부에 이름을 기재하고 자리 배정 추첨을 했다. 승선명부엔 이름과 주민번호 앞자리, 주소, 전화번호를 기재한다. 자리 배정 추첨 방식은 출조점이나 낚싯배마다 조금씩 다르다. 갈치 배낚시는 조황이 가장 뛰어난 앞자리나 뒷자리에 서로 앉으려 하기 때문에 시비가 붙지 않도록 추첨제로 자리를 정한다. 대개 22명이 승선정원이기 때문에 22개의 숫자가 적힌 공을 준비하거나 화투장을 준비하여 뽑는 숫자대로 앉는 방법을 주로 쓴다.

출항 시간은 출조지역에 따라 다르다. 거문도, 백도의 경우 3시간여가 소요되므로 오후 3~4시에 출항하고, 먼 제주 해역 쪽으로 갈 경우 오후 1~2시에 출항한다.

낚싯배에 오르면 가장 먼저 하는 일이 각자의 아이스박스에 얼음을 받는 일이다. 낚싯배에서 얼음과 미끼용 냉동꽁치, 갈치채비, 음료수, 저녁식사를 제공하며 미끼용 칼, 봉돌, 낚싯대 거치대 등은 배에 비치되어 있다. 아이스박스에 얼음을 채운 뒤엔 선실에 들어가 낚시터에 도착할 때까지 잠을 잔다.

낚시 준비
PM 7:00~PM 8:00

이윽고 저녁 7시경 백도 근해에 도착했다. 선장이 방송으로 선실에서

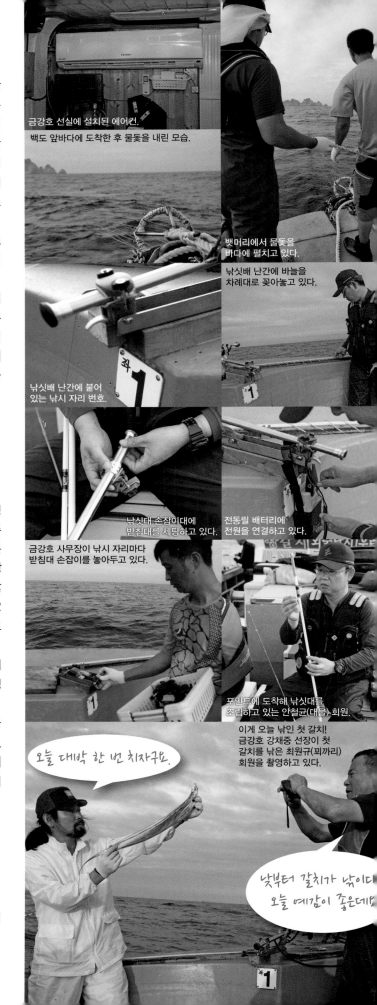

금강호 선실에 설치된 에어컨.

백도 앞바다에 도착한 후 물돛을 내린 모습.

뱃머리에서 물돛을 바다에 펼치고 있다.

낚싯배 난간에 바늘을 차례대로 꽂아놓고 있다.

낚싯배 난간에 붙어 있는 낚시 자리 번호.

낚싯대 손잡이대에 받침대를 세팅하고 있다.

전동릴 배터리에 전원을 연결하고 있다.

금강호 사무장이 낚시 자리마다 받침대 손잡이를 놓아두고 있다.

포인트에 도착해 낚싯대를 조립하고 있는 안철균(대물) 회원.

이게 오늘 낚인 첫 갈치! 금강호 강채중 선장이 첫 갈치를 낚은 최원규(꾀까리) 회원을 촬영하고 있다.

오늘 대박 한 번 치자구요.

낮부터 갈치가 낚이다니 오늘 예감이 좋은데

여수 금강호 강채중 선장이 어탐기를 보면서 수심과 갈치 유영층을 낚시인들에게 말해주고 있다.

지금 수심은 60m가 찍히는데요, 각자 채비 길이에 따라 수심이 달리 나올 수 있습니다.

환하게 불을 밝힌 집어등. 조금만 건드리면 깨지므로 낚싯대를 조립할 때 닿지 않도록 조심해야 한다.

갈치채비 최상단 스냅도래에 집어등을 연결하고 있다.

채비틀에서 갈치채비를 풀어 묶음바늘을 연결하고 있다.

미끼용 꽁치를 썰고 있는 모습.

정리가 끝난 낚시 자리. 채비를 던지고 20여 m의 채비를 사려야 하기 때문에 걸리적거리는 게 없어야 한다.

난간에 설치된 봉돌 거치대.

잠을 자고 있는 낚시인들을 깨워준다. 포인트에 도착하면 먼저 사무장이 물돛(풍)을 내린다. 물돛이란 배가 조류에 따라 한 방향으로 떠내려갈 수 있도록 물속에 던져 놓는 낙하산 형태의 장비다. 물돛을 내리면 배는 조류와 같이 느린 속도로 흘러가게 된다. 물돛을 내린 후엔 사무장이 자리마다 미끼용 칼, 봉돌 등을 나눠준다. 사무장은 갑판에 나와 낚시인들을 도와주는 승무원인데 주로 남자지만 간혹 여자 사무장도 있다.

낚시인들은 우선 낚싯대에 릴을 조립한 후 낚시자리 난간의 거치대에 놓는다. 묶음바늘은 난간에 차례로 꽂아둔 후 갈치채비에 차례차례 연결한다. 그 다음 갈치채비의 양 끝을 원줄과 봉돌에 연결한다. 마지막으로 전동릴에 배터리를 연결하면 준비 끝.

이제 미끼를 준비한다. 미끼용 냉동꽁치는 배 앞이나 뒤쪽 중앙 아이스박스 안에 있다. 보통 하룻밤 낚시에 1인당 15~20마리를 쓰는데 한꺼번에 다 가져오면 녹아서 흐물흐물해지니까 두세 마리씩 가져와서 썰어 쓴다. 머리를 잘라 버리고 등 쪽 살만 잘라내면 두 개의 포가 나오는데 가로 2cm, 세로 5cm 긴 마름모 형태로 자른다. 준비한 미끼를 바늘에 꿰면 낚시 준비를 모두 마친 것이다.

선장이 낚시 개시를 알리면서 포인트의 바닥 수심을 알려준다. 그러면 그 수심 안에서 갈치의 입질층은 낚시인이 직접 파악해야 하는데 먼저 갈치를 낚는 사람이 있으면 입질층을 찾기가 쉬워진다(입질층 찾기 요령은 102페이지 참조). 도착 직후부터 저녁식사 전까지 한 시간 동안은 워밍업을 하듯 입질층을 파악한다. 이날 백도의 포인트 수심은 60m였고 30m 수심에서 첫 갈치가 낚였다. 30m를 일단 입질층으로 잡으면 되지만 이게 고정적인 것은 아니고 자주 바뀐다. 입질 수심층은 낚시를 하면 할수록 얕아지는 게 보통이다.

저녁 식사부터 한 마리 낚기까지
PM 8:00~PM 9:00

1시간 정도 해거름 낚시를 통해 갈치 입질층이 어느 정도 파악되면 저녁 8시에 저녁 식사를 한다. 저녁을 먹고 나면 본격적인 밤낚시를 시작한다.

초보자는 채비 입수에 숙달될 필요가 있다. 채비를 그냥 수직으로 내리는 것보다 투포환을 던지듯 봉돌을 잡고 멀리 던져서 입수시키면 가지바늘들이 엉키지 않아서 다단채비에 모두 입질을 받을 확률이 높아진다. 그러나 채비 던지기는 어느 정도 숙련이 필요하므로 처음엔 봉돌을 수직으로 내리는 게 좋다. 한 손은 갈치채비를 잡고 한손은 묶음바늘을 배 밑으로 차례차례 내리는 식으로 갈치채비를 입수시킨다. 그리고 입질이 뜸할 때 옆 낚시인이나 사무장의 도움을 받아 채비 던지기 연습을 하면서 조금씩 숙달하는 게 좋다.

■채비 던지기
기자도 입질이 뜸할 때 사무장의 도움을 받아 채비 던지기를 해보았다.

전동릴 액정에 찍힌 수심. 50.8m를 나타내고 있다.

핸들을 돌려 입질층을 탐색하고 있다.

옆 사람과 엉킨 채비를 풀고 있다.

채비 던지기. 낚싯대 끝 쪽을 보고 던져 넣는다.

정면이 아닌 비스듬하게 낚싯대가 세팅되는 선수 1번 자리. 낚시 자리 중 명당으로 꼽힌다.

낚은 고등어 처리 모습. 아가미를 칼로 찔러 피를 빼고 있다.

얼음과 함께 수북이 쌓인 생수들. 낚싯배에서 무료로 제공한다.

낚은 갈치 머리를 꺾고 있다.

철수 전 아이스박스에 비닐을 깔고 얼음을 넣은 모습.

낚시 중 술잔을 기울이고 있는 제트피싱 회원들.

해가 저물고 있는 백도 앞바다. 어두워지면 낚시가 본격적으로 시작된다.

저녁식사. 체력을 요하는 낚시이기에 고기 국이 자주 오른다.

입질이 뜸한 자정 무렵 마련한 갈치 회 타임. 젓가락 가득 집은 갈치 회를 입에 가져가고 있다.

아, 갈치낚시는 바로 이 맛에 온다니까.

초고추장을 뿌린 갈치 회. 담백하고 고소한 회맛이 일품이다.

낚싯대를 세워 채비를 거두고 있다.

바늘에서 갈치 떼기. 채비를 하나하나 걷어 올리며 바늘을 확인한다.

철수 전 보냉 처리. 갈치 위에 비닐을 깔고 얼음을 덮었다.

구본근(강태공) 회원이 갓 낚은 갈치를 보여주고 있다.

"미끼를 꿴 바늘이 차례로 날아갈 수 있도록 가지런히 난간에 놓은 뒤 봉돌끈을 잡으세요. 이때 바늘 끝이 아래로 향하게 해야 날아갈 때 엉키지 않습니다. 오른손잡이의 경우 오른손에 봉돌끈을 잡으면 우측에 낚싯대가 놓여있게 되는데 45각도로 몸을 약간 비튼 상태에서 자신의 낚싯대 끝을 보고 수평선 위쪽 45도 각도로 포물선을 그리도록 던지세요."

봉돌을 앞뒤로 흔든 뒤 마음속으로 하나~둘~셋을 셀 때 던졌는데 약하게 던져서 8개의 바늘 중 3개만 풀려 날아가다 말았다. 힘 조절이 안 됐고 무엇보다 낚싯대에 걸리거나 옆 사람 쪽으로 날아가면 어떻게 하나 하는 생각에 심리적으로 위축이 됐다. 20m 길이의 채비가 쭉 펴지도록 던지기 위해서는 조금 더 힘찬 캐스팅이 필요했다. 봉돌의 반동을 이용해 어느 한 순간 힘을 집중해 날아갈 수 있도록 해야 했는데 그 타이밍을 찾는 게 중요했다.

그 다음엔 처음보다 많이 날아가긴 했지만 이번 역시 날아가다 말았다. 하지만 채비를 하나하나 내리는 것보다 입수 시간이 훨씬 짧았고 과정도 간결했다. 던질 때 묘한 쾌감도 있었다. 갈치가 몰려서 시간을 다툴 때는 채비 던지기가 꼭 필요한 기술이라는 것을 깨달았다.

■입질층 탐색하기
전동릴 액정화면에 수심이 찍혔다. 42m. 전동릴에 찍힌 수심 42m는 내 채비 길이를 제외한 수심이다. 기자의 채비는 8단이고 20m 정도 길이이므로 42+20=62. 선장이 어탐기를 보고 알려준 수심 60m와 비슷하다.

40m 수심이면 얕은 편으로 저속 자동감기를 할 필요 없이 손으로 핸들을 돌리면서 입질층을 찾는 게 낫다. 저속 감기 기능은 100m 이상 깊은 수심에서 주로 활용한다. 핸들을 세 바퀴 정도 감다가 1분 기다리고 다시 세 바퀴 정도 감다가 1분 정도를 기다리기를 반복한다. 이렇게 채비를 올리면서 초리에 나타나는 반응을 보면서 입질층을 파악해야 한다. 툭툭대는 것은 예신이고 앞으로 큰 폭으로 숙여지는 게 본신이라고 했다. 하지만 좌우로 흔들리는 배에서 초리의 입질을 파악하는 것은 쉬운 일이 아니었다. 중심을 잡기 힘들어서 난간에 기대거나 아이스박스에 앉은 채로 입질을 기다려야 했는데 종종 카메라를 들고 촬영할 때는 좁은 뷰파인더를 볼 때 속이 울렁거리기도 했다. 멀미약을 먹기를 잘했다.

입질은 생각보다 뜸했다. 네 번째 채비 입수 후 입질 탐색 중 25m 수심 정도에서 초리가 까닥이다가 앞으로 숙여지는 입질이 들어왔다. 챔질. 핸들을 두세 바퀴 돌리면 챔질이 된다. 더 이상 초리에 반응이 없어 감기 레버를 젖혔다. 자동 감기는 느린 속도로 해야 한다. 최대 스피드가 10이라고 본다면 자동감기 속도는 2~3 정도가 적당하다. 그렇지 않으면 올라오는 도중 갈치가 떨어질 수도 있다.

■고기 처리
채비가 배 밑까지 올라오면 전동릴이 알아서 멈춘다. 이제 채비를 거둘 차례. 낚싯대를 세워서 채비를 잡는다. 원줄을 잡은 뒤 낚싯대를

◀ 여수 신월항에 도착해 낚시 짐을 내리고 있는 회원들.

▶ 굵은 갈치 한 마리씩 들고. 안철균(대물, 좌), 박길영(여명) 회원이 회원들의 아이스박스 앞에서 기념촬영했다.

내려놓고 채비의 묶음바늘을 차례대로 하나하나 난간에 올린다. 갈치는 다섯 번째 바늘에 한 마리 달려 있었다. 빠르고 침착하게 해야 하는 작업이었다. 바늘에서 갈치를 떼고 머리를 꺾어서 아이스박스에 넣었다. 낚은 고기는 머리를 꺾어 피를 빼야 신선하게 보관할 수 있다.

낚시 집중 시간대
PM 9:00~PM 11:00, AM 2:00~AM 4:00

첫 고기를 낚으면 입질층이 확인된 것이므로 다음 고기를 낚기 쉬워진다. 첫 갈치가 입질한 수심층이 전동릴 액정화면에 25m로 표시되었다면, 20m 채비 길이의 절반인 5번째 바늘에서 갈치가 물었기 때문에 25m보다 10m 밑인 35m 수심에서 입질한 것이다. 하지만 다섯 번째 바늘에서 입질했다고 35m 수심만 집중 공략할 필요는 없다. 갈치 어군은 위아래로 두텁게 분포하므로 액정화면 수심 25m 안팎에서 올리고 내리기를 반복하며 입질을 기다린다. 두 번째 입질도 액정화면 표시로 25m 수심에서 받았는데 챔질을 하니 낚싯대 초리가 더 큰 폭으로 끄덕댔다. 다른 갈치가 또 문 것이다. 조금 더 기다렸지만 변화가 없어 채비를 올렸다. 예상대로 이번엔 두 마리가 걸려 있었다. 입질 집중시간대는 시즌에 따라 조금씩 다른데 7~8월엔 자정 넘어 2시 이후 새벽에 집중되는 일이 많고 9~10월엔 초저녁에 집중되는 일이 많다고 한다. 갈치가 잘 낚일 때 부지런히 낚아야 한다고. 밤 11시까지 자주 오던 입질은 자정이 가까워오자 눈에 띄게 줄어들었다. 입질이 뜸해지자 허리가 아파왔다. 난간에 기대어 있지만 흔들리는 배 위에서 채비를 거두고 던지고 하는 낚시 과정은 균형감각과 함께 체력을 요하는 작업이었다.

사무장이 돌면서 낚시인들이 낚은 갈치를 한 마리씩 거두어갔다. 고등어도 몇 마리 가져갔다. 잠시 후 갈치회가 접시에 담겨 선두와 선미에 놓여졌다. 갈치회는 고소하고 씹을수록 감칠맛이 났다. 소주 한 잔을 들이키니 울렁거리던 속도 어느 정도 진정되고 비로소 갈치배낚시를 왔다는 게 실감이 났다.

9~10월에 낚싯배를 타면 이 정도 조황은 아무것도 아닙니다.

■취재협조 제트피싱 010-6490-7779, 여수 금강호 010-3620-3250

여수 금강호 출조 사무실에서 아침식사를 하고 있다.

낚시 후 귀항
AM 4:00~AM 9:00

자정을 넘어서자 낚시는 소강상태에 접어들었다. 잠시 낚시를 접고 선실에서 휴식을 취하는 낚시인도 있었다. 갈치낚시는 해가 뜰 때까지 하는데 조황이 안 좋을 때는 예정 시간보다 빨리 철수하기도 한다. 새벽 4시까지 변변한 조황이 없자 선장은 5시에 귀항하겠다고 마이크를 통해 알려주었다.

새벽 5시. 낚시인들은 낚싯대를 접기 시작했고 사무장은 쓰레기를 줍는 등 바닥청소를 했다. 철수 전 선장이 갈치가 많이 담긴 아이스박스를 모아놓고 조황 촬영을 했다. 촬영을 마친 후엔 낚시의 맨 마지막 과정이라 할 수 있는 보냉 처리를 했다. 보냉은 낚은 갈치를 신선하게 보관할 수 있도록 얼음을 아이스박스에 더 채워 넣는 것이다. 보냉은 항구에 도착해 하는 경우가 많은데 이번처럼 일찍 귀항할 경우 낚싯배에서 하기도 한다. 낚싯배엔 보냉용 비닐이 준비되어 있다. 아이스박스에 담긴 갈치 위에 비닐을 덮고 얼음을 붓는다. 갈치 낚싯배에는 얼음이 풍부하므로 아끼지 말고 많이 넣는다. 이렇게 해서 보냉을 하면 집에 돌아올 때까지 신선하게 보관할 수 있다(갈치 갈무리 보관 요령은 106페이지 참조).

귀가
AM 9:00~PM 1:00

돌아오는 버스 안에서 곤한 잠에 빠진 회원들. 오후 1~2시면 서울에 도착하므로 저녁에 가족과 갈치 요리를 즐길 수 있다.

선실에서 눈을 뜨니 어느새 신월항에 도착해 있었다. 항구에서 아침 식사를 했다. 보통 아침식사는 식당을 겸한 낚싯배 사무실에서 먹거나 사무실 인근 식당에서 간단히 먹는다. 백반이 주로 제공되며 갈치조림이 메뉴로 오르는 일이 많다.

서울에 돌아오면 오후 1시쯤 된다. 내려올 때 각자 승차했던 곳에서 낚시인들이 내린다. 주말이어서 길이 막힌다 하더라도 버스전용차로를 이용하기 때문에 5시간 안에 서울에 도착할 수 있다. 저녁엔 온 가족이 갓 낚아온 싱싱한 갈치를 먹을 수 있을 것이다.

먼바다 실전

낚싯배 예약부터 귀항까지

이상준 낚시춘추 미술부 국장

필자는 낚시춘추의 디자이너이자 오랜 낚시애호가다. 여러 장르의
낚시를 즐기지만 특히 바다 선상낚시 중 갈치낚시의 매력에 빠져 있다.
그간 남해와 제주도의 먼바다 갈치배낚시 출조를 통해
입문자들을 위한 실전적 정보의 필요성을 느끼고 그 경험을 토대로
출항지에 도착한 후 자리 배정부터 낚시, 철수에 이르기까지의 낚시 과정에서
꼭 알고 있어야 할 정보만을 모아 정리했다.

번호가 표시되어 있는
낚시자리에는 미끼를 장만할
도마와 낚싯대 받침대가 설치되어
있고 아래쪽에는 전동릴
전원단자가 설치되어 있다.

먼바다 갈치낚시 전용선은 대부분 10톤급 배로 20여 석의 낚시자리가 있다.

1 예약과 낚시 자리 배정

먼바다 갈치 낚싯배는 보통 10톤 전후의
큰 배가 사용되며 이 경우 승선 인원이 20
명 전후가 된다. 선장과 사무장을 제외할
경우 낚시 자리는 18~20석이 되는데 낚
시인이 앉을 자리엔 뱃전에 번호가 표시
되어 있으며 선수(船首)에서 바라볼 때 낚
싯대 거치대, 채비 정리대, 미끼용 도마의
순으로 배열되어 있다. 낚시자리는 예전
엔 승선 선착순으로 해서 먼저 앉는 사람
이 낚시 자리를 차지했으나 이로 인해 자
리다툼이 일어나는 등 폐단이 많아 요즘은
대부분 현지 출조점에 도착 후 일괄 추첨
하는 방식이나 도착 순서대로 본인이 직접
기재하는 방식을 택하고 있다.

낚시자리는 선수(船首) 좌우 두 자리, 선미
(船尾) 좌우 두 자리가 알짜 자리다. 선수
좌우 중 한 자리는 대개 채비 투척 등에 자
신 있는 고수가 자리 잡는 것이 좋은데 이
자리의 조과가 배 전체의 조과를 좌우한다
고 할 만큼 중요한 자리이기 때문이다. 선
수에 앉은 고수는 채비를 던져 갈치 어군
을 배 쪽으로 끌어들여 배에 고르게 퍼지
게끔 유도한다. 선수는 물돛(배가 조류에
따라 한 방향으로 떠내려갈 수 있도록 던
져 놓는 낙하산 형태의 어로 장비)에 의한
와류현상으로 인해 입질을 받기 유리하지
만 바람과 파도의 직접적인 영향을 받음은
물론 몸을 기댈 곳이 없고, 물돛을 내리고
올릴 때마다 비켜줘야 하는 등 꽤 불편한
자리이기도 하다.

선미는 선수에서 유도된 갈치가 빠져 나가
지 못하게끔 잡아두는 역할을 한다. 물돛
이 때 배의 방향이 틀어지면서 잠시 선미
가 선수 역할을 하게 되는데 그때는 선수
와 마찬가지로 고기를 불러 모으는 역할을
하게 된다. 선미도 선체에 의한 와류 덕을
보는 자리이지만 발전기 소음과 매연 등으
로 고생하는 자리이기도 하다.

가운데 자리는 밝은 집어등의 효과로 비교
적 안정적인 조황을 보이지만 통로를 겸하
므로 선수나 선미에 비해 뒷공간이 좁아
채비 투척과 정리에 불편할 수 있다.

2 출항과 운항

출조점에서 승선명부를 작성하고 오후 2~3시 정도에 출항한다. 배에는 선장 외에 사무장이 승선하는데 사무장은 물돛 설치와 식사를 준비하고 낚시 중 낚시인의 엉킨 줄을 풀어주는 등 낚시 도우미 역할을 한다. 배가 출항하고 난 뒤 포인트에 도착할 때까지 2~3시간 정도 걸리므로 그 시간엔 선실에서 잠을 자는 등 휴식을 취한다. 오후 5~6시경이면 포인트에 도착한다.

3 포인트 도착 후 낚시 준비

포인트 도착 후엔 저녁식사를 한다. 식사가 끝나면 배에는 집어등이 켜지고 이때부터 본격적으로 낚시할 준비를 한다.

낚시 공간은 최대한 간결해야 한다. 쿨러 외의 짐은 낚시자리에서 치우고 채비를 회수하고 정리하기 편한 공간을 확보한다. 낚시 중 미끼 준비, 미끼와 가짓줄의 교체, 채비 투척

등이 이루어질 때 거치적거리지 않아야 효율적인 낚시를 할 수 있다. 신속하고 효율적인 낚시는 집어층에서 미끼가 없는 빈바늘인 시간을 최소화하고 온전한 미끼를 지속적으로 공급함으로써 집어된 갈치 어군을 유지시켜 입질 빈도를 높여준다.

갈치채비(기둥줄 채비)와 묶음바늘, 봉돌 등은 낚싯배에서 지급해주는데, 본인이 자작하거나 따로 구입한 고급품을 쓰기도 한다. 채비를 연결한 뒤엔 미끼를 썰어서 바늘에 꿰어놓는다. 미끼는 2~3회 교체할 정도의 양이면 적당하다. 냉동 꽁치 2~3마리를 가져다가 준비한다. 더 많은 양을 미리 준비할 경우 꽁치가 녹아 흐물흐물해져서 못 쓰게 되므로 좋지 않다.

꽁치는 날이 잘 선 칼로 깔끔하게 두 장의 포를 떠서 포 한 장을 4~5조각으로 썰어 미끼로 쓴다. 가급적 얇게 포를 떠서 조류에 잘 나풀거리도록 하는 게 좋다. 쿨러엔 얼음을 1/3 정도 채워놓는다. 선수에서 던져놓은 물돛이 펴지면 본격적으로 낚시를 시작한다.

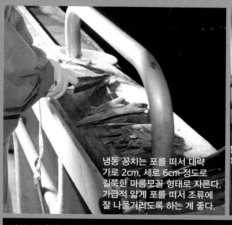

냉동 꽁치는 포를 떠서 대략 가로 2cm, 세로 6cm 정도로 길쭉한 마름모꼴 형태로 자른다. 가급적 얇게 포를 떠서 조류에 잘 나풀거리도록 하는 게 좋다.

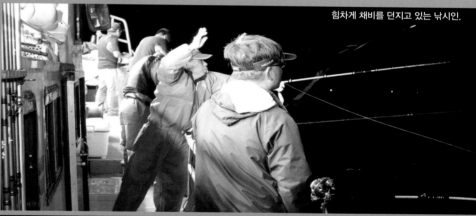

힘차게 채비를 던지고 있는 낚시인.

갈치어군을 찾아 낚싯배들이 환하게 불을 밝히고 있다.

채비를 마친 낚시인들이 갈치 입질을 기다리며 초릿대 끝을 주시하고 있다.

엉킴없이 기둥줄 풀기

기둥줄 채비틀이 없다면 20m 가까이 되는 긴 기둥줄의 타래를 풀 때는 요령이 필요하다. 대개 바늘이 달린 긴 가짓줄을 연결하는 과정에서 원줄에 기둥줄부터 연결하는데 그렇게 되면 십중팔구 흔들리는 배위에서 엉켜버린 기둥줄을 푸느라 한동안 진땀을 흘리게 된다. 보다 쉽고 엉킴없이 기둥줄을 푸는 방법은 연결 순서를 바꾸는 것이다. 먼저 기둥줄의 타래를 풀지 말고 봉돌부터 연결해서 바다로 내리면서 타래를 풀어나가면 쉽게 풀린다. 그 다음 기둥줄의 남은 한쪽 끝을 원줄에 연결하고 끌어올리면서 맨 위 가짓줄부터 순서대로 달아 뱃전에 정리하면 된다.

가짓줄의 꼬임과 풀기

엉킨 채비로는 갈치의 입질을 받기가 어렵다. 특히 입수 시에 꼬인 채비로는 입질을 거의 받을 수 없다. 채비는 기둥줄의 위쪽으로 꼬이는 경우와 아래쪽으로 꼬이는 경우가 있으며 위쪽으로 꼬이는 것은 채비가 입수(하강) 중에 생기는 것으로 가짓줄과 기둥줄의 연결 도래의 회전력이 약하거나 가짓줄과 기둥줄에 꺾임이 있어 회전을 방해하는 경우다. 채비를 던지지 않고 뱃전에서 바로 내릴 때 발생되기 쉽다. 아래쪽으로 꼬이는 것은 채비를 회수하는 중에 생기며 역시 가짓줄과 기둥줄의 연결 도래의 회전력이 약하거나 고속으로 채비를 회수할 때 생긴다. 꼬임이 발생했을 때는 봉돌이 달린 상태에서 가짓줄이 꼬인 기둥줄의 윗부분을 잡아 팽팽하게 한 뒤 꼬인 가짓줄의 바늘을 당겨주면 가짓줄과 기둥줄의 연결 도래의 회전력에 의해서 대부분 저절로 풀리게 된다. 그래도 가짓줄이 코일링된 상태라면 또다시 꼬이게 되므로 교체해주어야 한다.

4 채비 투척

갈치 채비는 길기 때문에 봉돌을 잡은 뒤 앞쪽으로 멀리 던져 바늘채비가 차례차례 날아가도록 하는 던지기 방법이 유리하다. 하지만 흔들리는 배 위에서 능숙하게 던지려면 상당한 연습이 필요하기 때문에 자신이 없다면 뱃전 밑으로 그냥 내려도 상관없다.

채비 던지기 방법을 순서대로 살펴본다면, ①대를 세우고 배 앞쪽을 바라본다. 투척 방향은 바로 앞사람(선수 쪽) 대의 초리 끝이다. 방향을 이렇게 잡아야 가짓줄이 날리면서 바로 뒷사람(선미 방향)의 낚싯대에 엉키는 것을 막을 수 있다. 배가 천천히 앞으로 가고 있는 상황이기 때문에 채비가 하강하는 동안 앞사람에게 걸리는 일은 생기지 않는다. ②봉돌 끈(채비를 던지기 쉽도록 봉돌 고리에 연결해놓은 20cm 길이의 끈)을 검지에 걸고 가볍게 주먹을 쥔 후 시선을 정면보다 10~15도 높게 하고, 앞뒤로 2~3회 흔들어 그 반동으로 목줄을 모두 띄워 올린다는 느낌으로 힘껏 던진다.

5 입질층 찾아내기

"몇 미텁니까?" 흔히 하고 또 듣기도 하는 질문이다. 다른 사람의 입질수심층이 궁금하긴 하지만 큰 의미를 둘 필요는 없다. 전동릴에

집어층을 제대로 공략하면 이른바 몽땅걸이도 자주 이뤄진다.

세팅된 데이터(뱃전 제로 지점)도 각자 다르고, 합사나 경심줄의 규격이 다르면 당연히 표시되는 수심도 달라지기 때문이다. 그렇기 때문에 자신의 채비를 통한 입질층(어군) 파악이 중요하고 또 정확히 알아야 한다.

집어등이 켜진 후 점차 갈치가 집어되면 선장은 어탐기를 통해 어군을 확인하고 대략적인 수심을 알려준다. 봉돌이 바닥을 찍은 후 감기 레버를 사용해 채비를 올리다가 선장이 알려준 수심의 5m 정도 밑에서부터 저속 릴링을 해서 입질층을 찾아낸다. 어탐기에 나타나는 바닥 수심과 자신의 전동릴에 표시되는 바닥 수심은 차이가 나는데, 전동릴에는 원줄 끝을 기준으로 입력되어 있기 때문에 표시되는 수심은 집어등(채비의 맨 위)의 위치로 보면 된다.

입질이 오면 그 수심을 기억해놓은 뒤 빠르게 채비를 올려 미끼 상태를 확인한다. 갈치가 물려있거나 잘려나간 미끼(갈치가 아닐 수도 있지만 잡어가 있는 곳에 갈치도 있다)가 몇 번째 바늘인지 확인하고 공략 수심층을 결정한다. 그렇게 해서 연속으로 입질을 받는다면 그 수심층을 주 공략층으로 삼는다. 이후 입질이 뜸해지면 저속 릴링으로 5~10m씩 올려가며 탐색해본다.

6 갈치의 입질

갈치의 입질 형태는 초리가 투두둑 투두둑 아래로 진동하며 움직이는 예신에 이어 본신

집어등 불빛에 유혹된 만새기들. 바늘에 걸리면 주위 낚시인들의 채비와 엉키기도 하며 채비를 엉망으로 만들어 갈치 낚시인들의 천대를 받지만 껍질이 질겨 잡어에 잘 견디는 훌륭한 생미끼로 활용할 수 있다.

방생낚시의 조과물. 귀항 후엔 녹은 얼음물+바닷물을 빼고 비닐로 덮고 그 위에 다시 얼음을 넣어준다.

으로 좀 더 큰 폭으로 처박는 것이 가장 일반적이다.

큰 갈치는 초리가 갑자기 쭉 펴졌다가 아래로 깊이 처박기도 하는데 삼치, 만새기 등의 입질과 비슷하다. 골치 아픈 잡어의 대표 격인 오징어의 입질 형태는 초리의 끝을 쭉 잡아 당겼다가 '팅~' 하고 끝이 튕겨져 올라온다. 하지만 실전에선 이런 기본적인 입질 형태만 있는 것이 아니다.

낚싯대의 초리는 파도에 의해 부하가 걸리므로 이로 인해 숙였다가 펴지는 형태의 규칙적인 끄덕거림을 보이는데 어느 시점에서 주춤거리거나 파도 크기에 비해 크게 숙이거나 펴진다면 이것도 입질이라고 봐야 한다. 또 챔질 후에도 바로 복원되지 않고 있다면 재

차 챔질하는 것이 좋다. 이는 집어가 잘되어 갈치가 밀집된 상황에서 보이는 연속 입질이라고 볼 수 있다.

초리의 움직임을 주시하고 있다가 움직임이 정상적이지 않다면 일단 갈치의 입질로 판단해야 한다.

7 챔질

전동릴 핸들을 빠르게 2~3바퀴 감아주거나 (1회전 시 약 70~75cm 감긴다) 감기 레버를 활용해 약 1초간 빠르게 감아준다. 또는 대를 약 45도 각도로 세워 챔질하기도 한다. 대를 세워서 하는 챔질은 너무 과하면 갈치의 경계심만 높이는 등 역효과도 발생한다. 바늘에 걸려있는 갈치의 움직임과 새로 입질하는 갈치의 움직임은 작지만 차이가 느껴진다. 비교적 힘차고 빠르며 짧게 연속되어 나타난다면 새 입질로 판단한다.

8 낚시 중 잡어에 대한 대처

삼치, 만새기 등은 바늘에 걸리면 사방으로 요동치므로 가능한 한 빨리 끌어올려야 주위 낚시인들과 채비가 엉키는 등의 피해를 줄일 수 있으며 끌어올린 후에도 망치 등으로 때려서 신속히 절명시킨다. 그렇지 않으면 바닥에 펼쳐진 채비를 엉키게 하여 엉망으로 만든다.

또한 다획을 위해 채비를 초저속으로 회수하

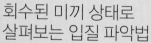

챔질은 전동릴 핸들을 빠르게 2~3회 감아주거나 고속회전으로 약 1초간 감아 올린다.

다 보면 갈치 몸통에 오징어의 빨판 자국이 찍히기도 하고, 오징어가 잘라먹고 남은 갈치의 대가리만 대롱대롱 매달려 올라와 허망할 때가 있다. 하지만 오징어는 갈치의 뱃속에서 자주 발견되는 갈치의 먹잇감 중 하나로서 서로 먹이관계를 형성하여 어군이 겹쳐 있을 때가 많다. 갈치의 수가 점차 늘어나면 오징어는 자연스레 빠지게 되므로 갈치의 줄 태우기 욕심을 잠시 접고 갈치와 오징어가 섞여 있는 유영층을 빠르게 지나가게 해서 오징어가 공격할 시간을 최소화하는 등의 대처 요령이 필요하다. 오징어의 공격이 심하다고 공략층을 바꾸면 갈치의 입질을 만나기 더 어려워진다.

9 귀항

새벽 4~5시면 낚시가 끝난다. 귀항할 때까지는 2~3시간 걸리므로 조과와 낚시 짐을 정리한 후 선실에서 휴식을 취한다. 낚은 갈치의 갈무리와 보관은 106페이지의 낚은 갈치의 갈무리와 보관 편에서 자세히 다루도록 한다.

회수된 미끼 상태로 살펴보는 입질 파악법

① 미끼의 끝이 날카롭게 잘려진 상태. 갈치 입질이라고 보면 거의 맞다

② 바늘에 미끼가 없거나 뭉개진 상태. 오징어의 입질로 보며 이런 미끼 상태는 입질이 미약해서 초리에 전달되는 입질 감도 없는 경우가 대부분이다.

전문가 코너

갈치채비 자작과 낚싯줄 삶기

김상범

일산 킴스정형외과 원장. 연 20회 이상 갈치
배낚시를 출조하는 전문 낚시인. 다음카페
선상낚시사랑회에서 닉네임 타조로 활동.
대다수 낚시인들은 기성품 갈치채비를 사서
쓰지만 김상범씨는 자작해서 사용하며, 꼬임이
적은 부드러운 줄을 만들기 위해 낚싯줄을
삶아서 쓴다.

김상범씨가 채비 자작을 마치고 채비틀과 지퍼백에
보관한 갈치채비와 묶음바늘을 보여주고 있다.

갈치채비·묶음바늘 자작 준비물

준비물

아래의 준비물 중 채비용 소품은 어구·낚시 용품 쇼핑몰인 올어구(www.all59.com)와 마린마트(http://marinmart.kr)에서 구입 할 수 있다. 가격은 변동 있음.

❶ **나일론줄(경심줄) 40호** 갈치채비(기둥 줄)용으로 쓴다. 1,000m 단위로 판매하며 가격은 1만4천원.

❷ **나일론줄(경심줄) 20호** 묶음바늘(가짓줄) 용으로 쓴다. 2m씩 잘라서 판매하는데 700가 닥을 묶어 판매하며 20호 기준 1만1천원.

❸ **2/0 스트레이트 귀바늘** 갈치바늘로는 루 어용인 구멍바늘을 많이 쓰지만 일부러 구 멍바늘보다 매듭강도가 약한 귀바늘을 쓴다. 만새기 등 원하지 않는 큰고기가 물었을 때 는 매듭이 터져줘야 옆 채비와 엉키는 일이 없고 시간낭비도 막을 수 있다. 귀바늘을 쓰 면 만새기가 물었을 때 터져서 채비 엉킴을 방지하지만 구멍바늘은 터지지 않아서 옆 사 람들의 채비를 모두 엉키게 할 수 있다. 100 개 한 봉지에 1만원.

❹ **내경 1.4mm 길이 5mm 8자 슬리브(쌍파 이프)** 바늘에 가짓줄을 연결할 때, 갈치채비 끝에 스냅도래를 고정시킬 때 사용한다. 슬 리브압착기로 눌러주면 고정이 된다. 500개 한 봉지에 4천원.

❺ **내경 1.4mm 길이 8mm 1자 슬리브(파이 프)** 묶음바늘 연결용 도래를 고정시키기 위 해 도래 위아래에 삽입해 사용한다. 역시 슬 리브압착기로 눌러주어 고정한다. 500개 한 봉지에 5천원.

❻ **6호 핀도래** 갈치채비에 끼운 뒤 맨도래 를 연결하고 여기에 묶음바늘을 묶어 쓴다. 100개 4천원.

❼ **8호 맨도래** 갈치채비에서 묶음바늘을 연 결하는 소품으로서, 회전하기 때문에 가짓줄 이 잘 꼬이지 않는다. 촬영할 때엔 맨도래를 썼지만 부식이 덜 되고 회전력이 좋은 볼베 어링 도래를 사용하길 권한다. 8호 맨도래는 100개 3천원, 볼베어링 도래는 3호를 쓰는 데 10개 3천원.

❽ **3/0 스냅도래(핀도래)** 갈치채비 양 끝에 달아 원줄과 봉돌에 연결할 때 쓴다. 100개 1만4천원.

❾ **4mm 구슬.** 묶음바늘 연결용 도래의 회전

을 돕기 위해 도래 위아래에 삽입한다. 색상 은 취향에 맞게 고른다. 250개 정도 들어있 으며 가격은 6천원.

❿ **축광튜브** 갈치의 이빨로부터 가짓줄을 보호하기 위해 바늘귀 쪽에 삽입한다. 30cm 길이로 판매하며 10개 한 묶음에 2천원. 녹 색과 핑크색 두 가지를 구입한다.

⓫ **소포장용 봉지** 완성한 묶음바늘에서 바 늘만 넣어 보관할 때 사용한다. 문구점(알파 문구)에서 판매한다. 1천원치 사면 몇 년간 은 충분히 쓸 만큼의 양을 준다.

⓬ **칼라타이(빵끈)** 제과점에서 빵 봉지를 묶 어줄 때 쓰는 끈. 묶음바늘을 10개씩 둥글게 사린 뒤 칼라타이로 묶으면 깔끔하게 정리 된다. 2천원어치 사면 10년 쓸 만큼의 양을 준다.

⓭ **가위** 낚싯줄을 자를 때 사용한다.

⓮ **손톱깎이** 자투리 줄을 자를 때 사용한다.

⓯ **슬리브압착기** 일본 요즈리사 제품. 슬리 브를 낚싯줄에 고정시킬 때 사용한다. 가격 은 3만~4만원. 국산은 1만8천원.

거실 탁자에서 갈치채비용 기둥줄에 구슬을 끼우고 있다.

낚싯줄 삶기

낚싯줄을 삶는 이유는 삶은 줄은 부드러워서 바닥에 사려놓을 경우 엉키지 않으며 채비를 던졌을 때 꼬이지 않고 잘 날아가기 때문이다. 전문낚시인들이 직접 삶은 줄을 인터넷 등을 통해 판매하기도 한다.

■ 준비물

갈치채비용 낚싯줄과 묶음바늘용 낚싯줄, 식용 빙초산, 염료, 휴대용 가스렌지, 들통을 준비한다. 식용 빙초산은 신맛을 내게 하는 요리용품으로서 400ml 한 통에 1천원선에 구입할 수 있으며 염료는 천을 염색할 때 쓰는 산성 염료를 구한다. 염료는 보통 욕실 세정제인 청크린을 사용하는 경우가 많은데 청크린은 청색이어서 청색만 얻을 수 있다는 게 단점이다. 산성 염료는 색상이 다양해서 자신이 원하는 색상으로 낚싯줄을 염색할 수 있다. 1통에 2천5백원선에 판매되므로 자신이 원하는 색상 두 가지를 고른다. 염료를 두 가지 색상으로 고르는 이유는 갈치채비와 묶음바늘의 낚싯줄을 다르게 염색하기 위해서다. 두 낚싯줄의 색상이 다르면 함께 사려놓아도 구분이 잘 되고 또 다른 사람의 낚싯줄과 엉켜도 금방 식별해낼 수 있다. 보라색을 좋아하는 김상범씨는 갈치채비는 보라색, 묶음바늘은 청색을 사용하고 있다.

■ 삶는 과정

빙초산을 넣어 삶으면 매우 역한 냄새가 나기 때문에 환풍기가 있거나 바람이 통하는 외진 곳에서 작업을 해야 하며 갈치채비, 묶음바늘용 줄을 각각 따로 삶아야 한다. 이왕 하는 작업이라면 한꺼번에 많은 양을 하는 게 좋다. 1000m짜리 갈치채비 줄과 700가닥의 묶음바늘 줄을 통째로 삶는다.

들통에 물을 2/3가량 부은 뒤 낚싯줄을 넣는다. 뜨거운 물을 받아서 끓이면 삶는 시간을 절약할 수 있다. 낚싯줄을 넣은 뒤 빙초산은 100~150ml, 염료 가루는 10g 정도를 넣는다. 그 상태로 3~4시간 끓이는데 물이 1/2 정도로 줄어들 때까지 끓인다. 이후 12시간 정도 그대로 방치해서 식힌 뒤 끓인 물을 버리고 새물을 받아 줄을 헹군다. 헹구는 요령은 빨래장갑을 끼고 줄을 바닥에 놓고 슥슥 문지른 후 물에 헹구는 것이다. 이 작업을 3~4회 반복하면 줄을 만졌을 때 끈적이는 느낌이 들지 않는다. 헹군 낚싯줄을 3~4시간 정도 말리면 모든 과정이 끝난다. 이렇게 낚싯줄을 삶으면 길이가 5~10% 정도 줄어드는데 2m 길이의 묶음바늘은 190cm로 줄어들게 된다.

산성 염료. 혼색해서 쓸 수도 있다.

식용 빙초산.

삶은 후의 기둥줄. 부드러워지면서 조금 짧아진다.

갈치채비(기둥줄) 만들기

10단의 경우 열 개의 묶음바늘 연결용 도래를 끼운 뒤 단차에 맞게 각 도래를 슬리브로 고정하는 식으로 진행한다. 익숙해지면 10분 만에 채비를 완성할 수 있다.

❶ 묶음바늘 연결용 도래 준비하기. 스냅도래에 핀을 열고 맨도래를 연결한다.

❷ 10단 채비를 만들려 하기 때문에 맨도래를 연결한 스냅도래를 10개 준비했다. 이렇게 미리 준비해놓으면 자신이 몇 개째 만들고 있는지 알 수 있다.

❸ 낚싯줄을 손톱깎이로 자른다. 처음 사용하는 낚싯줄은 끝이 뭉툭할 수 있다. 손톱깎이로 자르면 줄 끝이 예리해져서 슬리브나 구슬을 끼우기 편하다.

❹ 1자 슬리브를 줄에 끼운다.

❺ 구슬 두 개를 줄에 끼운다. 구슬을 두 개 끼우는 이유는 낚시 중 구슬이 깨질 수도 있기 때문이다.

❻ 맨도래가 연결된 스냅도래의 고리를 줄에 끼우고 구슬 두 개를 끼운 뒤 1자 슬리브를 끼운다.

❼ 묶음바늘 연결용 도래 10개 끼우기. 일자슬리브-구슬 두 개-스냅도래-구슬 두 개-일자 슬리브 순으로 10개를 낚싯줄에 끼운 모습.

❽ 원줄, 봉돌 연결용 스냅도래 달기. 줄 끝에 8자 슬리브를 끼운다.

❾ 8자 슬리브를 3개 낚싯줄에 끼운다.

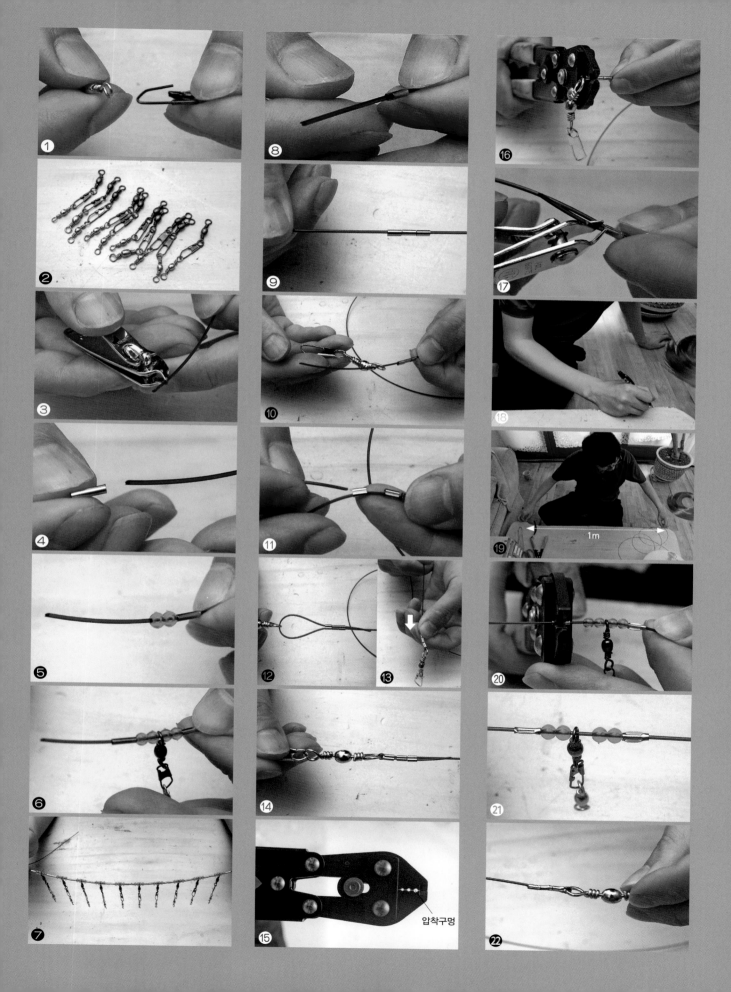

압착구멍

⑩ 스냅도래의 고리를 끼운다.

⑪ 줄 끝을 8자 슬리브 중 비어 있는 구멍에 집어넣는다.

⑫ 8자 슬리브에 줄을 모두 집어넣은 후의 모습.

⑬ 슬리브를 스냅도래 쪽으로 밀어 올린다.

⑭ 스냅도래 고리 쪽으로 밀어올린 후의 모습.

⑮ 슬리브압착기. 보통 압착날은 접으면 지름이 각각 다른 3개의 구멍이 뚫려 있는데 슬리브를 눌러 고정하기에 알맞은 지름을 택한다. 여기선 2mm 구멍으로 슬리브를 압착했다.

⑯ 3개의 슬리브를 차례차례 압착해 고정시킨다.

⑰ 슬리브의 자투리 줄을 손톱깎이로 자른다. 자투리 줄이 조금이라도 남아 있으면 줄걸림의 원인이 되므로 조금이라도 삐져나오지 않도록 깔끔하게 자른다. 나머지 한 쪽의 봉돌, 원줄용 스냅도래 작업은 맨 마지막에 한다.

⑱ 단차 측정 구간 만들기. 책상에서 작업을 한다면 1m 길이 양 끝에 사인펜으로 점을 찍어 놓는다. 이렇게 하면 단차를 일일이 잴 필요 없이 양쪽 점에 대보는 것만으로 길이를 알 수 있다.

⑲ 2m 단차 측정하기. 책상 모서리에 점으로 표시한 1m 구간에 낚싯줄을 대보고 있다. 단차를 2m로 할 계획이므로 두 번 길이를 재는 것으로 2m 길이를 알 수 있다. 묶음바늘 연결용 도래를 2m 지점에 옮겨 놓고 흘러내리지 않도록 손으로 잡는다.

⑳ 묶음바늘 연결용 도래 고정하기. 슬리브압착기로 슬리브를 눌러 고정한다. 이때 양쪽 슬리브 중 한쪽 슬리브는 구슬과 1cm 정도 유격을 준다. 그래야 도래가 회전할 수 있다.

㉑ 양쪽 슬리브를 고정한 도래 모습. 마찬가지 방법으로 나머지 9개의 도래를 2m씩 단차를 두어 고정시킨다.

㉒ 10개의 묶음바늘 연결용 도래를 모두 고정시킨 후 마지막으로 원줄, 봉돌 연결용 스냅도래를 단다. 스냅도래를 다는 방법은 8~17번의 과정과 같다.

묶음바늘 자작 모습. 묶음바늘은 사진처럼 바늘 고정용 고무가 부착되어 있는 전용 탁자에서 하는 게 편하고 속도도 빠르다.

묶음바늘 만들기

바늘에 삽입할 축광튜브는 녹색과 핑크색 두 가지를 준비한다. 5번째, 8번째 바늘을 핑크색으로 하고 나머지를 녹색으로 하면 낚시할 때 갈치가 몇 번째 바늘을 물고 올라왔는지 쉽게 알 수 있다.

❶ 30cm 길이의 축광튜브 10개를 잡고 10cm 길이로 한꺼번에 자른다.

❷ 절단한 녹색, 핑크색 축광튜브.

❸ 8자 슬리브를 바늘귀 쪽에 끼운다.

❹ 8자 슬리브에 바늘귀가 살짝 나오도록 한 뒤 슬리브압착기로 슬리브를 눌러준다. 이때 눌러주는 강도는 슬리브압착기를 떼어도 바늘이 움직이지 않을 정도로 한다.

❺ 슬리브압착기로 바늘을 쥐고 있는 상태에서 슬리브의 비어있는 나머지 한쪽 구멍에 낚싯줄을 넣는다.

❻ 슬리브압착기로 슬리브를 눌러주어 바늘과 낚싯줄을 고정시키고 자투리 줄은 손톱깎이로 잘라준다.

❼ 축광튜브를 줄에 끼운다.

❽ 축광튜브를 슬리브가 있는 바늘귀 쪽으로 밀어 넣는다. 바늘 쪽에 삽입된 튜브는 슬리브를 감쌀 정도면 적당하다.

❾ **묶음바늘을 여러 개 만들기 1** 사진처럼 여러 가닥의 낚싯줄의 한쪽 끝을 눌러주면 작업하기 편하다.

❿ **묶음바늘 여러 개 만들기 2** 사진처럼 완성된 바늘을 꽂아둘 수 있는 고무가 있으면 정리하기 편하다.

⓫ 완성된 10개의 묶음바늘. 두 개의 바늘엔 핑크색 축광튜브를 끼워 놓았다.

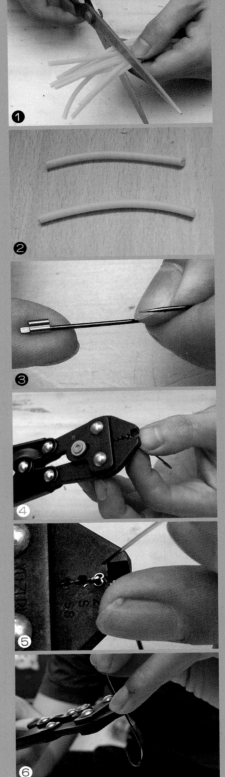

보관

갈치채비는 길기 때문에 보관한 뒤 현장에서 쉽게 풀어 쓸 수 있도록 갈무리하는 것도 중요하다. 제대로 채비를 보관하지 못할 경우 줄을 풀 때 엉키는 일도 종종 발생한다.

■ 갈치채비 정리 보관하기
❶ 채비틀. 자전거 바퀴 프레임인데 20m에 이르는 갈치채비를 감아서 보관하기 편하다. 올어구 쇼핑몰에서 '갈치용 자새'란 상품명으로 1만3천원에 판매하고 있다.
❷ 채비가 감기는 채비틀 홈엔 구멍이 규칙적으로 뚫려 있는데 유달리 큰 구멍에 채비의 한쪽 끝 스냅도래를 건다.
❸ 채비를 채비틀에 감는다.
❹ 다 감았으면 사진과 같이 채비틀 안쪽에 걸치도록 양쪽 손가락에 고무줄을 건다.
❺ 양쪽 고무줄을 사진처럼 채비틀 위쪽으로 올린 뒤 고무줄 한쪽을 길게 잡아당겨준다.
❻ 길게 잡아당긴 고무줄 한쪽 고리로 나머지 한쪽 고무줄 고리를 넣는다.

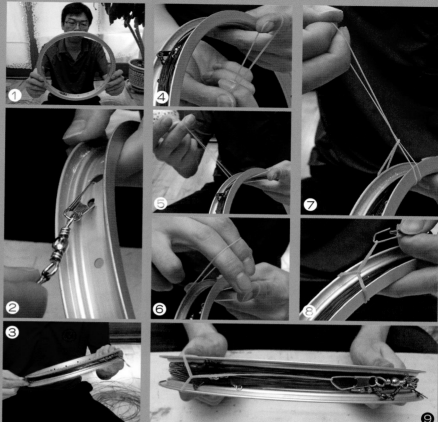

❼ 고리 안으로 넣은 고무줄을 위로 빼고 나머지 한쪽 손의 고무줄을 놓는다.
❽ 손으로 잡고 있는 고무줄 고리에 채비의 스냅도래를 걸고 채비가 팽팽할 정도로 고무줄의 위치를 조정한다.
❾ 채비틀과 고무줄을 사용해 보관한 갈치채비.

■ 묶음바늘 정리하기
❶ 묶음바늘의 바늘을 모아서 소포장 비닐봉지에 넣는다. 비닐봉지를 반으로 접은 후 칼라타이로 묶은 후 자투리를 꼬아준다.

❷ 가짓줄 길이 재기. 갈치채비 만들 때처럼 책상에 1m 길이로 점을 찍어 놓으면 가짓줄 길이를 재기 쉬워진다.
❸ 절단. 가짓줄의 길이는 자신의 양팔을 벌렸을 때 길이보다 조금 짧은 게 좋다.
❹ 가짓줄을 둘둘 만 뒤 바늘 쪽과 줄 끝 쪽을 칼라타이로 묶어준다. 이때 칼라타이는 바늘 봉지를 묶을 때처럼 자투리를 꼬지 말고 둘둘 말아준다. 바늘 봉지는 바늘이 덮여 있어서 풀어내기 쉽지만 가짓줄은 10개의 가닥이 모여 있어서 꼬인 칼라타이를 푸는 게 생각보다 시간이 많이 걸린다.

먼바다 배낚시에서 채비를 투척하고 있는 낚시인.

다수확 위한 전문가 특강

삼단, 일자, 떨림
입질을 마스터하라

이재복

'대왕갈치'란 닉네임으로 유명한 여수의 갈치낚시 고수다. 1년에 100회 이상 갈치 낚싯배에 오르며 출조 시 남들보다 배 이상의 조과를 올려 낚시인들 사이에 '갈신'이라는 별명으로 불리고 있다.

누군가 나에게 갈치를 많이 낚는 비결이 무엇이냐고 묻는다면 세 가지를 꼽는다. 하나는 남들보다 첫 고기를 빨리 잡는 것이고, 두 번째는 스피디한 채비 투척과 회수, 마지막으로 다양하게 나타나는 입질 형태를 파악해 챔질로 연결하는 것이다.

첫 고기 빨리 낚기

갈치는 첫 고기를 잡는 게 중요하다. 바늘에 걸린 갈치는 다른 갈치를 불러 모으는 효과가 있기 때문이다. 갈치는 탐식성이 강한 어종이기

때문에 갈치가 딸려 올라가는 모습을 보면 먹이를 쫓아가는 것으로 보고 함께 따라 올라온다. 간혹 제 동료인 갈치를 물어서 갈치 꼬리가 잘려 올라오기도 한다. 갈치가 폭발적으로 입질하는 9~10월엔 동시에 입질이 들어오는 경우가 많지만 입질이 약하거나 갈치 어군이 흩어져 있는 시즌 초반엔 갈치를 먼저 낚는 낚시인이 나중에 보면 조과가 더 뛰어나다. 비교적 갈치 활성이 좋은 7~8월이라도 두세 시간 넘게 갈치를 못 만나는 낚시인도 있다. 첫 갈치를 낚기 위해서는 갈치 유영층을 빨리 찾아내는 게 중요하다.

50m 이하 수심층 탐색이라면 수동 감기가 낫다

갈치낚시의 시작은 갈치의 어군을 찾는 것이다. 선장이 마이크를 통해 수심을 알려주면 그 수심층을 찾아 공략해야 한다. 채비를 바닥층까지 내린 뒤 천천히 감아올리면서 갈치가 입질하는 수심층을 찾아내는 것이다. 채비를 올리는 도중 톱가이드가 끄덕끄덕 하는 입질이 들어오면 그 수심을 전동릴의 액정화면을 보고 확인한 뒤 재차 그 입질 수심층으로 채비를 내린 뒤 천천히 올리면서 입질을 잡아내야 한다. 전동릴의 저속 감기 기능은 이때 활용한다.

갈치낚시 수심은 얕게는 40m, 깊게는 160m까지 내려간다. 100m 이상의 수심에서 낚시하는 겨울이나 5~6월 시즌 초반엔 갈치가 바

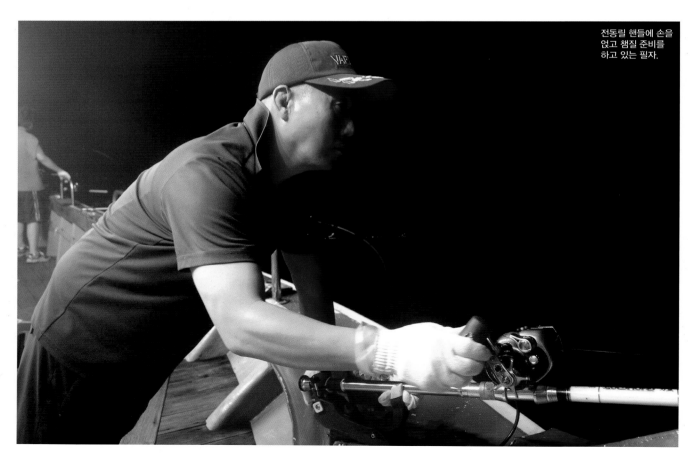

전동릴 핸들에 손을 얹고 챔질 준비를 하고 있는 필자.

채비틀에 감아놓은 갈치채비. 부드러운 기둥줄을 얻기 위해 삶아서 쓰고 있다.

5~6지 갈치를 들어 보이는 필자.

닥층에서 무는 경우가 많아서 이때는 전동릴의 자동 감기 기능이 필요하다.

하지만 수심이 50m 정도 되는 얕은 곳은 굳이 자동 감기로 입질층을 파악할 필요는 없다. 채비 길이가 20m이니까 나머지 30m가 채비를 올리는 구간인 셈인데 핸들을 손으로 감으면서 입질층을 찾는 게 더 낫다. 주요 낚시터인 거문도나 백도 주변의 수심을 보면 50m 이하의 수심층에서도 갈치 어군이 자주 발견된다. 나는 4000번 정도의 전동릴을 쓰고 있는데 핸들을 세 바퀴 감으면 2m 정도 감긴다. 1분 정도 입질을 기다리다가 세 바퀴, 이런 식으로 꼼꼼하게 탐색한다.

채비 투입과 회수

입질층은 흩어질 수도 있기 때문에 첫 고기를 낚은 후엔 재빨리 다시 집어넣는 게 고기를 많이 잡는 비결이다. 시즌 초반이나 입질이 약해서 마릿수가 적더라도 채비 투척 때마다 계속해서 한두 마리씩 낚아 올리고 그 횟수가 남들보다 많다면 조과가 훨씬 나을 수밖에 없다. 이것은 당구와도 비슷해서 공을 모아놓고 몰아치듯 해야 한다. 고기가 붙을 때 많이 낚아 올리는 것이다.

채비 던질 때는 바늘이 아래로 향하게

빠른 채비 투척을 위해서는 채비 던지기가 필수다. 채비 던지기 요령은 봉돌 끈을 잡은 뒤 정면에서 45도 각도를 보고 아래쪽에서 앞뒤로 두세 번 흔든 뒤 던지는 것이다. 이때 배 난간에 놓인 바늘은 바늘 끝이 아래로 향하도록 한다. 위로 향하게 되면 던지는 도중 걸림이 발생하기 쉽다. 채비 던지기는 특별한 노하우보다는 연습이 필요한 테크닉이다. 채비 던지기는 어느 정도 낚시 경험이 쌓인 낚시인이면 따라 할 수 있는데 그 다음부터 중요한 게 속도다. 속도의 차이는 채비 던지기 전 준비 과정에 있다. 미끼가 떨어질 만하면 미리 준비해놓아 일

정한 채비 투척과 회수의 사이클이 끊어지지 않도록 한다. 마릿수가 적다 싶으면 바늘 수를 줄이는 것도 채비 투척과 회수를 빨리할 수 있는 방법이다. 10단을 썼다면 8단으로 줄이는 것이다.

채비의 투척과 회수를 막는 최대의 방해물은 채비 엉킴이다. 낚시 중 채비가 엉키게 되면 이를 풀어내느라 소중한 낚시시간을 허비하게 된다. 채비가 엉키지 않게 주의하는 것도 중요하지만 엉킴이 덜한 채비를 쓰는 것 또한 채비 엉킴을 줄일 수 있는 방법이다. 시중에 판매하는 제품을 보면 채비 엉킴이 덜한 제품이 있다. 시중의 쇼핑몰을 살펴보면 갈치채비를 삶아 부드럽다고 평이 난 제품들이 있는데 그런 채비를 사서 쓰면 엉킴이 적다. 기둥줄에 쓰이는 나일론줄은 삶으면 매우 부드러워져서 바닥에 내려놓으면 정렬이 잘 되고 엉키는 일도 적기 때문이다. 나는 직접 갈치채비를 삶아서 쓰고 있다. 수돗물에 세정제(청크린)와 빙초산을 넣은 다음 갈치채비를 넣고 끓인다.

채비를 던진 후 날아가는
모습을 지켜보고 있다.

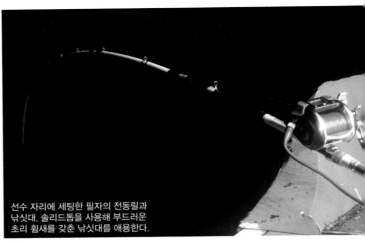

선수 자리에 세팅한 필자의 전동릴과
낚싯대. 솔리드톱을 사용해 부드러운
초리 휨새를 갖춘 낚싯대를 애용한다.

세 가지 입질 타입과 챔질 요령

갈치의 입질은 보통 톡톡 하다가 톱가이드가 앞으로 숙여지는 3단 입질로 나타난다. 고기의 활성도가 높거나 개체수가 많을 때는 입질을 파악하기가 쉬운데 입질이 약할 때는 갈치가 미끼를 물고 있어도 톱가이드엔 반응이 나타나지 않을 때도 있다. 그래서 갈치낚싯대의 톱가이드는 부드러운 솔리드 재질이 유리하다.

다양하게 나타나는 갈치 입질을 정확히 파악하기 위해서는 자신만의 데이터가 필요하다. 낚시인마다 사용하는 낚싯대가 다르고 또 낚시자리도 다르기 때문에 어떤 상황에서는 챔질했더니 고기가 걸리더라 하는 경험이 필요한 것이다. 그동안 필자가 파악한 입질은 크게 세 가지 형태인데 다음과 같다.

● 3단 입질

일반적인 입질 형태다. 톱가이드가 톡톡대면서 밑으로 숙여지다가 본신엔 수면 쪽으로 조금 더 큰 폭으로 내려간다. 톡톡대는 입질은 예신으로서 갈치가 미끼를 씹고 있는 상태다. 이때 챔질하면 100% 헛챔질로 끝나고 만다. 좀 더 기다렸다가 본신이 나타날 때 챔질한다. 챔질 요령은 핸들을 두세 바퀴 빠르게 감는 것이다. 씨알이 클수록 본신이 커서 5지 씨알은 톱가이드가 밑으로 푹 처박힌다.

● 일자 입질

큰 갈치가 물었을 때 나타나는 입질이다. 채비의 무게 때문에 숙여져 있던 톱가이드가 갑자기 일자로 펴지는 형태로 나타난다. 미끼를 문 갈치가 상층으로 상승해서 나타나는 현상이다. 핸들 챔질보다는 감기

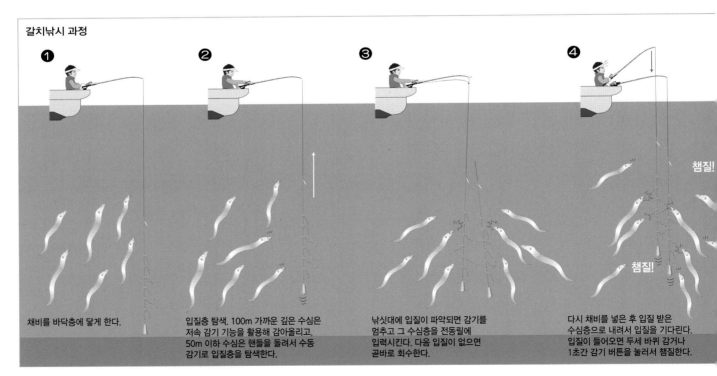

갈치낚시 과정

❶ 채비를 바닥층에 닿게 한다.

❷ 입질층 탐색. 100m 가까운 깊은 수심은 저속 감기 기능을 활용해 감아올리고, 50m 이하 수심은 핸들을 돌려서 수동 감기로 입질층을 탐색한다.

❸ 낚싯대에 입질이 파악되면 감기를 멈추고 그 수심층을 전동릴에 입력시킨다. 다음 입질이 없으면 곧바로 회수한다.

❹ 다시 채비를 넣은 후 입질 받은 수심층으로 내려서 입질을 기다린다. 입질이 들어오면 두세 바퀴 감거나 1초간 감기 버튼을 눌러서 챔질한다.

챔질!

챔질!

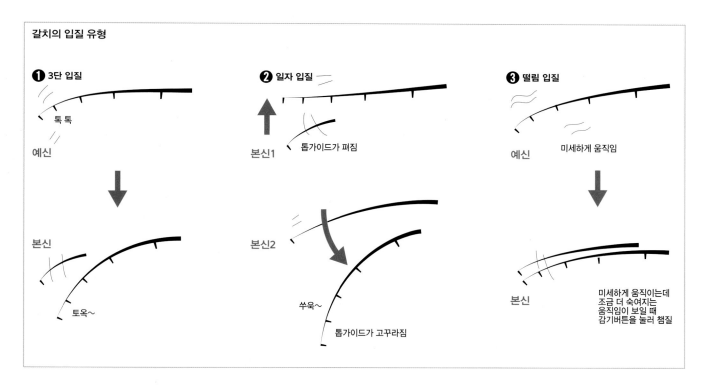

갈치의 입질 유형

❶ 3단 입질

톡 톡

예신

본신

토옥~

❷ 일자 입질

톱가이드가 펴짐

본신1

본신2

쑤욱~

톱가이드가 고꾸라짐

❸ 떨림 입질

미세하게 움직임

예신

본신

미세하게 움직이는데
조금 더 숙여지는
움직임이 보일 때
감기버튼을 눌러 챔질

버튼을 1초 정도 눌러주어 2~3m 순식간에 감는 빠른 챔질이 필요하다. 머뭇거리다가는 기둥줄이나 가짓줄에 갈치의 이빨이 스쳐 끊어지기 쉽다.

● **떨림 입질**
자세히 보지 않으면 아무런 움직임이 발견되지 않는 입질 형태다. 미세하게 톱가이드가 아래위로 흔들리는데 낚시 경험이 쌓이지 않으면 파악하기 어렵다. 갈치가 미끼를 물고 오물거리는 상황으로서 이런 입질이 파악되면 일단 채고 본다. 이 정도 입질의 갈치면 매우 활성이 약한 상태로서 조금만 이상하다 싶으면 미끼를 뱉어버리므로 빠른 챔질이 필요하다. 일자 입질과 마찬가지로 감기 버튼을 1초간 눌러 챔질한다.

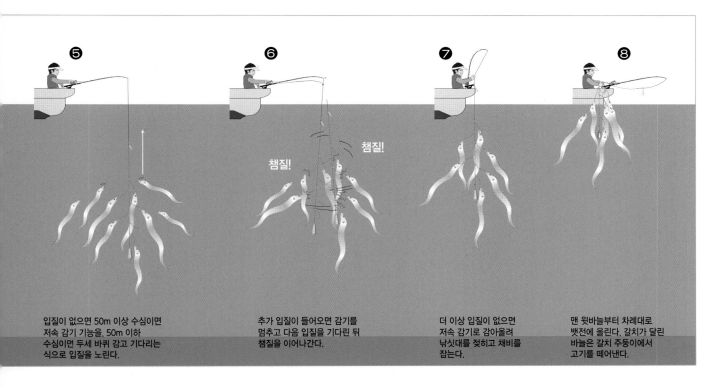

❺ 입질이 없으면 50m 이상 수심이면 저속 감기 기능을, 50m 이하 수심이면 두세 바퀴 감고 기다리는 식으로 입질을 노린다.

❻ 챔질! 챔질! 추가 입질이 들어오면 감기를 멈추고 다음 입질을 기다린 뒤 챔질을 이어나간다.

❼ 더 이상 입질이 없으면 저속 감기로 감아올려 낚싯대를 젖히고 채비를 잡는다.

❽ 맨 윗바늘부터 차례대로 뱃전에 올린다. 갈치가 달린 바늘은 갈치 주둥이에서 고기를 떼어낸다.

갈치 싱싱 갈무리

얼음과 바닷물의 앙상블, 빙장

출항 전 낚싯배에 오르면 맨 먼저 배에서 나눠주는 얼음을 받게 된다. 그러면 그 얼음을 아이스박스 바닥에 깔고 그 위에 깔판을 깐다. 깔판은 장판이나 아크릴판에 구멍을 여러 개 뚫은 것인데 자작하기도 하고 배낚시 쇼핑몰인 제트피싱에서 '깔판'이란 상품명으로 판매도 하고 있다.

깔판을 까는 이유는 얼음이 갈치에 직접 닿지 않게 하려는 것이다. 쿨러에 얼음을 1/3가량 채우고 평평하게 모양을 잡아 그 위에 구멍을 뚫어준 아크릴, PC(폴리카보네이트), 두꺼운 비닐(장판) 소재의 깔판을 까는 것이다.

낚은 즉시 목을 꺾어 피를 뺀다

낚은 갈치는 플라이어 등을 이용해 주둥이에서 바늘을 빼낸 뒤 목을 꺾어 피를 뺀다. 갈치의 목을 꺾을 때는 대가리와 아가미 아랫부분을 잡고 꺾으면 된다. 이렇게 피를 빼면 갈치를 싱싱한 상태로 보관할 수 있다. 갈치는 낚자마자 금세 죽는데 죽은 후엔 피가 빠지지 않으므로 낚은 즉시 목을 꺾는 것이다. 목을 꺾은 갈치는 곧바로 쿨러에 집어넣는다.

사진으로 보는 갈무리 · 보관요령

❶ 쿨러 얼음 채우기. 낚싯배에 올라 얼음을 쿨러 1/3가량 채운다.

❷ 얼음 위 깔판 깔기. 아크릴, 비닐 등으로 만든 깔판을 얼음 위에 덮는다.

❸ 갈치 머리 꺾기. 낚은 갈치는 곧바로 머리를 꺾어 피를 뺀다. 피를 빼면 싱싱한 상태로 갈치를 보관할 수 있다.

❹ 바닷물 붓기. 갈치가 쿨러에 많이 쌓이면 바닷물을 붓는다. 바닷물의 양은 고기가 약간 잠길 정도가 적당하다.

❺ 얼음 물 빼기. 철수 전 녹은 얼음물을 모두 빼낸다.

❻ 얼음 추가하기. 갈치 위에 비닐을 얹고 머리와 꼬리 쪽을 중심으로 얼음을 얹어놓는다.

많은 갈치를 보관할 때 빙장이 효과적

낚은 갈치가 많이 쌓이면 아이스박스에 바닷물을 붓는 빙장을 한다. 빙장은 한정된 얼음으로 많은 양의 갈치를 싱싱하게 보관하기 위한 방법이다. 단순히 얼음만 든 쿨러에 냉장하는 것보다 냉기가 바닷물을 통해 전체적으로 고루 전달된다. 갈치가 많이 쌓이면 아래쪽 갈치들이 눌려서 찌그러지게 되는데, 바닷물을 부어주면 갈치들이 바닷물에 뜨면서 아래로 눌리지 않게 되고 냉기도 전체적으로 전달된다. 이때 바닷물의 양은 갈치 전부가 살짝 잠길 정도로 한다. 바닷물은 염도가 있어서 냉기를 증대시키는 효과도 있고 민물로 만들어진 얼음과 달리 물고기의 체내에 침투해도 고기가 상하지 않는다.

그러나 소량의 갈치만 담겼다면 굳이 빙장을 할 필요가 없다. 어떤 바닷물도 얼음보다는 온도가 높아서 냉장효과는 떨어지기 때문이다.

고기 위에 비닐 깔고
또 얼음으로 덮어준다

항구로 돌아온 뒤엔 녹은 얼음물을 빼내고 고기 위에 비닐을 깐 뒤 머리 부분과 꼬리 부분에 얼음을 얹어 놓으면 냉기가 고기 전체에 고루 전달되어 집에 도착할 때까지 싱싱한 상태로 가져올 수 있다. 비닐을 깔지 않은 상태에서 곧바로 고기 위에 얼음을 부으면 얼음에 비닐이 긁혀 손상된다.
바닷물을 부어서 빙장을 한 갈치는 다음날에도 회를 떠 먹을 수 있을 정도로 싱싱하다.

한여름 쿨러의 보냉력이 염려된다면?

한제(寒劑)를 활용해 보자. 두 종류 이상의 물질을 섞어 저온을 실현시킬 수 있는 물질을 한제라 한다. 얼음과 염화나트륨(소금)에 의하여 저온이 얻어지는 것은 얼음의 융해열과 소금의 용해열에 의한 것으로, 고체인 얼음과 염화나트륨 모두가 액체상태로 녹아 완전히 섞이는 온도(공융점 共融點)인 −21.3℃까지 내려가게 되면 융해는 정지되어 일정한 온도가 유지된다.
고기 위에 비닐을 깔고 얼음을 넣을 때 소금을 넉넉히 뿌려두면 어느 정도까지는 얼음이 녹겠지만(얼음+물+소금의 상태) 그 후로는 쿨러가 계속 차갑게 유지된다.

Chapter 4
근해 갈치 배낚시

목포 앞바다의 갈치
파시. 갈치낚시를
나온 낚싯배들이
집어등을 환하게
밝히고 있다.

생활낚시의 최고봉
근해 갈치 배낚시

누구나 쉽게
많이 낚을 수 있다!

앞바다에서부터 시작했다. 근해에서 낚이는 작은 갈치가 횟감으로 인기가 높아지고 낚시인들이 늘어나면서 더 많이 낚을 수 있는 먼바다 갈치배낚시로 발전하게 된 것이다.

근해 갈치배낚시는 오래전부터 남해안과 제주도에서 이뤄져 왔다고 볼 수 있다. 그러나 대부분 갈치잡이 어선에 낚시인들이 동승하거나(제주도) 붕장어 밤낚시 도중 갈치를 함께 낚는 패턴(진해만)이었으며 독자적인 낚시장르로 발전하지는 못했다.

그러다가 2005~2006년 목포 삼호방조제 앞바다에 엄청난 갈치 어군이 들어오면서 해상좌대를 겸한 배낚시가 성행하기 시작했다. 때마침 갈치 가격까지 상승하면서 갈치낚시 신드롬이 일게 되고 이후 근해 갈치배낚시는 진해만으로 확산되어 '좌목포 우진해'의 양강체제를 구축하게 된다. 그러다가 2000년대 중반 통영과 여수에서 먼바다 갈치배낚시 출조 붐이 일면서 여수, 통영, 고흥, 완도 지

갈치배낚시는 전문낚시 영역인 먼바다 배낚시와 생활낚시 영역인 앞바다(근해) 배낚시로 나뉜다. 그중 갈치낚시를 대중화하고 그 시장을 확대한 것은 근해 배낚시의 공로라 할 수 있다. 부담 없는 비용으로 즐길 수 있는 근해 갈치낚시는 경남 진해와 전남 목포 앞바다에서 성행하고 있으며, 최근엔 통영, 고성, 사천 등지로 낚시터가 확대되고 있다.

갈치 어군이 먼바다에 머무는 초여름에는 근해에서 갈치를 보기 어렵지만 8월부터 11월까지는 손가락 두세 개 굵기의 갈치들이 남해 연안 곳곳으로 몰려들어 먹이사냥을 하는데, 이때 근해에 갈치배낚시 포인트가 형성된다. 애초의 갈치배낚시는 먼바다가 아닌

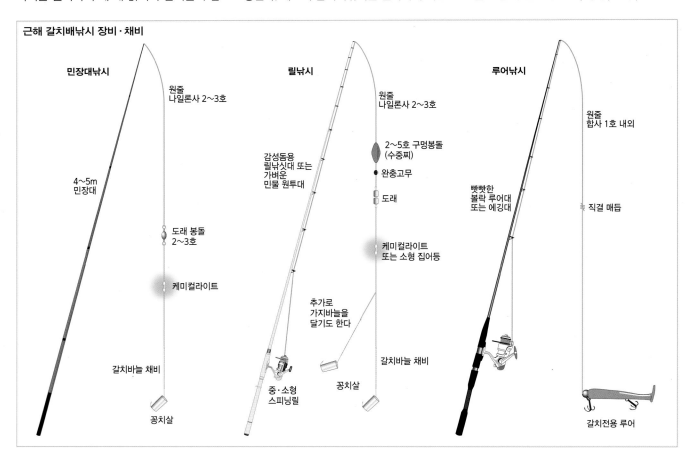

근해 갈치배낚시 장비·채비

민장대낚시

원줄
나일론사 2~3호

4~5m
민장대

도래 봉돌
2~3호

케미컬라이트

갈치바늘 채비

꽁치살

릴낚시

원줄
나일론사 2~3호

감성돔용
릴낚싯대 또는
가벼운
민물 원투대

2~5호 구멍봉돌
(수중찌)

완충고무

도래

케미컬라이트
또는 소형 집어등

추가로
가지바늘을
달기도 한다

중·소형
스피닝릴

꽁치살

갈치바늘 채비

꽁치살

루어낚시

원줄
합사 1호 내외

빳빳한
볼락 루어대
또는 에깅대

직결 매듭

갈치전용 루어

낚싯대가 촘촘히 펼쳐진 진해 갈치배낚시 모습.

역의 낚싯배들은 더 상품가치가 높은 먼바다 출조를 시작했다. 반면 먼바다 출조가 활발하지 않은 진해, 거제, 삼천포, 목포는 근해 갈치배낚시가 인기를 누리고 있다.

먼바다의 1/3 가격, 배멀미도 적어

근해 갈치배낚시와 먼바다 갈치배낚시의 가장 큰 차이라면 운항거리와 낚시비용이다. 근해 갈치배낚시는 항구에서 10~30분 거리에서 하므로 연료비가 싸고 그만큼 뱃삯도 싸다. 근해 배낚시의 선비는 5만~6만원으로 먼바다의 1/3 수준이다. 또 수심이 얕고 잔잔한 내해에서 낚시하므로 배멀미가 덜하며 낚시가 쉽다. 그리고 밤새 낚시해야 하는 먼바다 갈치배낚시와는 달리 오후 5~6시에 출항해 자정 무렵에 철수한다.

단점이라면 먼바다에 비해서 시즌이 짧고 갈치 씨알이 잘다는 것이다. 마릿수 조과는 오히려 근해가 나을 때도 있지만, 갈치들이 굵지 않기 때문에 어지간히 낚아서는 아이스박스를 채우기가 힘들다. 그나마 사이즈가 좋은 손가락 서너 개 굵기의 큰 갈치를 낚으려면 근해에선 10~11월이 되어야 한다.

그런데 자잘한 씨알의 갈치를 선호하는 낚시인들도 많다. 갈치를 뼈째 썰어서 회로 먹기

근해 배낚시에서 가장 많이 쓰이는 꽁치살 미끼.

엔 작은 갈치가 더 좋기 때문이다. 큰 갈치는 뼈를 제거해야 하기 때문에 갈치회 특유의 고소함이나 식감이 뼈회만 못하다. 물론 구이용이나 조림용으로는 큰 갈치가 좋은 것은 당연하다.

■ 장비
릴대와 민장대 모두 사용 가능

근해 갈치배낚시가 이뤄지는 곳은 수심이 얕은 편이다. 먼바다 갈치배낚시가 수심 100m 내외에서 이뤄지는 것과는 달리 근해 갈치배낚시는 깊어야 10~20m이다. 아주 깊다고 해도 30m가 넘지 않는다. 그래서 전동릴이나 갈치 전용 릴대 같은 전문 장비가 필요 없다. 그 대신 감성돔용 릴찌낚싯대나 바다용

근해 갈치배낚시 채비.
와이어목줄 채비에 케미를 달았다.

민장대로 갈치를 낚는데 현장에서는 다소 허름하다고 할 정도의 장비도 사용하고 있다. 릴찌낚싯대 대신 루어낚싯대를 사용해도 좋은데, 볼락루어대처럼 초리가 낭창해서 갈치가 입질할 때 초리가 그대로 쑤욱 내려가는 유연한 낚싯대라야 좋다. 낚싯대의 길이는 전혀 상관없으며 초리가 얼마나 유연하고 낭창한지가 중요하다.

릴은 1000~3000번 소형 스피닝릴을 쓰며 3호 내외의 나일론 원줄을 감으면 된다. 합사라면 1호면 충분하다.

주의할 점은 릴낚싯대는 반드시 가지고 가야 한다는 것이다. 민장대는 공략할 수 있는 수심이 5m 이내로 국한되기 때문에 좀 더 깊은 곳에서 갈치가 입질할 때를 대비해서 반드시 릴낚싯대가 있어야 한다. 낚시인들은

민장대로 갈치를
낚아낸 낚시인

목줄이 갈치의 이빨에 금방 끊어져 버리고 갈치가 물면 자주 엉키기 때문에 지금은 잘 사용하지 않는다.

만약 카드채비를 사용하려면 반드시 갈치 전용으로 제작한 것을 사용한다. 갈치전용은 카드채비라고 해도 바늘이 2~3개만 달려 있다. 낚시점에서 '릴용 갈치채비'라는 이름으로 판매한다. 갈치전용 카드채비는 목줄마다 바늘 연결부위에 튜브가 씌워져 있거나 갈치 이빨이 목줄에 닿지 않게 목이 긴 갈치 전용 바늘을 사용했으며, 긴 갈치가 물어도 채비가 엉키지 않도록 가지바늘 사이를 아주 길게 한 것들이 많다.

근해 갈치는 활성이 아주 좋다고 해도 먼바다처럼 한 번에 많은 양이 왕창 입질하지 않기 때문에 바늘을 많이 달 필요가 없다. 튼튼한 외바늘채비를 한두 개 연결해서 사용하는 게 좋다. 와이어로 만든 목줄은 갈치의 이빨에 끊어지지 않고 한 번 달아두면 시즌 내내 사용할 수 있는 것이 장점이다.

■기타 소품
케미컬라이트나 LED 집어등은 필수

갈치 채비에 가장 중요한 요소가 바로 케미컬라이트다. 갈치가 배의 집어등 불빛에 직접 반응하기도 하지만, 남해안 내만의 경우 물색이 아주 탁하기 때문에 갈치에게 어필할 수 있는 불빛을 수중에서 내기 위해 목줄에 케미컬라이트나 집어등을 달아주어야 한다. 예전에는 4mm 케미컬라이트를 주로 사용했지만, 최근에는 갈치 배낚시 전용으로 출시된 LED 전구로 만든 소형 집어등이 인기를 끌고 있다. 아주 밝아서 갈치 집어에 도움이 되며 목줄을 삽입해 쉽게 연결해서 사용할 수 있기 때문에 이제는 근해와 먼바다 할 것 없이 갈치배낚시의 필수품이 되었다.

■미끼
꽁치살을 가장 선호

근해 갈치배낚시용 미끼도 먼바다와 마찬가지로 싱싱한 생선살을 사용하고 있다. 경남에서는 꽁치살, 전남에서는 냉동 빙어를 주로 사용했는데, 최근에는 구하기 쉽고 값이 싼 꽁치살을 선호하고 있다. 꽁치살은 일정한 크기로 잘라져 있는 미끼용을 낚시점에서 구입해서 사용한다. 시장에서 꽁치를 구입해서 직접 잘라 사용하려면 살이 물러져서 잘 썰리지 않고 살도 금방 풀어져서 미끼로 사용하기 불편하다.

그 외 낚시 중에 걸려든 잡어를 썰어서 쓰기도 한다. 낚시 중에 보구치, 전갱이, 고등어, 전어 혹은 갈치를 낚으면 그것을 잘라서 미끼로 쓰는데, 제법 효과가 좋다. 낚시를 하다가 갑자기 입질이 끊기면 써볼 수 있는 현장 미끼들이다.

■테크닉
**중층부터 공략, 피어오르면
민장대로 속전속결**

근해 갈치배낚시는 릴대와 민장대를 적절히 활용하는 것이 중요하다. 낚싯배에 자리를 잡고 릴낚싯대 2대를 펴거나 릴낚싯대 한 대와 민장대 한 대를 펴는 것이 보통이다. 낚시

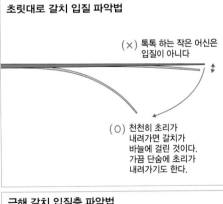

초릿대로 갈치 입질 파악법

(x) 톡톡 하는 작은 어신은 입질이 아니다

(O) 천천히 초리가 내려가면 갈치가 바늘에 걸린 것이다. 가끔 단숨에 초리가 내려가기도 한다.

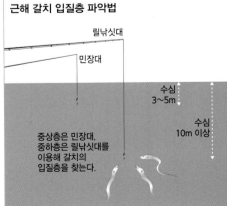

근해 갈치 입질층 파악법

릴낚싯대

민장대

수심
3~5m

수심
10m 이상

중상층은 민장대,
중하층은 릴낚싯대를
이용해 갈치의
입질층을 찾는다.

보통 릴낚싯대 2대와 민장대 2대를 준비해 가서 현장에서는 릴낚싯대와 민장대를 2~3대 함께 펼쳐놓고 낚시를 한다.

일부 낚싯배에서는 캐스팅용 갈치루어 장비를 사용하기도 한다. 릴대와 민장대를 낚싯배에 여러 대 거치해둔 상황이라면 루어를 캐스팅하는 것이 어렵지만, 공간이 충분하다면 주변의 낚시인들에게 양해를 구하고 루어 장비를 사용할 수 있다. 낚시하는 방법은 연안 루어낚시와 동일하다.

■채비
와이어목줄 외바늘채비 선호

원줄에 3~15호 고리봉돌을 달고 고리봉돌에 와이어로 묶은 외바늘 채비를 연결한다. 와이어로 직접 제작해서 쓰는 사람도 있지만 대부분 와이어로 만들어 판매하는 것을 사용한다. 와이어 채비는 낚시점에서 '갈치외바늘채비'로 불리는데 3개들이 한 봉지에 3천 원이며 한 봉지면 밤새 쓸 수 있다. 예전에는 카드채비를 사용하기도 했으나 카드채비의

인이 적어 공간이 넉넉하면 릴낚싯대 2대와 민장대 1대를 펴기도 한다.

이렇게 릴낚싯대와 민장대를 함께 펴는 이유는 갈치가 입질하는 수심층을 빨리 파악하기 위해서이다. 민장대는 5m 내외를 노린다. 릴낚싯대는 바닥까지 채비를 내릴 수 있으므로 더 깊은 곳을 노려준다. 민장대로 수심 5m 내외를 노린다면, 릴대로 수심 10m 내외를 노리는 식이다. 민장대가 없다면 릴대 2대로 다른 수심을 노려주면 된다.

근해 갈치는 바닥에서 입질하는 경우가 드물고, 특히 낚싯배에서 집어등을 밝혀주기 때문에 갈치가 중층으로 떠오른다고 믿고 낚시를 시작하는 편이 낫다. 낚시를 시작했을 당시에는 바닥에서 입질이 들어오더라도 바닥 입질은 금방 끝나고 마는데, 갈치가 중상층으로 부상했기 때문이다. 갈치는 수시로 입질층이 바뀌기 때문에 입질이 오다가 끊기면 부지런히 다른 수심층을 찾아야 한다.

민장대가 필요한 이유는 갈치가 중상층으로 피어올랐을 때 릴낚싯대보다 더 빨리 입질을 파악하고 빨리 걷어 올리기 쉽기 때문이다. 민장대는 여성이나 초보자도 쉽게 다룰 수 있다. 주의할 점은 민장대의 길이보다 낚싯줄을 조금 짧게 묶어야 고기를 끌어내기 수월하다는 것이다. 낚싯줄을 너무 길게 묶으면 낚싯대가 휘어지면서 채비도 늘어져서 갈치를 들어올리기 어렵게 된다. 결국 한 손으로 줄을 잡고 갈치를 올려야 하는데, 그렇게 되면 번거로워지므로 처음부터 단숨에 갈치를 들어 올릴 수 있도록 대보다 줄 길이를 1m쯤 짧게 묶는 것이 좋다.

빠르고 강한 챔질은 금물

처음 낚시를 할 때 중층을 노리다가 중층에서 입질이 없으면 릴낚싯대 채비를 서서히 바닥으로 내려 본다. 반대로 민장대는 조금씩 들어 올려서 상층에 갈치가 있는지 탐색한다. 그렇게 해서 먼저 입질을 받는 쪽에 낚시를 집중하면 된다. 릴대의 경우 갈치가 집어등에 반응해 완전히 상층으로 피어오르면 무용지물이 되는 경우가 생기기도 하는데, 그럴 때는 릴대도 민장대와 같은 방법으로

수심을 고정해놓고 쓰는 것이 좋다.

갈치의 입질층을 찾으면 마릿수 조과에 도전한다. 그런데 갈치배낚시를 처음 접하는 초보들이 가장 어려워하는 부분이 바로 입질 파악이다. 갈치는 길고 가는 주둥이에 달린 강한 이빨로 먹이를 쪼아서 먹기 때문에 아주 약한 입질이 계속해서 들어오는 경우가 많다. 마치 칼로 고기를 난도질한 후에 삼키는 것과 같다고 할 수 있는데, 이렇게 갈치가 고기를 썰고 있을 때 챔질을 하면 거의 100% 헛챔질로 이어진다.

헛챔질을 하지 않기 위해서는 갈치가 미끼를 완전히 삼킬 때까지 기다려야 한다. 초리가 톡톡 하며 움직일 땐 챔질하지 말고 초리가 완전히 아래로 쑤욱 내려갔을 때 살짝 챔질해서 갈치를 들어 올리면 된다. 갈치낚싯대 초리가 부드러워야 하는 이유가 여기에 있다. 초리에 입질이 오면 긴장하지 말고 조금 늦다 싶을 정도로 여유 있게 낚싯대를 들어야 헛챔질을 줄일 수 있다. 단, 강한 챔질은 금물이다. 갈치가 바늘에 설 걸리는 수가 많아서 강하게 챔질하면 바늘에서 갈치가 떨어지는 일이 종종 생긴다.

전층에서 입질 올 땐 수심 3~4m만 공략

갈치를 마릿수로 낚는 비결은 앞서 말한 빠른 입질층 파악과 헛챔질 줄이기이다. 그 다음은 속전속결을 위한 몇 가지 요령을 익혀야 하는데, 고수들이 공통적으로 말하는 몇 가지 비결이 있다.

첫째 미끼를 자주 갈지 말 것. 낚시인들 중엔 항상 새 미끼를 써야 한다고 강조하는 낚시인들이 있는데, 갈치가 많은 곳에서는 바늘에 꽁치살이 조금만 붙어 있어도 입질을 하기 때문에 매번 새 미끼로 갈아줄 필요가 없다. 꽁치살 하나로 적어도 서너 마리를 낚은 후에 미끼를 교체하며, 갈치가 입질해서 너덜너덜해진 꽁치살은 매만져서 다시 바늘에 끼운 후 그대로 사용하는 것이 좋다. 2~3대의 낚싯대에 동시에 입질이 들어오고 있는데, 미끼를 갈다가 아까운 시간을 다 보내면 마릿수 조과를 거두기 힘들다. 입질이 올 때 최대한 빨리 갈치를 올리고 다시 채비를 던

져야 한다.

둘째 바늘 제거에 시간을 허비하지 말 것. 잔인하게 들리겠지만, 갈치낚시 고수들은 갈치를 낚아 올리면 갈치의 주둥이가 상하든 말든 바늘을 무지막지하게 뽑아버린다. 그것이 바늘을 빨리 편하게 뽑는 방법이라는 것이다. 바늘을 뽑는 요령은 장갑을 낀 손으로 갈치를 꽉 쥐고 목줄을 잡고 순간적으로 힘껏 당기면 '툭'하고 바늘이 빠진다. 슬그머니 당기면 절대 빠지지 않으며 순간적으로 당겨야 주둥이가 찢어지며 바늘이 나온다. 머리에서 피가 나면 보기엔 좋지 않지만 자동으로 피를 빼는 효과까지 볼 수 있다.

셋째 전층에서 입질이 골고루 들어온다면 수심 3~4m권에 집중할 것. 너무 상층을 노리면 갈치의 예민한 입질 때문에 힘들어지며, 깊은 곳을 노리면 채비를 올리고 내리는 데 시간을 많이 쓰기 때문에 효율적이지 못하다. 채비를 바로 내리고 올릴 수 있는 수심 3~4m가 속전속결하기 가장 좋은 수심대이다.

넷째 가능한 많은 낚싯대를 펼 것. 낚싯배에 타면 1인당 2개의 받침대를 사용하는 것이 보통인데, 소나기 입질이 오는 상황에서 2대만 사용하기는 조금 아쉬울 수 있다. 그럴 땐 손에 한 대를 더 들고 있다가 입질이 오는 낚싯대와 교체해가며 낚시하면 더 많은 마릿수 조과를 거둘 수 있다.

민장대 110% 활용법

갈치는 보기보다 입질이 예민하다. 초리만 '톡톡' 하다가 입질이 끝나는 경우도 많다. 그럴 때는 입질 후 채비를 물속으로 더 깊이 내려주어 갈치가 미끼를 완전히 삼키도록 해야 하는데, 이런 동작을 매번 반복하려면 민장대를 쓰는 것이 더 수월하다. 입질이 오면 손으로 지그시 민장대를 눌러 초리를 내려주면 된다. 이렇게 하면 초리가 단숨에 쑥 내려가는 입질이 오는데, 그때 낚싯대를 들어 올린다.

참고로 낚싯배 집어등의 불빛이 끝나는 지점이 수심 3~4m이므로 그 수심에서 갈치가 가장 잘 낚이는데 민장대가 그 수심에 맞추기 딱 좋다. 갈치는 집어등의 불빛이 흐려져 어두워지는 지점에서 대기하다가 그 위의 밝은 곳을 지나가는 먹이를 발견하고 덮치는 식으로 사냥하기 때문이다. 갈치를 아주 상층으로 피워 올렸을 때 갈치의 입질이 극도로 예민해지는 이유가 바로 갈치가 숨을 어두운 곳이 없기 때문이다.

추천 근해 배낚시용품

●낚싯대

바낙스 | 그랜드 레이온 투 GRAND RAYON Ⅱ

보급형 감성돔 릴낚싯대로서 근해 배낚시용 장비로도 적합한 모델이다. 일체형 릴시트를 적용해 조작이 편하고 무게가 가벼워 다루기 쉽다. 줄붙음 방지 도장 처리를 해서 채비 엉킴이 적다. 배낚시는 물론 갯바위에서도 쓸 수 있는 1호대가 갈치용으로 알맞다.

품 명	전체 길이(m)	접은 길이(cm)	마디 수	선경(mm)	원경(mm)	중량(g)	가격
1-530	5.3	116	5	0.7	22.1	222	11만5천원

엔에스 | 크로져 스틱 CLOSER STICK

허리힘이 좋으며 초릿대가 탄력이 있어 입질을 파악하기 쉽다. 염기와 생활 기스에 강한 황염보호 도장 처리를 했으며 강화 카본 소재를 채용해 내구성이 뛰어나다. 4.3, 5.3, 6.3, 7.2m 네 가지 모델이 출시되어 있으며 이중 4.3, 5.3m 제품이 좁은 낚싯배에서 다루기 좋은 길이다.

품 명	전체 길이(m)	접은 길이(cm)	마디 수	선경(mm)	원경(mm)	무게(g)	가 격
430	4.3	118	4	0.7	17.9	83	11만원
530	5.3	118	5	0.7	18.9	128	12만1천원

●릴

바낙스 | 브리츠 BRITZ

베어링이 7개 들어 있어 핸들이 부드럽다. EVE 핸들노브를 채용해 파지감이 좋으며 핸들 위치를 좌우 바꿀 수 있다.

품 명	기어비	무게(g)	권사량(호-m)	가 격
1000	5.2:1	310	4-150, 5-120	5만3천원

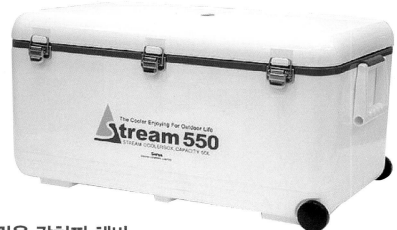

거상코리아 | 스트림 550

55리터 용량의 아이스박스로서 500ml 생수병이 40개가 들어간다.
낚시인이 촘촘히 앉는 근해 배낚시에서 사용하기 알맞은 크기다.
색상은 흰색이며 무게는 약 7.3kg, 크기는 가로 775mm, 세로 375mm,
높이 280mm다. 가격은 20만원.

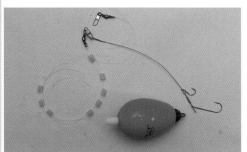

BKC | 릴용 칼치찌 채비

케미를 꽂을 수 있는 구멍찌와 와이어 목줄이 세트로 구성된
채비다. 방파제, 근해 배낚시에서 모두 사용하는 채비로서
원줄에 스냅도래를 연결해 사용한다. 전체 길이는 1.7m이며
20cm 길이의 와이어 목줄이 달려 있다. 가격은 2천원.

BKC | 장대용 갈치전용 채비

민장대, 릴낚시에 두루 쓰인다. 와이어 목줄이 달려 있다.
바늘 크기에 따라 7, 8, 9, 10, 12호로 나누어 판매되며 가격은 2천원.

아가미 | 스타라이트 4mm 막대형 케미

배낚시 채비엔 목줄에 케미를 달 수 있도록 고무가 달려 있다.
보통 두 개를 달게 되는데 밝을수록 집어가 잘 되기 때문에
흐릿하다 싶으면 갈아주어야 한다. 4~4.5mm 막대형을
주로 사용한다. 가격은 2개들이 한 봉지에 3백~5백원.

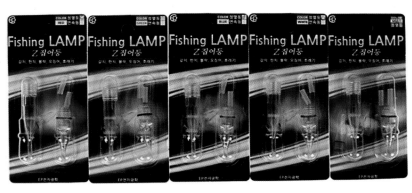

이피전자광학 | Z집어등

8cm 길이의 소형 집어등으로서 케미를 달듯 목줄의 케미고무에
낄 수 있다. 케미보다 밝고 다양한 색상이 있어
입질 유도 효과가 크다. 전자케미에 쓰는 초소형 전지를
사용하며 레드, 그린, 블루, 화이트, 멀티 5가지가 있다.
일반형은 3천원. 점멸형은 4천원, 오색 멀티형은 5천원이다.

전국 최대 관광낚시체험 코스

목포 앞바다
좌대 & 배낚시

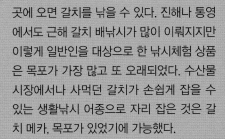

전남 목포는 우리나라에 갈치낚시 붐을 일으킨 곳이다. 목포 내만 삼호방조제 앞바다에서 대규모 갈치 어군이 발견된 2000년대 초반부터 수도권을 비롯한 전국의 낚시인들이 목포로 몰려들었다.

목포지역 갈치 배낚시의 큰 특징은 방조제 코앞의 바다에 바지선과 낚싯배를 띄워놓고 손님을 수시로 태우고 내리는 '정박낚시'라는 것이다. 한번 타면 철수할 때까지 내리지 못하는 타 지역의 배낚시와 달리 정박형 좌대나 낚싯배에서 뭍으로 왕래하는 소형 도선을 이용해 자신이 원하는 시간에 철수할 수 있다. 배가 장거리를 항해하지 않고 낚시터가 극히 잔잔한 내만이라서 멀미 걱정도 없다. 낚싯대를 비롯한 장비와 미끼도 대여해주므로 낚시 낚자도 모르는 일반인들까지 이

곳에 오면 갈치를 낚을 수 있다. 진해나 통영에서도 근해 갈치 배낚시가 많이 이뤄지지만 이렇게 일반인을 대상으로 한 낚시체험 상품은 목포가 가장 많고 또 오래되었다. 수산물 시장에서나 사먹던 갈치가 손쉽게 잡을 수 있는 생활낚시 어종으로 자리 잡은 것은 갈치 메카, 목포가 있었기에 가능했다.

그러나 목포는 2000년대 후반부터는 갈치 자원이 줄어들면서 현재는 출조객 수가 예전만은 못한 상황이다. 이렇게 손님이 준 이유는 줄어든 갈치 자원 때문만은 아니다. 정박형 좌대와 낚싯배에 너무 많은 손님을 태웠고 또 낚시는 뒷전이고 '먹자판'으로 흘러가는 분위기도 많아 비판이 일었다. 그래서 최근엔 목포도 변화의 바람을 맞고 있다. 낚시 공간을 넓히고 수세식 화장실을 설치하는 등 낙후된 시설을 개선하고 있으며, 또 정박낚시 외에 낚시를 전문으로 하는 배낚시도 점차 활기를 띠고 있다.

평화의 광장, 삼호방조제 앞에서 정박낚시

목포 지역 배낚시 시즌은 8월부터 10월까지다. 11월까지도 손님을 받기는 하지만 11월 초면 시즌이 마감된다고 보면 맞다. 8월엔 2지 정도의 씨알이 낚이지만 마릿수가 많지 않기 때문에 바람 쐬는 기분으로 정박낚시를 즐기는 사람들이 많다. 본격 마릿수 시즌은 9월과 10월이다. 이때엔 2지 반에서 3지 씨알이 낚인다. 9~10월엔 회사 야유회나 동호회 출조 등 단체 예약이 많아 주말 출조를 하려면 일주일 전에는 미리 예약해야 한다.

목포를 찾는 낚시인들의 출조 패턴을 보면 정박해있는 좌대와 낚싯배를 이용하는 인구가 90%, 이동식 배낚시 인구가 10% 정도다. 정박낚시를 즐기는 인구가 압도적으로 많고 그 인구는 전문 낚시인보다 일반인들이 많다.

정박낚시나 배낚시 모두 출조비를 내면 낚싯대와 미끼, 채비를 무료로 제공해준다. 좌대낚시는 4만원(어린이 2만원), 배낚시는 6만원의 출조비를 받는다. 배낚시의 경우, 채비나 미끼를 준비해오면 5만원의 뱃삯만 받는

목포 앞바다의 좌대낚시 모습. 수십 명이 낚시할 수 있는 규모를 갖추고 있다.

다.
정박낚시는 영산강하구언 앞인 목포 평화의 광장 앞, 삼호(영암, 별암, 금호)방조제 앞, 해남 별암리 앞바다에서 이뤄지고 있다. 이곳이 가장 갈치가 잘 낚이기 때문인데, 포인트를 옮겨가며 하는 배낚시도 다 이 주변을 돌면서 갈치를 잡는다.

정박낚시에서 좌대, 낚싯배 비율은 반반인데 좌대가 점점 늘어나고 있는 추세다. 평화의 광장 앞과 삼호방조제 앞은 각각 30~40척, 해남 별암리는 10여 척이 운영 중이다. 포인트를 옮겨가며 하는 배낚시는 목포 북항에서 출항하며 10여 척이 운항 중이다.

채비와 미끼는 무료제공, 식사는 개별 준비해야

정박낚시는 오후 3~4시부터 손님을 태우기 시작해 다음날 6시까지 운영된다. 중간에 철수하고 싶으면 관리자나 선장에게 얘기를 하면 되는데, 한 번 내리면 다시 탈 수 없다. 식사는 낚시인이 개별적으로 준비해야 하는데 좌대나 낚싯배와 연결되어있는 식당이 있어 주문하면 배를 이용해 음식을 배달해준다. 육지가 바로 코앞인 거리에 좌대와 낚싯배가 떠있기 때문에 가능한 일이다. 또 낚은 갈치

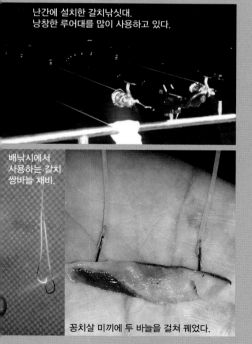

난간에 설치한 갈치낚싯대.
낭창한 루어대를 많이 사용하고 있다.

배낚시에서 사용하는 갈치 쌍바늘 채비.

꽁치살 미끼에 두 바늘을 걸쳐 꿰었다.

는 좌대 관리자나 선장에게 부탁하면 무료로 회를 썰어준다.

이동식 배낚시는 목포 북항에서 출항한다. 대개 오후 6~7시에 손님을 태우고 출항하면 새벽 2~4시에 철수한다. 정박낚시가 이뤄지는 내만권을 돌면서 낚시가 이뤄지며 정박낚시보다 먼 거리에서 포인트를 잡는다. 보통 하룻밤에 두세 번 정도 포인트를 옮기는데 포인트가 정해지면 닻을 내리고 낚시를 한다. 배낚시 역시 식사는 개인이 준비해야 하며 식사를 주문하고 싶으면 예약할 때 미리 얘기해야 한다. 식사비는 6천원이다.

목포 갈치 킬러, 쌍바늘채비

좌대나 낚싯배에서 무료로 대여해주는 낚싯대들은 짧고 뻣뻣한 릴대가 많은데, 낚시인들은 낭창한 배스대나 볼락대를 구입해서 사용한다. 갈치 입질이 예민해서 뻣뻣한 릴대가 표현하지 못하는 입질까지 연질 루어대는 잡아주기 때문이다. 낚싯대는 한 사람당 두 대 설치하는 게 보통인데 진해나 삼천포처럼 민장대를 사용하지는 않는다.

채비는 6호 구멍봉돌을 끼운 5~6호 원줄에 도래를 연결하고 80cm 길이의 와이어 목줄을 두 개 달아 쓴다. 정박낚시에선 목줄에 케미를 두 개 정도 달아 쓰고 배낚시에선 케미 대신 원줄 밑에 집어등을 달아 쓴다. 집어등을 달아 쓸 때엔 케미를 별도로 달지 않으며 집어등은 개인별로 준비해야 한다.

미끼는 예전엔 미꾸라지, 냉동빙어를 사용했지만 요즘엔 냉동꽁치로 대부분 바뀌었다. 좌대나 낚싯배의 선원이 미끼를 썰어서 제공해준다. 미끼는 두 바늘에 하나씩 달기도 하지만 꽁치살 하나에 두 바늘을 모두 꿰어 쓰기도 한다. 미끼 하나에 쌍바늘을 다는 방법은 입질 빈도가 높고 챔질 확률도 높다고 해서 이를 선호하는 낚시인이 늘고 있다.

예신 후 1분 정도 여유 갖고 확실한 본신에 챔질

낚시하는 곳의 바닥수심은 10~20m인데 갈치 입질은 3~10m 수심에서 잘 들어온다.

이동식 근해 배낚시에서 거둔 마릿수 갈치 조황.

갈치 좌대를 찾은 가족 낚시인.

처음엔 10m 정도 수심부터 노려보고 조금씩 수심을 얕게 조절하며 입질을 기다리고 주변에 갈치를 낚은 사람이 있으면 수심을 물어 보아 그 수심에 맞춰 낚시를 하면 된다. 챔질 타이밍은 첫 입질 후 1분 정도를 기다렸다가 챔질한다고 생각할 정도로 아주 여유 있게 한다. 입질은 톡톡 하는 예신이 들어온 후 큰 폭으로 내려가는 본신으로 나타나는데 낭창한 루어대를 쓸 경우 입질에 따라 낚싯대를 숙여주면서 미끼를 완전히 가져갈 때 살짝 들어주는 식으로 챔질한다.

목포 갈치배낚시 주요 출조점

가이드낚시 010-3623-4001
목포낚시도우미 010-9622-7777
동진골드호 010-8610-9384
명인낚시 010-3599-5629
목화낚시 010-3865-1476
유달호   010-8797-2733
천사피싱 010-4622-2232
평화낚시 010-5631-5671
포인트낚시 010-4920-1234
VIP낚시   010-7656-1279

가을 밤바다에서 올린 갈치의 추억!
진해 배낚시에서 낚은 갈치를 들고 기념촬영하고 있다.

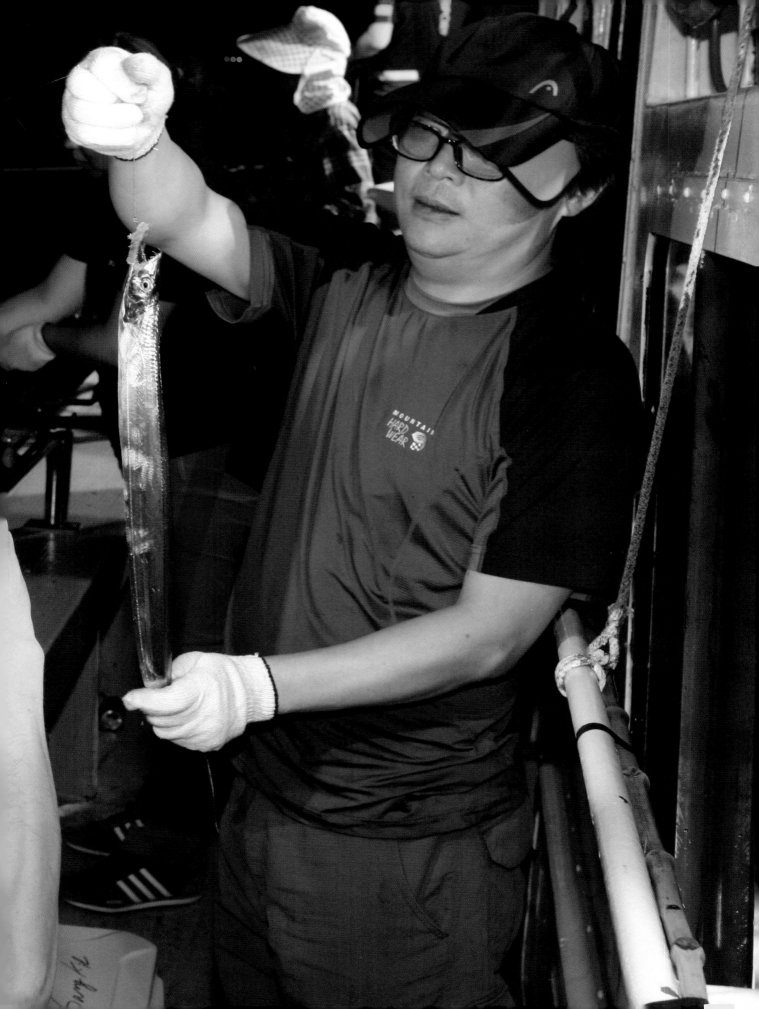

목포 제치고
최대 갈치 낚시터로 부상

진해 앞바다 배낚시

경남 진해(창원시 진해구)는 목포와 더불어 갈치낚시 양대 메카로 불린다. 2007년 전후에는 목포가 근해 배낚시의 중심지였지만, 2010년 이후로는 진해가 중심지로 바뀌었다. 그 이유는 목포의 갈치 조황은 점점 떨어지는 데 비해 진해 앞바다의 갈치 조황은 꾸준히 유지되고 있기 때문이다.

진해만은 8월부터 11월 말까지 갈치가 낚이는데, 10월 이후에는 손가락 3개 굵기의 갈치들이 낚이며 피크 시즌을 맞이한다. 진해에는 갈치낚시를 나가는 낚싯배가 셀 수 없을 정도로 많다. 진해에는 용원, 안골, 행암, 제덕동 등 크고 작은 포구가 여러 개 있는데, 이곳의 낚싯배를 모두 모으면 낚시점에서 정기적으로 운항하는 낚싯배만 20척이 넘으며 비정기적으로 갈치 시즌에만 영업하는 어선들도 수십 척에 이른다. 갈치 시즌이면 밤마다 집어등을 밝힌 갈치낚싯배들이 진해 앞바다부터 멀리 거가대교 일대까지 곳곳에 퍼져 있는 것을 쉽게 볼 수 있다.

진해의 갈치배낚시가 인기를 오래 유지할 수 있는 이유는 다른 지역에 비해 꾸준한 조황을 보이기 때문이다. 갈치가 풍년인 해와, 그렇지 못한 해가 있지만 매년 8월부터 11월까지는 낚싯배들이 차질 없이 영업할 수 있는 충분한 양의 갈치가 들어온다. 시기적으로 구분하면 8월에는 라이터 굵기의 작은 풀치들이 낚이며 9월에는 손가락 두세 개 굵기가 섞여 낚이다가 10월 이후에는 손가락 세 개 굵기의 갈치들이 주로 낚인다. 시간이 갈수록 갈치의 사이즈가 점점 굵어지는데, 11월 시즌이 끝날 무렵에는 진해에서 조금 바깥으로 빠진 거가대교 일대에서 손가락 네 개 굵기의 갈치들도 심심치 않게 낚인다.

채비에 고휘도 집어등 체결은 필수

진해 갈치배낚시는 출조 패턴이 정해져 있다. 출조는 오후 5시나 6시에 하며 선비는 가까운 곳은 5만원, 먼 곳은 6만원 이상을 받는다. 선장의 판단에 따라 가까운 곳에서 낚시하기도 하고 가끔 낚시인들과 선비를 협의해서 통영이나 거제 먼 바다로 나가기도 한다. 낚시하는 방법은 여느 근해의 갈치배

진해 앞바다에서 거둔 갈치 조황을 보여주고 있는 낚시인.

진해의 가을 밤바다 풍경. 집어등을 켠 갈치 낚싯배들이 밤을 밝히고 있다.

포인트로 향하고 있는 갈치 낚싯배. 육지에서 20~30분 떨어진 곳에서 낚시한다.

갈치를 노리고 있는 낚시인들. 보통 10~20m 수심에 닻을 내리고 낚시한다.

낚시와 다르지 않다. 수심 10~20m 포인트에서 닻을 내리고 낚싯배를 고정한 상태에서 릴낚싯대나 민장대를 이용해 갈치를 낚는다. 채비는 외바늘채비에 미끼는 꽁치살을 쓴다. 진해는 물색이 진한 녹색이나 황토색에 가까울 정도로 심하게 탁한 경우가 많기 때문에 갈치가 미끼를 쉽게 찾을 수 있도록 갈치의 시각을 자극할 수 있는 고휘도 집어등을 채비에 달아주는 것이 필수 테크닉이다. LED 전구로 만든 집어등이 유행하고 있는데, 깊

낚시를 잠시 쉬고 갈치회를 즐기고 있는 낚시인들. 진해는 전국 최고의 선상음식서비스를 자랑한다.

은 곳을 노릴수록, 갈치의 활성이 떨어질수록 효과를 볼 수 있기 때문에 꼭 구비해야 한다.

채비를 내리면 우선 갈치가 어느 수심에서 입질하는지부터 찾아야 한다. 두 대의 낚싯대를 사용해서 채비를 중층 정도로 내린 후에 입질이 없으면 한 대는 채비를 바닥으로 더 내려보고, 한 대는 조금씩 올리면서 상하층을 동시에 탐색해 나가야 한다. 낚싯배의 집어등 불빛에 자잘한 베이트피시가 몰려 갈치가 반응하기 시작하면 갈치들은 대부분 수심 5m 이내로 몰려서 입질하므로 시간이 지나면 중상층에 집중해서 낚시하는 것이 유리하다. 갈치의 활성이 너무 좋아 갈치가 수심 1~2m까지 피어오르면 오히려 낚시가 잘 안되는데, 그땐 선장이 집어등을 잠시 끄기도 한다. 이럴 때도 꾸준히 수심 5m 내외를 노려주면 된다. 다시 집어등을 켜면 갈치들이 배 밑으로 숨거나 바닥으로 가라앉기도 하므로 갈치가 숨을 곳을 예상하고 채비를 내리면 된다.

선상에서 즐기는 갈치회 일품

진해 갈치배낚시의 또 다른 매력이 있다면 선상에서 즐기는 갈치회일 것이다. 갈치회는 낚시로 갓 낚은 갈치로 만들어야 하고 뼈째 먹기 위해서는 손가락 두세 개 굵기여야 하는데, 진해에서 낚이는 갈치들이 뼈회용으로는 아주 제격이다. 진해는 낚싯배가 많은 만큼 선장들 간의 경쟁도 치열해서 낚시인들에게 제공하는 서비스가 전국에서 최고라고 할 정도로 훌륭하다. 갈치회는 기본이며, 갈치 물회와 회무침에 각종 밑반찬을 곁들인 식사가 무료로 제공된다. 진해를 찾는 낚시인들 중에는 갈치 조과에는 큰 관심이 없고 선장이 썰어주는 회를 먹기 위해서 낚싯배를 타는 이들도 더러 있을 정도다. 단돈 5만원에 싱싱한 갈치회를 즐기고 덤으로 갈치를 가져갈 수도 있으니 결코 손해 보는 일은 아니라는 것이다. 직장 단체나 동호회에서 야유회나 모임으로도 많이 출조하고 있다.

진해 갈치배낚시는 생초보라도 별 어려움 없이 즐길 수 있다. 낚시를 해보지 않아도, 장

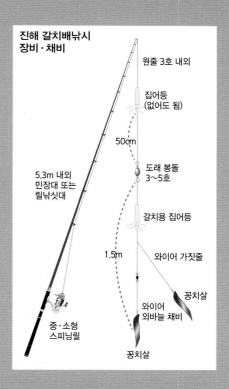

진해 갈치배낚시 장비·채비

원줄 3호 내외

집어등 (없어도 됨)

50cm

5.3m 내외 민장대 또는 릴낚싯대

도래 봉돌 3~5호

갈치용 집어등

와이어 가짓줄

1.5m

꽁치살

와이어 외바늘 채비

중·소형 스피닝릴

꽁치살

비가 없어도 출조할 수 있다. 방법은 아주 간단하다. 선장에게 낚시를 처음 한다고 말하면 채비를 모두 만들어주고 입질을 보는 방법도 설명해준다. 낚시인은 자리를 잡고 선장이 시키는 대로만 하면 된다. 요령이 있다면 자잘한 어신은 무시하고 초리가 큰 폭으로 내려가는 확실한 어신에만 챔질하면 된다는 것이다.

진해 갈치배낚시 주요 출조점

경화낚시 010-5150-4095
대교낚시 010-4573-3242
대박낚시 055-547-2145
대성낚시 010-4844-0011
덕성낚시 010-9776-7944
동성낚시 010-2834-3192
등대낚시 055-547-2145
반도낚시 010-5273-6554
안골낚시 010-3849-2460
왕낚시 (055)544-4141
유경낚시 010-5289-5856
코만도피싱 (055)541-5007
포인트낚시 010-9341-4545

화력발전소 앞이 명당,
9월부터는 두미, 욕지도까지
삼천포 앞바다 배낚시

삼천포는 목포, 진해와 더불어 근해 갈치배낚시의 3대 낚시터 중 하나다. 매년 8월 중순경부터 갈치 시즌이 시작돼 11월 중순까지 지속되며 시간이 지날수록 갈치 씨알은 굵어진다. 초반에는 삼천포화력발전소 앞 내만에서 배낚시를 하다가 9월이 되면 두미도, 욕지도 등 외해까지 나간다.

시즌

8월 중순경부터 시작되는 삼천포 갈치 배낚시는 11월 중순까지도 가능하지만 10월 말까지를 씨알과 마릿수를 모두 겸할 수 있는 호시즌으로 본다. 시즌 초반인 8월 중순~9월 초순에는 주로 2지급이 올라오다가 9월 중순에 접어들면 3지급이 많아진다. 이후 10월을 넘기면 3지급이 주류를 이루고 드물게 4지급도 낚인다.

8월에는 내만에서 갈치를 낚고 9월을 넘기면 욕지도와 두미도 등 외해에서도 갈치낚시가 잘 되는데 외해 배낚시에서는 4지급 이상도 자주 낚을 수 있고 마릿수 조과도 뛰어나다. 다만 갈치낚시가 생활낚시이다보니 낚시인들이 가깝고 뱃삯이 싼 내만에서 낚시하기를 원하기 때문에 주로 삼천포화력발전소 주변에서 낚시가 이루어진다.

출조 패턴과 비용

갈치낚시 시즌에 돌입하면 주의보만 내리지 않으면 삼천포의 거의 모든 낚싯배가 매일 갈치배낚시 출조에 나선다. 오후 7시에 출항해 밤 12시나 새벽 1시경 철수한다. 포인트인 삼천포화력발전소까지는 15분 정도 걸린다. 출조비는 삼천포화력발전소 일대는 1인당 5만원, 욕지도와 두미도권 먼바다는 8만원을 받는다. 낚시 중 커피, 물, 얼음 등은 선장이 제공하며 밤 12시경 낚은 갈치회와 라면 등으로 야참을 즐긴 후 철수한다.

장비와 채비

삼천포 갈치 배낚시 채비는 매우 단순하다. 사진에서 보듯 구멍봉돌(혹은 도래봉돌로 연결)을 원줄에 끼워 넣은 후 도래를 묶고 바늘이 달린 목줄을 연결하면 기본 채비가 끝난다. 도래봉돌은 조류의 세기와 수심에 따라 무게가 달라지는데 낚시터 수심이 11~13m인 삼천포 근해에서는 5호 구멍봉돌을 많이 쓴다. 목줄은 카본사 5호가 적당하다. 이보다 가늘면 갈치가 물었을 때 날카로운 갈치 이빨에 잘려나갈 수 있어 보통 5호를 많이 쓴다. 목줄 길이는 1m가 적당하다. 목포 갈치 배낚시에서는 목줄을 두 가닥씩 달아 쓰기도 하지만 삼천포에서는 한 가닥만 쓴다. 바늘은 갈치 전용바늘 10호나 볼락바늘 12호를 쓴다. 굵고 튼튼한 갈치 전용 바늘은 출항지 인근 낚시점이나 출조점에서 구입 가능하다. 전문가들이 즐겨 쓰는 볼락바늘은 갈치바늘보다 가늘지만 날카로워 걸림이 잘 되는 장점이 있다.

목줄에 케미라이트나 집어등을 달면 한결 빠르고 잦은 입질을 받을 수 있다. 목줄에 바늘을 묶기 전 케미라이트 고정 고무를 끼운 후 케미라이트를 끼워 고정시킨다. 위치는 바늘에서 30cm 정도 위쪽이면 적당하다. 낚시인에 따라 케미라이트를 두 개 내지 세 개까지 다는 경우가 있는데 실제로는 한 개만 달아도 충분하다.

*근해 갈치낚시는 먼바다 갈치낚시보다 얕은 수심을 노리기 때문에 목줄에 다는 집어등의 효과가 크지 않다는 견해도 있다. 그래서 단골 낚시인들은 집어등을 달지 않고 낚시하는 경우를 종종 볼 수 있다.

낚싯대는 두 대가 기본

낚싯대는 릴대와 민장대를 모두 사용하는데 어떤 것을 써도 2대 정도가 적합하다. 갈치

삼천포에서 근해 갈치 배낚시가 주로 이뤄지는 삼천포화력발전소 앞.

삼천포 앞바다에서 낚은 갈치를 들어 보이는 낚시인.

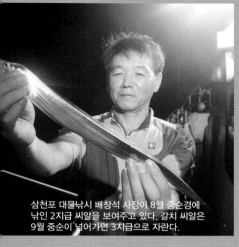

삼천포 대물낚시 배창석 사장이 8월 중순경에
낚인 2지급 씨알을 보여주고 있다. 갈치 씨알은
9월 중순이 넘어가면 3지급으로 자란다.

삼천포의 갈치채비. 구멍봉돌에 끼운
원줄에 외바늘 채비를 연결했다.

삼천포에서 많이 쓰는 10호
갈치바늘. 삼천포 낚시점에서
판매하며 굵고 튼튼하다.

는 입질시간에 정신없이 입질을 해대는 고기
여서 너무 많은 낚싯대를 펼치면 제대로 된
낚시가 어렵다.

릴대를 쓴다면 한 대는 5.3m, 또 한 대는
4.2m나 3.6m 대가 좋다. 이유는 갈치를 노
리는 거리에 차이를 두기 위해서다. 갈치배
에 설치한 집어등 불빛에 유혹돼 배 근처로
모여드는 갈치들은 접근 거리가 매우 유동
적이다. 어떤 놈은 집어등 불빛이 가장 밝은
3~5m 거리에서 입질하지만 또 어떤 놈은
배의 그늘에 가린 3m 안쪽 지점에서만 입질
하는 놈도 있기 때문이다. 따라서 긴 대로는
멀리서부터 들어오는 놈을 노리고, 짧은 대
로는 그늘 속에 은신해 있는 놈을 노리는 것
이다.

릴대는 1호 이하의 연질대가 갈치의 입질 파
악에 유리하며 릴과 더불어 고가의 릴대는
필요 없다. 5만~6만원이면 구입할 수 있는
저가 릴대도 근해 갈치낚시에는 충분하다.

릴은 2000~3000번대의 스피닝릴이면 된
다. 릴 역시 근해 갈치용 릴은 단순히 채비를
내렸다 감을 수 있을 정도의 기능에만 충실
하면 되므로 낚시점에서 판매하는 2만~3만
원대 저가 릴로도 충분히 낚시가 가능하다.
평소 바다낚시를 즐기지 않고 계절낚시로 가
을에만 갈치낚시를 즐기는 초보자도 부담 없
이 살 수 있는 장비들이다.

원줄은 나일론 2~3호면 충분하다. 갈치는
힘이 센 고기가 아니므로 원줄이 약해서 끊
어지는 경우는 거의 없다. 오히려 원줄이 가
늘면 그만큼 조류 영향을 덜 받아 채비가 옆
사람 채비와 덜 엉키므로 가는 원줄을 쓰는
것이 좋다.

민장대는 빠르게 입질층을 찾을 때 유용하
다. 낚싯대를 손에 쥔 상태로 위, 아래로 천
천히 올렸다 내렸다 하면서 갈치 입질층을
찾는다. 민장대는 5.4~6.3m(3칸~3칸 반)
대를 주로 쓰는데 릴낚시처럼 깊은 수심을

노릴 수는 없지만 갈치가 부상해 중층에서
입질할 때는 속전속결에서 앞선다. 바다용
민장대가 적합하지만 다소 뻣뻣한 민물 붕어
대를 사용해도 상관은 없다.

보통 릴대 한 대는 특정 수심에 채비를 띄워
놓은 후 받침대에 꽂아놓고, 민장대로는 계
속 위, 아래로 움직이며 갈치의 입질층을 찾
는다. 따라서 기본 장비는 길이가 다른 릴낚
시 장비 2대, 또는 릴낚시 장비 1대와 민장
대 1대 정도다.

미끼

미끼는 냉동 꽁치살을 쓴다. 낚시 전 선장이
미리 녹여 미끼로 쓰기 좋게 잘라 놓는데 그
것을 가져가서 쓰면 된다. 미끼를 꿸 때 요령
이 있다. 일단 꽁치살의 끝 부분에 바늘을 통
과시킨 뒤 반대편으로 다시 누벼 꿴다. 길게
썬 꽁치살을 세로로 놓았다고 보았을 때 위
에서 아래로 S자 형태로 꿴다고 보면 된다.

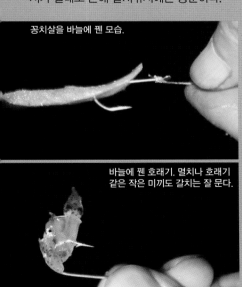

꽁치살을 바늘에 꿴 모습.

바늘에 꿴 호래기. 멸치나 호래기
같은 작은 미끼도 갈치는 잘 문다.

긴 대를 사용해 배에서 조금
먼 곳을 공략하고 있다.

낚은 갈치를 손질한 후 회를 썰고 있다.

뼈째 썰어놓은 뼈회. 씹으면 고소하고 감칠 맛이 난다.

그러나 꽁치살의 전체를 꿰지 말고 2분의 1만 꿴 후 절반은 그냥 늘어지게 놔둔다. 갈치는 한 번에 미끼를 먹지 않고 아래 부분부터 잘라먹기 때문에 초반에 이물감 없이 미끼를 먹게 놔두는 게 중요하다. 만약 냉동 꽁치살을 갈치가 자꾸 잘라 먹는다면 갈치 살을 미끼로 써두 좋다. 냉동 꽁치보다 질겨 바늘에 오래 붙어있고 반짝이는 은비늘 덕분에 집어

력도 높은 편이다. 다만 물렁거리는 꽁치살에 비해 자동걸림 확률은 약간 떨어진다. 즉 꽁치 살을 최고의 미끼로 본다. 그밖에도 집어등 불빛에 몰려든 호래기, 멸치 같은 작은 물고기를 미끼로 써도 갈치는 잘 낚인다.

낚시 요령

낚싯배가 포인트에 도착하면 집어등이 켜지고 낚시가 시작된다. 바늘에 미끼를 꿰어 내려 보낸 후 봉돌이 바닥에 닿는 느낌이 오면 릴을 감아서 2~3m 띄워 올린다. 만약 보구치 같은 바닥고기가 올라온다면 미끼가 너무 바닥에 가까운 것이므로 2m 정도 더 띄워 올린다. 그리고 한 대는 이보다 더 띄워 올려 미끼가 바닥에서 5~6m 떠 있게 만든다.

이처럼 처음에는 중하층을 주로 노리게 되는데 시간이 흘러 갈치가 집어되면 점차 중

상층까지 입질층이 확산된다. 따라서 입질이 없거나 오던 입질이 뜸해지면 채비의 수심층을 자주 바꿔 주면서 입질층을 찾는 게 중요하다. 만약 옆에서 계속 갈치를 낚아낸다면 그 사람이 채비를 어느 수심층에 고정했는지를 물어보는 게 가장 빠른 방법이다.

입질은 예신과 본신으로 구별된다. 예신 때는 투두둑 하거나 살짝 당겼다 놓는 식의 입질만 나타난다. 그러다가 바늘이 입에 걸리게 되면 초릿대가 확연하게 처박힌다. 이때 챔질한다. 예신 때는 아무리 빠르게 챔질해도 히트시키기 힘들므로 초릿대가 급격하게 처박힐 때까지 기다리는 게 좋다. 예신만 자꾸 와 챔질 타이밍을 잡지 못하면 초보자의 경우 '내가 어신 파악을 잘 못하는 것인가?' 하고 궁금해 하는데 그런 예신 때는 고수들도 챔질에 실패하므로 고민할 필요가 없다. 걸림이 되면 확실하게 초릿대가 처박히므로 누구나 쉽게 갈치를 낚을 수 있다.

입질이 오면 낚싯대를 받침대에서 뽑아 손에 쥐고 어신을 기다리기도 한다. 받침대에 끼워 놓았을 때보다 약간 빨리 챔질을 할 수 있기 때문이다. 이때 너무 조심스럽게 낚싯대를 빼어들 필요는 없다. 갈치는 매우 공격적이어서 너무 과격하게 초릿대를 위, 아래로 흔들지만 않으면 먹이를 쉽게 포기하지 않기 때문이다. 고수들은 일부러 초릿대 끝을 흔들며 갈치를 약 올리기도 하는데 이런 유인동작을 취해주면 갑자기 와락 하고 갈치가 달려들 때도 있다. 갈치가 올라오면 목장갑을 낀 손으로 목을 비튼 후 바늘을 빼낸다. 그래야 갈치가 요동치지 않아 뒤처리가 편하다

*만약 예신만 오다가 입질이 멈추면 채비를 걷어 미끼를 교체해주는 게 좋다. 갈치가 먹다가 만 미끼에는 이상하게 다른 갈치들이 달려들지 않는 특성이 있다.

선상에서 즐기는 갈치회 야참 시간. 자정 무렵에 보통 야참을 먹은 뒤 철수한다.

삼천포 갈치배낚시 주요 출조점

삼천포 대물낚시 드래곤호 055-832-1711
킹콩낚시 055-833-1155
피싱스토리 055-833-1754
포인트낚시 010-4743-2363

광주리에
모아놓은
2~3지 씨알의
갈치. 이 정도
씨알은 뼈회로
먹기에 알맞다.

Chapter 5
방파제·갯바위 갈치낚시

갈치낚시 시즌을 맞아 목포의 유명낚시터 영암방조제에 몰려든 낚시 인파.

갈치 찌낚시
입질 오면 30초 기다렸다가 챔질

▶낚시점에서 판매하고 있는
갈치용 와이어 목줄.

방파제 석축에서 집어등을 켜놓고 갈치를 노리고 있는 낚시인들.

갈치가 방파제나 갯바위에서 낚이는 시기는 7월부터 10월까지다. 그중 씨알이 너무 작은 7월에는 갈치낚시를 하지 않는다. 2지 이상으로 씨알이 커지고 연안에 고기 무리가 많이 몰려 있는 8~10월에 낚시를 많이 즐긴다.

연안 갈치낚시는 생미끼 찌낚시와 루어낚시 두 가지 방법이 있다. 그중 생미끼를 활용한 찌낚시는 오래전부터 남해안의 낚시인들이 즐겨했던 낚시다. 갈치가 몰려있거나 상층에 떠있을 경우엔 빨리 던지고 감을 수 있는 루어낚시가 유리한 면이 있지만, 갈치가 분산되어 있다거나 깊은 곳에 있다면 찌낚시가 더 유리하다.

방파제나 갯바위에서 즐기는 갈치 생미끼낚시는 민장대보다 수심을 자유자재로 노릴 수 있는 릴찌낚시가 기본이다. 지역에 따라 장비와 채비가 조금씩 차이가 있지만 야간낚시용 전지찌나 케미라이트를 끼운 구멍찌 또

는 막대찌를 세팅한 반유동 채비가 일반적인데, 목줄에 집어용 케미라이트를 한두 개 달고 미끼는 질긴 생선살을 주로 사용한다. 갈치낚시가 많이 이뤄지는 남해안의 낚시점엔 시즌이 되면 냉동꽁치를 갈치용 미끼로 판매하고 있다.

■장비

구멍찌낚시에서 가장 많이 사용하는 1호 5.3m 릴대가 적합하며, 민물릴대로도 다소 불편하지만 낚시할 수는 있다. 다만 길이가 3.6m는 넘어야 한다. 너무 짧은 낚싯대는 찌를 던지기 어렵고 방조제같이 높은 지형에선 채비를 회수할 때 발밑 석축 등에 바늘이 걸리는 단점이 있다. 릴은 2000~3000번의 소형 스피닝릴을 사용한다. 잔잔하고 유속이 느린 방파제의 경우 한 사람이 릴찌낚싯대 두 대를 펴놓고 하기도 하고, 릴찌낚싯대 한 대는 던져놓고 루어낚시를 병행하기도 한다.

■채비

1~3호 전지찌나 원투가 가능한 스티로폼 고리찌를 세팅한 반유동 채비를 쓴다. 전지찌는 구멍찌나 막대찌 어떤 것을 사용해도 상관없지만 파도가 이는 날에는 시인성이 좋은 막대찌가 더 유리하다. 원줄 2~3호, 목줄 2~3호를 쓰고 목줄의 길이는 2m 정도로 준다. 목줄 중간에 찌고무(케미고무) 2~3개를 삽입해 4mm 케미컬라이트를 2~3개 달아서 갈치가 미끼를 빨리 찾을 수 있도록 해준다. 최근에는 소형 LED 갈치 집어등이 출시되었는데, 무게가 2~3g으로 가볍기 때문에 목줄에 달아 캐스팅을 해도 낚싯대에 무리가 가지 않는다.

바늘은 감성돔 5호나 목이 긴 농어바늘, 갈치 전용 바늘을 사용하는데 갈치의 이빨에 끊어지지 않도록 와이어 목줄에 묶어서 사용한다. 일반 목줄을 쓸 때는 갈치의 이빨에 목줄이 끊어지지 않도록 바늘귀 부분을 고무 튜브로 감싼 후에 사용한다. 와이어 목줄에 튜브를 씌운 바늘은 직접 만들어 써도 되지만, 이미 만들어져 있는 것을 구입해서 쓰는 것이 오히려 더 저렴하고 간편하다. '갈치 전용바늘', '와이어 외바늘', '갈치 찌채비' 등의 이름으로 개당 2000~3000원에 판매되고 있다.

릴찌낚시 채비를 가장 간편하게 하는 방법은 낚시점에서 판매하고 있는 2m짜리 갈치 채비를 구입해서 묶는 것이다. 목줄, 와이어바늘, 케미꽂이가 일체형으로 되어 있어 찌가 달린 윗채비와 연결해서 바로 사용할 수 있다. 일부 채비는 큰 스티로폼 찌가 함께 세트로 달려 있는 것도 있다.

■미끼

낚시점에서 판매하는 냉동꽁치를 주로 사용하는데 현장에서 낚이는 고등어나 전갱이 살을 잘라서 써도 좋다. 갈치살을 써도 잘 문다. 냉동크릴을 사용해도 낚이지만 생선살보다 입질 빈도가 떨어진다. 생선살을 미끼로 쓸 때엔 가로 1cm, 세로 2~3cm로 포를 뜬 뒤 껍질 쪽으로 바늘을 꿰어 다시 껍질 쪽으로 바늘이 나오도록 한다.

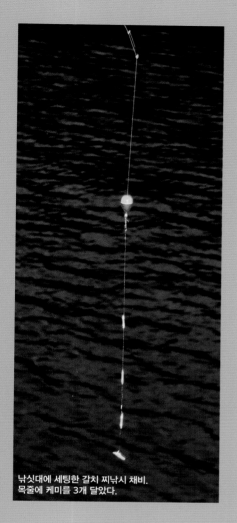

낚싯대에 세팅한 갈치 찌낚시 채비.
목줄에 케미를 3개 달았다.

■낚시터

해마다 갈치가 잘 낚이는 갯바위나 방파제가 있다. 특히 거제도와 통영, 남해도, 여수 돌산도 등지에선 도처에서 갈치가 마릿수로 낚인다. 시즌이 시작되는 7월부터 조황에 귀 기울이면 갈치가 잘 잡히는 낚시터를 쉽게 찾을 수 있다. 방파제 중에서도 수심이 깊고 조류 소통이 원활한 방파제나 그 인근 갯바

갈치 찌낚시 미끼로 많이 쓰는 꽁치.

위에서 갈치가 잘 붙으며 수심이 얕은 곳이라도 갈치의 먹잇감인 고등어, 전갱이가 많이 몰리는 곳이라면 갈치가 낚인다.

■낚시 요령

갈치는 파도가 없이 잔잔한 날보다는 어느 정도 조류가 흐르면서 파도가 치는 날이 활성도가 높고 잘 낚인다. 갈치를 많이 낚기 위해서는 우선 갈치의 입질층을 빨리 찾아야 한다. 찌밑수심 2~3m를 주고 상층부터 노려보고 점차 수심을 깊게 주면 어느 순간 갈치가 많이 입질하는 구간을 찾을 수 있다. 주의할 것은 수위가 변하면 갈치의 입질층도 바뀌므로 만조와 간조에 따라 시시각각 바뀌는 입질층에 빠르게 대응할 줄 알아야 한다는 것이다. 특히 갈치의 활성도가 높아지면 수위에 상관없이 점점 더 상층에서 입질을 하므로 채비 수심을 줄여주어야(찌매듭을 아래로 끌어내리면 수심이 준다) 입질을 놓치지 않는다.

헛챔질 많을 때엔 챔질 대신 천천히 감아준다

마릿수 조과를 올리는 핵심 테크닉은 입질 파악이다. 갈치는 미끼를 한입에 삼키는 게 아니라 날카로운 이빨로 뜯어먹기 때문에 바늘이 있는 부분까지 완전히 삼킬 때까지 기다려야 한다. 입질이 와서 찌가 깜박거린다거나 물속으로 잠겨도 일단은 그대로 놓아두는 게 기본이다. 케미 불빛이나 전지찌 불빛이 물속에 잠겨 보이지 않을 때까지 기다렸다가 챔질한다. 찌가 잠기기 시작한 뒤 마음속으로 30초 정도 세고 챔질한다는 생각으로 여유를 갖는다.

갈치의 활성도가 높거나 많은 무리가 몰려 있을 때엔 입걸림이 잘 되지만 그렇지 않은 날도 있다. 챔질을 해도 빈바늘일 경우가 많을 때는 입질이 예민해진 것이므로 이런 상황에서는 어느 정도의 유인 동작이 필요하다. 입질이 오면 찌가 완전히 사라질 때까지 기다렸다가 챔질을 하지 말고 천천히 줄을 감아주는 것이다. 줄이 팽팽해진 상태라면 갈치가 물고 있는 것이므로 조금 더 빠른 속도로 릴링하는 것만으로도 입걸림시킬 수 있

다. 하지만 낚싯줄을 감을 때 낚싯줄이 느슨해지면 갈치가 빠진 것이다. 이때는 릴링을 멈추고 다시 입질을 가다린다. 그러면 갈치는 재차 미끼에 달려들게 되어 있다. 다시 입질이 들어오면 마찬가지 방법으로 릴링을 해서 입걸림시킨다.

수심층을 자주 바꿔봤는데도 입질조차 없다면 자신이 쓰고 있는 찌를 바꿔본다. 갈치의 입질은 약해서 찌에 반응이 잘 나타나지 않을 수도 있는데 그럴 때는 더 작고 부력이 약한 찌로 바꾸어주는 게 좋다.

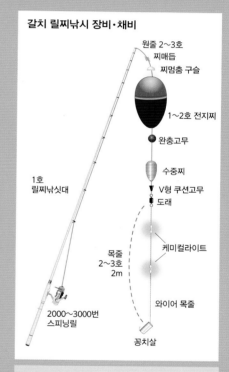

갈치 릴찌낚시 장비·채비

원줄 2~3호
찌매듭
찌멈춤 구슬

1~2호 전지찌

완충고무

수중찌

V형 쿠션고무

도래

1호
릴찌낚싯대

케미컬라이트

목줄
2~3호
2m

와이어 목줄

2000~3000번
스피닝릴

꽁치살

서해 방파제에서도 갈치 낚인 적 있다!
2004년 반짝호황 후 별 소식 없어

서해에도 갈치가 있다. 그러나 그 양이 적고 기복이 심해서 낚시 대상어가 되지 못하고 있다. 2004년 9월 무렵 충남 보령의 부사방조제, 무창포방파제, 남포방조제에서 갈치가 제법 많이 낚였다. 그러나 그 후로는 10년 동안 갈치 조황 소식이 없는 상황이다. 해걸이라고 하기엔 너무 오랜 기간이라 아마도 그때만 갈치 어군들이 내만 깊숙한 곳까지 몰려들었던 것으로 추측된다. 한편 서천군 마량리에 있는 마량방파제 내항에서 가을이면 찌낚시에 갈치가 종종 낚이지만 워낙 마릿수가 적어 본격적인 낚시 대상어로 보기에는 무리가 있다.

갈치 루어낚시
갈치전용 지그헤드에 야광웜 사용

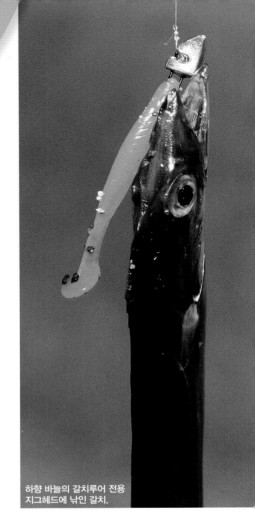

하향 바늘의 갈치루어 전용 지그헤드에 낚인 갈치.

최근 연안 갈치낚시는 릴찌낚시보다 루어낚시가 대세로 굳어지고 있다. 낚시인들이 루어낚시를 선호하는 이유는 원투가 가능하고 포인트 탐색이 빠르며 갈치의 활성도가 좋을 경우 생미끼보다 루어에 더 잘 반응하기 때문이다.

장비
연질의 볼락루어용 로드가 적합

■로드

9~10월 남해안 방파제에서 낚이는 갈치는 손가락 2개 이하의 풀치가 주로 낚이고 굵으면 3지 씨알도 간혹 낚인다. 이러한 작은 갈치를 상대하기엔 낭창한 볼락루어대가 좋다. 루어를 멀리 던지기 위해서는 길이 7ft 이상의 긴 로드가 유리하며 가벼운 루어로 섬세한 액션을 취하고 갈치의 예민한 입질을 잘 잡기 위해서는 UL(울트라라이트) 강도의 로드를 추천한다. 초릿대가 빳빳한 것은 갈치의 자연스러운 입질을 방해하므로 되도록 쓰지 말아야 한다. 낚시를 하다가 갈치가 제대로 걸리지 않고 자주 빠진다면 그 이유는 낚싯대의 초리가 너무 빳빳하기 때문이다.

긴 로드를 추천하는 이유는 갈치 루어 채비의 목줄이 길기 때문이다. 갈치 채비를 할 때엔 합사 원줄에 목줄, 즉 쇼크리더를 달아주는데 이 쇼크리더엔 집어를 위해 케미컬라이트를 두 개 정도 달아준다. 케미컬라이트가 달린 쇼크리더의 길이는 통상 1m다. 로드가 짧으면 이렇게 긴 목줄채비를 다루기 불편하다. 그러나 집어용 케미컬라이트를 달지 않아도 축광웜을 쓰면 갈치가 잘 낚이는데, 케미컬라이트를 달지 않는다면 쇼크리더는 30~50cm면 충분하다. 부드럽고 긴 낚싯대를 쓰면 작은 갈치가 물어도 충분한 손맛을 느낄 수 있다.

시즌 후반이 되어 갈치 사이즈가 커지면 루어 역시 커지므로 조금 더 무거운 루어를 던지기에 용이한 라이트(L) 강도의 로드를 사용한다. 큰 갈치를 낚을 때는 자연스러운 후킹보다는 챔질을 해서 바늘이 완벽하게 걸리게 해주고 멀리서 입질 받은 큰 갈치를 안전하게 꺼내는 데 주력해야 한다. 또 큰 갈치를 노릴 때는 2~3g의 작은 볼락루어보다 5~10g의 갈치 전용 웜을 쓰기 때문에 무거운 루어를 멀리 던지기 위해서라도 조금 강한 로드를 써야 한다.

■릴

소형 스피닝릴로 1000번, 2000번, 3000번을 사용한다. 가는 합사를 감을 수 있는 샬로우 스풀이 좋다. 사용할 때는 릴 드랙을 적당히 풀어주는데, 손으로 라인을 당기면 찌이익 하고 자연스럽게 풀려나갈 정도로 조절하면 된다. 갈치는 입질한 직후 강하게 저항하므로 초반 저항에 바늘이 벗겨지지 않도록 드랙을 조금 풀어두는 것이 좋다. 만약 갈치가 입질했을 때 드랙을 잠가두면 입질한 후 쉽게 빠지는 현상이 발생한다.

■라인

원줄은 합사를 사용한다. 권장 호수는 0.3~0.6호(7~12lb)로 가는 게 좋다. 라인이 굵으면 가벼운 루어를 멀리 캐스팅하기 어렵고 감도가 떨어져 갈치의 입질을 파악하는 데 어려울 수 있으므로 되도록 가는 줄을 쓰는 것이 좋다. 쇼크리더는 카본줄이나 나일론줄 1~3호를 쓴다. 카본줄보다는 부드러운 나일론줄을 선호하는 편이다. 루어를

루어 연결법 _ 행맨즈노트

행맨즈 노트(Hangman's knot)는 루어의 맬고리나 도래를 묶는 기본적인 방법으로서 지그헤드처럼 싱커(봉돌)에 낚싯줄을 연결할 고리가 달려 있는 형태에도 유용하게 쓸 수 있다. 손가락을 사용하므로 보지 않고도 매듭이 가능하여 밤낚시를 하는 갈치 루어낚시에 알맞다.

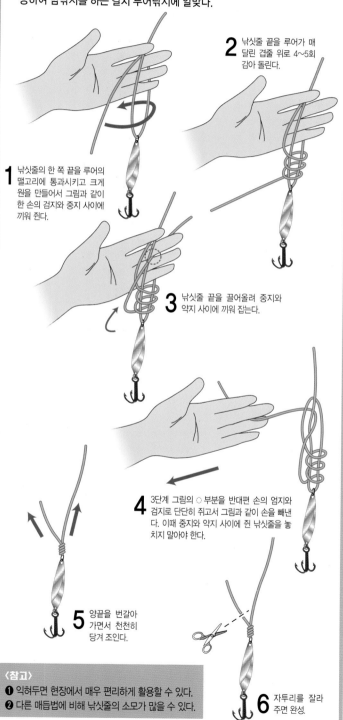

1 낚싯줄의 한 쪽 끝을 루어의 맬고리에 통과시키고 크게 원을 만들어서 그림과 같이 한 손의 검지와 중지 사이에 끼워 쥔다.

2 낚싯줄 끝을 루어가 매달린 겹줄 위로 4~5회 감아 돌린다.

3 낚싯줄 끝을 끌어올려 중지와 약지 사이에 끼워 잡는다.

4 3단계 그림의 ○ 부분을 반대편 손의 엄지와 검지로 단단히 쥐고서 그림과 같이 손을 빼낸다. 이때 중지와 약지 사이에 쥔 낚싯줄을 놓치지 말아야 한다.

5 양끝을 번갈아 가면서 천천히 당겨 조인다.

6 자투리를 잘라 주면 완성.

〈참고〉
❶ 익혀두면 현장에서 매우 편리하게 활용할 수 있다.
❷ 다른 매듭법에 비해 낚싯줄의 소모가 많을 수 있다.

물결채비란?
故 김동원씨가 개발한 갈치 루어의 대명사

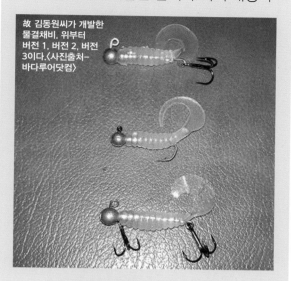

故 김동원씨가 개발한 물결채비. 위부터 버전 1, 버전 2, 버전 3이다.〈사진출처-바다루어닷컴〉

지그헤드 리그(Jighead rig)는 말 그대로 지그헤드를 사용한 채비다. 지그헤드는 스트레이트 훅의 머리 쪽에 금속 봉돌(납, 주석, 텅스텐 등이 재료)이 결합된 바늘 형태다. 여기에 웜을 꿰어 사용한다. 갈치 루어낚시에 지그헤드가 본격적으로 사용된 시기는 2003년 물결채비의 등장 이후부터다. 그 전에는 스푼을 사용해 갈치를 낚았고 지그헤드 리그의 조과는 신통치 않았다.

갈치 루어의 대명사로 불리는 물결채비를 개발한 낚시인은 바다루어낚시닷컴 방장으로 활동한 故 김동원씨다. 옥색물결이란 닉네임으로 활동한 그는 여름이면 목포 삼호방조제를 즐겨 찾는 갈치 마니아였다. 스푼보다 나은 갈치 루어는 없을까 고민하면서 실험조행을 하던 그는 일반 지그헤드를 일자로 펴고 고리를 만든 뒤 그 고리에 바늘 하나는 아래로 향하도록 트레블훅을 다는 채비를 고안했고 자신의 닉네임을 따서 물결채비라고 이름을 붙였다.

물결채비는 트레블훅 중 바늘 하나가 아래로 향하도록 세팅한 게 핵심이었다. 김동원씨는 갈치가 서서 유영하는 것에 착안해 이 채비를 만들었는데 직접 사용해본 결과 혁혁한 조과를 거두었고 사용자들의 입소문을 통해 갈치 루어의 대표로 자리 잡았다.

축광웜도 김동원씨가 갈치낚시에 처음 시도

물결채비의 등장은 갈치 루어낚시에 있어 여러 면에서 의미가 있다. 먼저, 스푼을 사용했을 경우 해질 무렵 정도로 국한되던 입질시간대가 종일 밤낚시 개념으로 바뀌었다. 또 축광 개념도 도입되었는데 이 역시 먼저 시도한 낚시인은 옥색물결 김동원씨였다. 쏘가리 루어낚시를 즐겨했던 그는 축광웜을 사용했고 랜턴을 수면에 비춰 집어를 시도해 좀 더 나은 조과를 올렸다.

물결채비는 2년 동안 김동원씨가 활동하던 쏘가리 회원들에 의해 트레블훅 대신 지그헤드 바늘을 라이터로 지진 뒤 아래로 향하게 하는 물결채비 2 버전이 등장하였고 다시 김동원씨가 지그헤드 헤드 쪽과 강선 끝 쪽에 트레블훅을 하나씩 다는 물결채비 3 버전을 만들어냈다.

물결채비는 현재 갈치뿐만 아니라 우럭, 삼치, 광어 등 다양한 어종의 바다루어낚시 분야에서 사랑받고 있으며, 트레블훅이 달린 지그헤드는 이제 고유명사처럼 물결채비라고 불리고 있다.

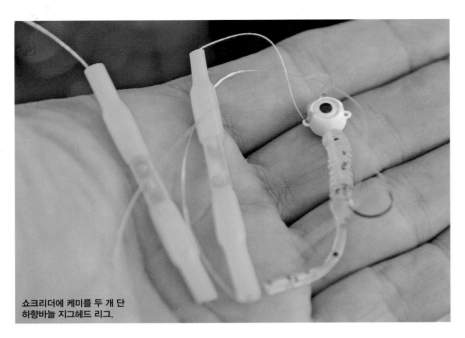

쇼크리더에 케미를 두 개 단
하향바늘 지그헤드 리그.

쓰는 경우 생미끼낚시와 달리 갈치의 이빨에 목줄이 끊어질 염려는 적으므로 큰 갈치를 노리는 것이 아니라면 목줄은 2호 내외면 충분하다. 3호 이상 굵은 줄을 쓰는 경우는 큰 루어를 쓸 때 연결부위가 터지지 않도록 하기 위함이다.

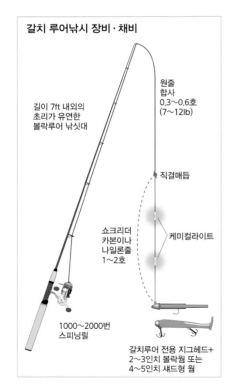

갈치 루어낚시 장비·채비

길이 7ft 내외의
초리가 유연한
볼락루어 낚싯대

원줄
합사
0.3~0.6호
(7~12lb)

직결매듭

쇼크리더
카본이나
나일론줄
1~2호

케미컬라이트

1000~2000번
스피닝릴

갈치루어 전용 지그헤드+
2~3인치 볼락웜 또는
4~5인치 섀드형 웜

루어와 채비
바늘이 아래로 향한 갈치 전용 지그헤드

■루어

갈치 루어낚시에서는 지그헤드에 웜을 결합한 지그헤드 리그를 즐겨 쓰는데, 갈치의 사이즈에 따라 루어의 크기를 다르게 사용한다. 실치나 풀치를 노릴 경우 작은 볼락용 웜을 사용한다. 몸통이 짧고 꼬리가 가늘고 긴 2~3인치 스틱웜이나 작은 섀드 타입이 잘 먹힌다. 그럽처럼 꼬리가 길고 몸통이 두꺼운 웜은 갈치가 한입에 삼키기 부담스러우므로 잘 쓰지 않는다.

그러나 큰 갈치는 작은 웜에 반응하지 않기 때문에 씨알이 굵게 낚일 때는 큰 웜으로 교체해야 한다. 트레블훅이 달린 갈치루어 전용 지그헤드에 4~5인치 섀드웜을 사용한다. 갈치용 지그헤드는 일반 지그헤드와 달리 웜을 밀어서 꽂기만 하면 쓸 수 있다. 낚시를 할 때 갈치가 웜의 끄트머리만 물고 늘어지는 현상이 나타나면 웜이 한입에 먹기 부담스러운 크기라는 뜻이므로 사이즈를 줄여주어야 한다. 웜의 컬러는 탁한 물에서도 잘 보이는 빨강, 오렌지, 핑크, 화이트가 인기 있다. 중요한 것은 웜은 되도록 야광이 되는 것을 써야 한다는 것이다. 갈치가 불빛에 반응하고 안 하고를 떠나 현장에서 비교해보면 조과 차이가 현

격하게 나는 것을 자주 경험할 수 있다. 그러나 가끔 야광이 되지 않는 웜이 좋을 때도 있는데, 물색이 아주 맑거나 가로등 불빛이 강한 경우이다. 또 야광웜에 갑자기 입질이 뚝 끊어진다면 야광이 안 되는 것으로 바꿔본다.

■지그헤드

갈치 루어낚시에선 지그헤드의 선택도 중요하다. 갈치는 몸을 세운 상태로 아래에서 위로 솟아오르며 먹이를 공격하고, 아래턱이 길기 때문에 바늘이 위로 향한 일반 지그헤드엔 잘 걸리지 않고 바늘이 아래로 향한 갈치용 '하향바늘 지그헤드'를 사용해야 한다. 요즘에는 갈치용으로 쓸 수 있는 지그헤드가 많아 쉽게 구할 수 있다. 바늘이 아래로 향한 지그헤드를 구하지 못하면 일반 지그헤드의 바늘을 라이터 불에 달구어 반대 방향으로 비틀어 주면 된다.

실치나 풀치를 노릴 때는 소형 볼락용 지그헤드를 사용한다. 그리고 큰 갈치를 노리기 위해 큰 웜을 사용할 때는 작은 트레블훅이 달린 갈치루어 전용 지그헤드를 사용한다. 해가 지고 뜨는 피딩타임엔 미노우나 스푼도 잘 먹힌다. 입질이 잦은 피딩타임에는 갈치들이 이곳저곳을 배회하며 한 곳에서 입질하지 않기 때문에 약간 무거운 루어를 사용해 다양한 구간을 노려보는 것이 좋다.

루어낚시에 낚인 갈치를 들어
보이는 낚시인.

합사와 쇼크리더 연결법 _ 피셔맨즈 노트

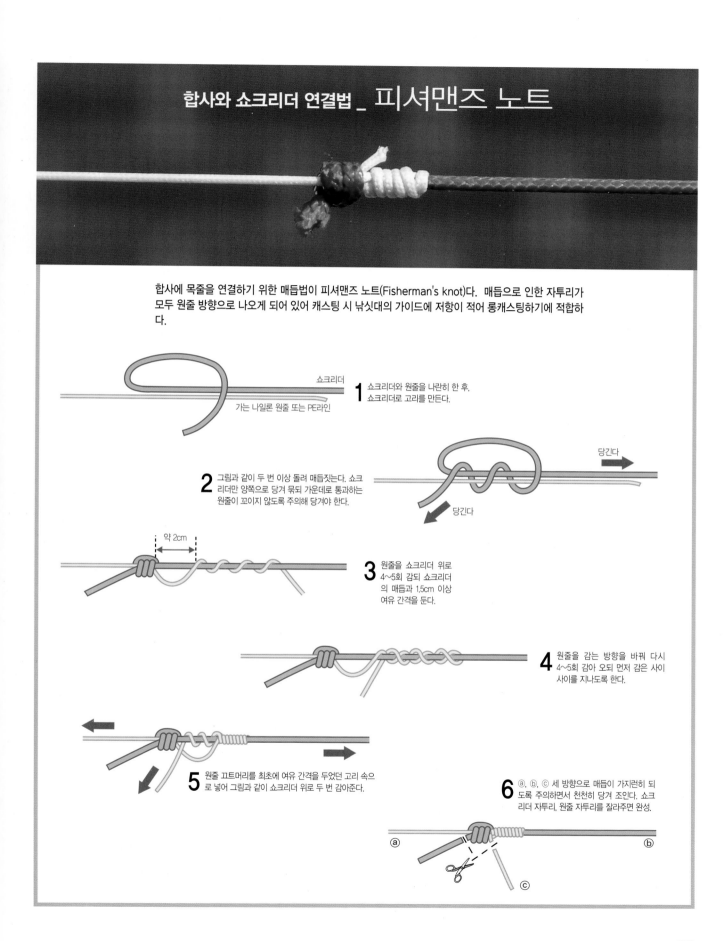

합사에 목줄을 연결하기 위한 매듭법이 피셔맨즈 노트(Fisherman's knot)다. 매듭으로 인한 자투리가
모두 원줄 방향으로 나오게 되어 있어 캐스팅 시 낚싯대의 가이드에 저항이 적어 롱캐스팅하기에 적합하
다.

쇼크리더

가는 나일론 원줄 또는 PE라인

1 쇼크리더와 원줄을 나란히 한 후,
쇼크리더로 고리를 만든다.

당긴다

당긴다

2 그림과 같이 두 번 이상 돌려 매듭짓는다. 쇼크
리더만 양쪽으로 당겨 묶되 가운데로 통과하는
원줄이 꼬이지 않도록 주의해 당겨야 한다.

약 2cm

3 원줄을 쇼크리더 위로
4~5회 감되 쇼크리더
의 매듭과 1.5cm 이상
여유 간격을 둔다.

4 원줄을 감는 방향을 바꿔 다시
4~5회 감아 오되 먼저 감은 사이
사이를 지나도록 한다.

5 원줄 끄트머리를 최초에 여유 간격을 두었던 고리 속으
로 넣어 그림과 같이 쇼크리더 위로 두 번 감아준다.

6 ⓐ, ⓑ, ⓒ 세 방향으로 매듭이 가지런히 되
도록 주의하면서 천천히 당겨 조인다. 쇼크
리더 자투리, 원줄 자투리를 잘라주면 완성.

ⓐ

ⓑ

ⓒ

갈치 루어낚시 장비와 소품들

*제품 게재 순서는 업체명 가나다순

●낚싯대

거상코리아 | 니신 아트라스 라이트게임 NISSIN ATRAS LIGHT GAME

갈치를 포함해 우럭, 광어, 전갱이 등 록피시를 대상으로 개발된 범용 바다루어 로드로서 후지 가이드를 장착했다. 4가지 모델이 출시되어 있는데 이중 미디엄라이트 모델이 휨새나 캐스팅 거리에 있어 갈치용으로 적합하다.

품 명	전체 길이(m)	마디 수	선경(mm)	원경(mm)	무게(g)	적정 루어 중량(g)	가 격
ATLG-704ML	2.24	2	1.3	9.6	100	0.5~5	10만5천원
ATLG-708ML	2.34	2	1.3	9.7	105	0.5~5	10만5천원

바낙스 | 커맨더 록피시 COMMANDER ROCK FISH

볼락낚싯대로 출시되었지만 갈치용으로 많이 쓰이고 있는 모델이다. 기간 3D ZH 가이드를 장착해 비거리와 감도, 제어력을 향상시켰다. VSS 타입의 릴시트를 채용해 파지감이 높으며 필드 상황에 맞게 대응할 수 있다. 네 가지 모델이 있으며 이중 울트라라이트, 라이트 휨새의 로드가 갈치용으로 많이 쓰인다. 솔리드와 튜브 액션으로 구분해 출시했는데 품명 중 끝 글자가 S인 제품은 솔리드팁, T인 제품은 튜브팁 액션이다.

품 명	전체 길이(m)	접은 길이(cm)	마디 수	선경(mm)	원경(mm)	무게(g)	적정 루어 중량(g)	가 격
S732ULT	2.21	114	2	0.9	9.1	95	1~3.5	9만5천원
S732ULS	2.21	114	2	1.1	10.5	92	1~3.5	9만원
S762ULT	2.29	118	2	1.1	10.6	97	1~3.5	10만원
S762ULS	2.29	118	2	0.9	9	94	1~3.5	9만5천원
S802LT	2.43	125	2	1.4	9.7	102	3~10	10만원

에스엠텍 | 락버드 플러스 ROCK BIRD PLUS

무늬오징어를 포함해 우럭, 광어, 볼락, 삼치를 두루 노릴 수 있는 범용 바다루어 로드로서 갈치에도 적합하다. 허리힘이 좋아 캐스팅이 잘 되고 가는 핸들 덕분에 그립감이 좋다. 특히 갈치 씨알이 굵어지는 10~11월에 위력을 발휘한다. 30mm 지름의 버트 가이드를 장착해 캐스팅 시 줄이 잘 풀려나간다. 세 가지 모델 모두 갈치용으로 적합하나 갈치가 멀리서 무는 시즌 후반엔 캐스팅 거리가 긴 862 모델이 유리하다.

품 명	전장(m)	접은 길이(cm)	마디수	무게(g)	선경(mm)	원경(mm)	적정루어 중량(g)	적정 라인(lb)	가 격
RBPS-762ML	2.29	119	2	143	1.6	11.7	7~30	8~16	8만원
RBPS-802ML	2.44	127	2	152	1.6	12	7~30	8~16	8만5천원
RBPS-862ML	2.59	134	2	168	1.6	12.2	7~30	8~16	9만원

엔에스 | 에어 록피시 AIR ROCK FISH

볼락을 비롯해 연안 갯바위에서 낚이는 바닷고기를 대상으로 개발된 제품으로서 갈치용으로 많이 쓰이는 모델이다. 후지 KR 티타늄 SiC 가이드를 채용해 가볍고 줄이 잘 풀려나간다. 네 가지 모델 모두 갈치용으로 알맞은데 가장 길고 강도가 강한 S-882ML-T는 튜브 타입 으로서 시즌 후반 종종 출현하는 4지급도 거침없이 제압한다.

품 명	전체 길이(m)	접은 길이(cm)	마디 수	무게(g)	선경(mm)	원경(mm)	적정 PE라인 굵기(호)	적정 루어 중량(g)	가 격
S-742UL-S	2.24	115	2	71	0.7	10.5	0.1~0.3	0.5~2.5	34만원
S-782L-S	2.34	120	2	79	0.7	11.2	0.2~0.5	0.8~5	35만원
S-832L-S	2.51	129	2	87	0.7	11.3	0.3~0.5	1.2~7	36만원
S-882ML-T	2.64	135.5	2	92	1.2	11.9	0.4~1	2~10	37만원

천류 | 펜타곤 PENTAGON 볼락

천류에서 생산되고 있는 루어 낚싯대 중 갈치용으로 가장 많이 사용하고 있다. 작고 가벼운 루어를 사용하는 피네스 타입의 낚싯대로서 부드러운 팁 밸런스를 통해 가벼운 루어도 멀리 날아간다. 민감한 팁 액션을 구현했으며 초리에 감긴 낚싯줄이 쉽게 풀리는 턱 없는 톱가 이드를 채용했다.

품 명	전체 길이(m)	접은 길이(cm)	마디 수	적정 루어 무게(g)	적정 낚싯줄 굵기(lb)	선경(mm)	원경(mm)	가 격
762L	2.28	119	2	0.5~8	1~8	1.1	8.9	17만원
832L	2.52	130	2	0.5~8	1~8	1.2	9.1	18만원

 ● 릴

◐ 바낙스 | 카리스 KARIS 2000

바다루어낚시에서 두루 사용되고 있는 제품이다. 10개의 베어링이 들어 있 어 회전이 부드럽고 바닷물에 강한 내염성 알루마이트 외관 처리를 했으며 EVA 핸들을 장착해 파지감이 좋다.

품 명	기어비	무게(g)	표준 권사량(호-m)	베어링	가 격
2000	5.2:1	265	2-170, 3-120	10	6만1천원

● 낚싯줄

◑ 엔에스 | 수퍼 PE 하이브리드

보풀 현상과 여쓸림에 의한 라인 손상이 적은 라인이다. 일본에서 직수입한 고급 원사를 사용했으며 줄과 줄 간의 결속력과 매듭강도가 뛰어나다. 갈치낚시에선 0.6호와 0.8호가 쓰인다. 가격은 150m 길이 각각 3만원이다.

슈어캐치 | 슈퍼 바이트

배스, 송어, 농어 루어낚시에서 원줄로 쓰이는 나일론사로서 갈치낚시용 쇼크리더로도 사용된다. 150m가 감겨 있으며 평행사권으로 감아 꼬임이 덜하다. 1~2호 가격은 7천원.

● 루어 & 채비

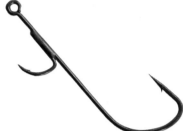

거상코리아 | 도히토미 윈드 싱글

헤드 쪽에 바늘을 달아 쓰는 갈치 전용 지그헤드를 사용할 때 트레블훅 대신 쓸 수 있는 신개념 갈치 바늘이다. 위쪽의 짧은 바늘은 웜에 꽂히고 아래 방향의 큰 바늘이 갈치 주둥이에 박힌다. 가격은 4개 1봉지에 5천8백원.

거상코리아 | 도히토미 형태기억 합금와이어

갈치의 날카로운 이빨에 잘리지 않도록 쇼크리더에 연결해 사용한다. 와이어 목줄 끝에 퀵스냅이 달려 있어 지그헤드를 교체하기도 쉽다. 매우 가늘면서 강도가 강하고 루어 액션을 방해하지 않는 것이 특징. 15cm 2개 한 봉지에 4천6백원.

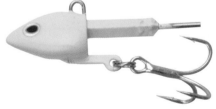

다솔낚시마트 | 에코기어 파워다트헤드

헤드 쪽에 트레블 훅이 달려 있는 지그헤드다. 헤드가 물고기 머리 형태를 띠고 있어 사실적이다. 섀드 형태의 웜을 꿰어 많이 사용한다. 14~20g이 있으며 1개에 9천원.

에스엠텍 | 에스엠 섀드테일

갈치용으로 많이 쓰이는 웜이다. 원형의 꼬리가 파동을 일으켜 갈치 입질을 유도한다. 4인치가 가장 많이 쓰이는 크기다. 흰색, 분홍, 형광 세 가지 색상이 많이 쓰이며 12개가 포장된 한 봉지 가격은 6천원.

에스엠텍 | 에스엠 미노우

갈치가 먹이고기로 삼고 있는 전갱이 새끼 등 작은 물고기를 형상화하여 만든 웜이다. 실제로 갈치는 미꾸라지, 빙어 등의 미끼도 잘 먹는다. 분홍, 형광, 흰색 등 10가지가 있으며 이중 6가지가 야광웜이다. 3~3.5인치가 주로 쓰인다. 가격은 12개 1봉지에 6천원.

⬅ 에스엠텍 | 렉스배트 브이 글러브

고신축성이어서 착용감이 좋으며 원활한 캐스팅을 위해 엄지 검지 손끝을 보강 처리했다. L, M 사이즈가 있으며 색상은 흰색과 화이트가 있고 가격은 3만 5천원.

➡ 에스엠텍 | 렉스배트 로드벨트

2절로 분리한 낚싯대를 묶어서 보관할 때 사용한다. 서너 대는 한꺼번에 묶어서 보관할 수 있어서 찌낚싯대 등 다른 낚싯대와 함께 가져갈 때 편리하게 들고 다닐 수 있다. 가격은 7천원.

⬅ 타이탄코리아 | UV1 랜턴

낚시용으로 개발된 랜턴으로서 불빛이 밝아 축광기로 활용할 수 있다. 줌 기능이 있어 필요에 따라 조명 범위를 좁히고 넓힐 수 있다. 광량을 100%, 50% 조절할 수 있으며 별매품인 전용 삼각대에 세팅하면 집어등으로도 활용할 수 있다. 가격은 1만8천원.

⬅ 피싱그룹만어 | 하드 밑밥통·두레박 세트

방파제나 갯바위에서 보조가방이나 쿨러로 활용할 수 있는 하드 밑밥통과 낡은 갈치를 처리할 때 쓸 수 있는 두레박을 세트로 묶어 판매하는 상품이다. 두레박엔 로프와 청소용 솔이 들어 있다. 가격은 3만3천원.

➡ FF21 | SLP-1404 집어등

충전식 내장형 배터리를 사용해 8시간 이상 조명을 밝힐 수 있다. 광LED를 사용해 집어력이 뛰어나다. 순잡이가 달려 있어 들고 다니기 편하며 녹색과 흰색 두 가지로 전환해 사용한다. 보통 갈치는 흰색, 볼락은 녹색에 잘 반응한다. 가격은 22만원.

갈치 루어낚시 ABC
웜 수시로 교체하며 리트리브 & 트위칭

최영교 광주 최프로와루어이야기 대표·피나 자유조구 필드스탭

남해서부에서 최고의 갈치 낚시터는 목포다. 목포 연안에 갈치가 붙을 때는 따로 어디가 포인트라 할 수 없을 정도로 떼로 몰려든다. 목포항 일대와 영산강하구언, 영암방조제까지, 목포~영암 해안의 거의 전 구간이 포인트가 된다. 가로등 불빛이 있어서 베이트피시(먹이고기)가 잘 몰려들 것 같은 자리가 좋으며, 늦은 밤에는 불빛이 없어도 멀리서 입질을 해대는 경우가 많다. 갈치의 양이 많기 때문에 이리저리 이동하지 않아도 시간이 지나면 한두 번은 지나가는 갈치를 만날 수 있다. 8월 초부터 조금씩 학꽁치만 한 '실치'가 낚시에 나오기 시작해서 8월 중반에 이르면 2지 굵기의 '풀치'가 되어 낚시인들의 사랑을 받기 시작한다. 풀치가 나오기 시작하면 시즌 중 최고의 마릿수를 거둘 수 있다. 포인트를 잘 고르면 워킹낚시에서도 100마리 이상의 조과를 올릴 수 있는 대박행진이 이어진다. 9월이 되면 근해 배낚시가 본격적으로 시작되면서 연안낚시의 마릿수 조황은 조금 주춤해지지만 대신 씨알이 손가락 세 개 크기로 굵어져서 또 다른 재미를 안겨준다.

조류 잘 흐르는 사리물때에 호황

갈치낚시는 물때가 아주 중요하다. 갈치가 잘 낚이는 날은 대부분 조류가 잘 가는 날이다. 물이 가지 않는 조금물때에는 조과가 급격하게 떨어지며 낚이는 씨알도 잘다. 사리물때라도 조류가 흐르지 않으면 입질이 뚝 끊어지는데, 그럴 땐 낚시를 쉬거나 물이 흐르는 곳을 찾아 포인트를 이동하는 것이 좋다. 그러나 옮긴 자리가 물이 흐른다는 보장이 없으므로 확신이 서지 않을 때는 같은 자리에서 물이 다시 가기를 기다리는 것이 좋다.

갈치가 가장 활발하게 움직이는 시간은 해질녘과 해 뜰 무렵이다. 그런데 갈치가 가장 활

가로등 켜진 방파제를 찾은 낚시인들이 갈치낚시를 즐기고 있다. 사진은 돌산도 방죽포.

영산강하구언에서 루어에 낚인 갈치를 들어 보이는 필자.

발하게 움직인다고 해서 가장 잘 낚이는 것은 아니다. 갈치는 활성이 좋으면 사방으로 흩어져 먹이활동을 하기 때문에 입질지점을 잡기가 어렵다. 다행히 갈치의 활성이 좋을 때는 멀리 있는 갈치들도 루어를 보고 빨리 달려들고 입질을 시원하게 하므로 입질 받을 확률은 높은 편이다. 갈치가 아주 잘 낚일 때는 밤에 일정 수심에 머물며 활발하게 입질하는 경우이다.

중들물에 갈치 활성 가장 높아

갈치는 중들물에 가장 잘 낚인다. 따라서 포인트에는 가급적 초들물에 도착하는 것이 좋다. 갈치가 초들물부터 포인트로 들어올 수 있으므로 이때부터 낚시에 집중한다. 먼저 베이트피시가 연안 가까이에 붙어 있는지 확인한 후 가까운 곳을 먼저 노린다. 베이트피시가 없다면 갈치가 가까운 곳에 있을 확률

이 낮으므로 먼 곳을 노린다.

중들물엔 갈치의 활성이 높다. 연안의 수심이 어느 정도 확보되면 갈치들이 베이트피시를 쫓아 연안으로 바짝 접근하는데, 이때를 놓치지 말고 조과를 거두는 데 열중해야 한다. 바닥을 노리기보다는 상층이나 중층을

갈치 루어낚시 액션

■리트리브(retrieve)-루어를 투척해 착수시킨 후 끌어당기면서 루어에 움직임을 주는 것. 단순히 릴 핸들을 돌려서 루어를 끌어당겨 오는 것도 리트리브 동작이다.
■트위칭(twitching)-손목에 스냅을 주어 낚싯대를 짧게 톡톡 잡아채는 기법. 저킹보다 동작이 작다.
■저킹(jerking)-죽 잡아당긴다는 뜻. 릴 핸들을 돌려서 루어를 잡아당기는 것이 아니라 낚싯대 액션만으로 루어를 죽 끌다가 멈추는 동작을 저킹이라고 한다.
■폴링(falling)-아무런 액션을 주지 않고 루어를 바닥 쪽으로 가라앉히는 것을 말한다.

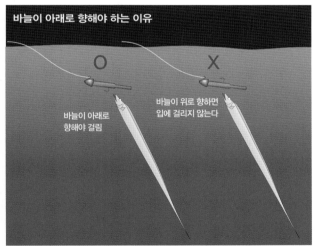

바늘이 아래로 향해야 하는 이유

바늘이 아래로 향해야 걸림

바늘이 위로 향하면 입에 걸리지 않는다

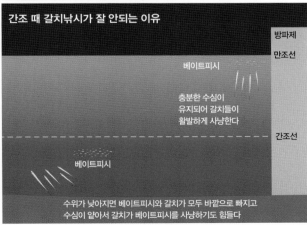

간조 때 갈치낚시가 잘 안되는 이유

방파제

만조선

베이트피시

충분한 수심이 유지되어 갈치들이 활발하게 사냥한다

간조선

베이트피시

수위가 낮아지면 베이트피시와 갈치가 모두 바깥으로 빠지고 수심이 얕아서 갈치가 베이트피시를 사냥하기도 힘들다

집중적으로 노려야 한다. 만조가 되면 물의 흐름이 거의 없어지는데, 갈치의 입질도 끝나는 경우가 많다. 먼 곳을 노려보고 반응이 없으면 쉬는 것이 좋다.

초썰물엔 다시 물이 움직이기 시작하며 다시 갈치의 입질이 시작될 확률이 높다. 수심이 깊은 상태이므로 마릿수 조과를 올릴 찬스가 된다. 가까운 곳의 중상층을 빠르게 공략한다. 약간 큰 웜으로 교체해 작은 씨알은 걸러내고 큰 놈으로 골라 낚는 테크닉도 효과적이다. 갈치가 붙으면 중썰물까지 입질이 계속 이어진다. 그러다가 중썰물이 지나면 갈치의 입질도 서서히 뜸해지며, 어느 순간 사라진다.

다만 간조가 되면 노려볼 곳이 있는데, 바로 수심이 깊은 대형 선착장이나 큰 방조제 등이다. 가끔 사라진 줄 알았던 갈치들이 수심이 깊은 곳에 왕창 몰려 있을 확률이 있으므로 간조가 되었다고 해서 곧바로 철수하지 말고 주변의 수심 깊은 곳을 둘러보는 것이 좋다.

꾸준히 다른 액션 섞어주어야

갈치를 잘 낚는 비결 중에 하나는 루어의 섬세한 액션을 잘 살리는 것이다. 가장 기본적인 액션은 리트리브이며 부드럽게 릴링하면 웜의 자연스러운 액션을 낼 수 있다. 낚시를 하면서는 리트리브할 때 웜의 꼬리가 잘 떨리는지 확인해야 한다. 웜은 그 자체만으로는 미끼 역할을 하지 못하고 물속에서 움직여 파장을 내야 갈치의 입질을 받을 수 있다.

갈치는 같은 패턴의 액션에 빨리 적응하고 같은 루어, 같은 액션에는 더 이상 입질을 하지

테트라포드에 오른 낚시인들이 집어등을 켜놓고 갈치를 노리고 있다.

않는 경우를 종종 볼 수 있다. 그러므로 루어를 자주 교체해주고 가끔 독특한 액션을 주는 것도 좋다. 가장 많이 쓰는 액션은 가벼운 트위칭으로 리트리브를 하다가 불규칙적으로 낚싯대를 툭툭 흔들어 주는 것이다. 갈치는 웜의 불규칙적인 액션에 반사적으로 입질하기도 하므로 입질이 뜸하다 싶으면 꾸준히 다른 액션을 주는 것이 좋다.

수심이 깊은 만조 전후에는 저킹 후 릴링을 멈추어 루어를 그대로 폴링시키는 액션도 효과적이다. 대개 5초 길게는 10초 정도 루어를 폴링시키면 루어를 따라오던 갈치들이 루어를 따라 하강하며 입질하는 경우가 많다.

방파제에서 루어낚시에 낚인 갈치들.

잘 들어오던 입질이 뚝 끊긴다면?
웜 상태부터 먼저 확인해야

아무런 이유 없이 입질이 뚝 끊기면 웜의 상태를 먼저 확인한다. 갈치는 이빨이 날카롭기 때문에 루어도 쉽게 잘라 먹는데, 입질을 몇 번 받은 웜은 너덜너덜해져서 액션이 제대로 나오지 않으므로 빨리 교체해야 한다. 가끔 갈치의 이빨 자국만 있고 웜은 정상인 경우도 있는데, 그런 경우에도 액션이 잘 나오지 않으므로 교체하는 것이 좋다.

갈치용 웜은 꼬리가 심플한 타입이 좋다. 꼬리가 뾰족한 핀테일(pin-tail)이 가장 효과적인 것으로 알려져 있으며, 물고기 형태의 섀드(shad), 패들(paddle, 배의 노처럼 생긴 형태) 타입도 좋다. 약한 릴링에도 미세한 진동을 낼 수 있는 가늘고 긴 꼬리를 가진 것이 좋다.

야광이 되는 웜은 축광기를 자주 비추어 발광 상태를 계속 유지하는 것이 좋다. 갈치용 웜은 밝으면 밝을수록 좋다고 하는데, 실제로 아주 밝은 웜에 입질이 집중되는 경우도 있다.

웜에 축광기를 비추고 있는 모습. 발광 상태의 웜이 입질 유도 효과가 크다.

릴 조작과 캐스팅 요령

■스피닝릴 기본 조작법

약지와 중지 사이에 릴다리를 끼운 뒤 릴시트를 잡는다. 그 상태에서 검지로 라인롤러에 걸쳐져 있던 원줄을 걸어 당기고 낚싯대를 잡지 않은 반대쪽 손으로 베일을 앞쪽으로 젖히면 캐스팅 준비가 끝난다.

1. 낚시를 하기 전 드랙 조절부터 한다. 갈치는 크기가 작아도 힘이 좋기 때문에 어느 정도 드랙을 풀어놓는 게 좋다. 원줄을 손으로 잡아당겨보았을 때 뻑뻑하지 않게 찌이익 끌려나오면 적당하다. 원줄이 너무 쉽게 끌려나오면 드랙을 조여주고(드랙 노브를 시계방향으로 돌린다) 너무 뻑뻑하게 풀리면 드랙을 풀어준다(드랙 노브를 시계반대방향으로 돌린다).

2. 릴 전면에 있는 드랙 노브.

3. 낚싯대 파지법. 약지와 중지 사이에 릴 다리를 끼운 뒤 릴시트를 잡고 검지로 원줄을 가볍게 잡아당긴다.

4. 베일 젖히기. 수평 상태에 있는 베일을 위쪽으로 젖힌다.

■ 오버헤드캐스팅 요령

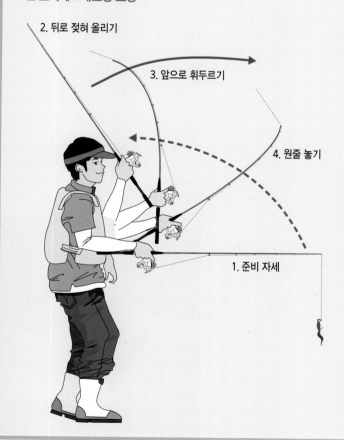

2. 뒤로 젖혀 올리기

3. 앞으로 휘두르기

4. 원줄 놓기

1. 준비 자세

1. 준비 자세

낚싯대를 든 오른팔(왼손잡이는 왼팔)을 겨드랑이에 붙이고, 낚싯대를 정면을 향해 거의 수평으로 유지한다. 팔이 겨드랑이에서 떨어져 있으면 낚싯대를 휘둘러 올릴 때 대 끝이 비뚤어져 엉뚱한 방향으로 루어가 날아갈 수 있다.

2. 뒤로 젖혀 올리기

어깨의 힘을 빼고 편하게 젖혀 올린다. 처음에는 천천히 동작을 연습한 후에 익숙해지면 점차 젖혀 올리는 속도를 빠르게 한다.

3. 앞으로 휘두르기

머리에서 뒤쪽으로 15도가량 낚싯대를 젖힌 뒤 앞쪽으로 빠르게 대를 휘두른다. 휘두른 뒤의 낚싯대 위치는 준비 자세 때의 위치와 동일하다. 휘두를 때는 반드시 루어의 무게를 느끼는 것이 중요하며, 팔의 힘은 빼고 손목의 스냅을 활용한다.

4. 원줄 놓기

낚싯대를 앞으로 밀어내는 타이밍에 손가락에 걸고 있던 원줄을 놓아준다. 이때 라인을 놓는 타이밍이 늦으면 루어는 바로 앞에 처박히고, 반대로 너무 빨리 놓으면 높이 솟았다가 떨어지고 만다. 이 타이밍을 맞추기 위해 연습을 반복한다.

써밍하기

써밍(thumbing)이란 방출되고 있는 라인을 멈추게 하거나 속도를 줄이는 방법을 말한다. 주로 왼손으로 릴 스풀을 살짝 눌러주거나 오른손 검지로 스풀을 눌러서 써밍을 한다. 캐스팅한 루어가 목적했던 포인트를 지나 더 멀리 갈 것 같을 때 써밍을 하기도 하지만, 정확한 거리에 날아가도 살짝 써밍을 해서 여유줄이 너무 많이 풀리지 않게 한다.

갯바위 갈치 루어낚시 특강
집어등이 조과를 좌우한다

백종훈 N·S 프로스탭·고성 푸른낚시마트 대표

매년 7월이면 내만 지역 방파제에서 손가락 굵기의 새끼 갈치가 보이기 시작한다. 여름을 지나면서 점점 굵어진 갈치는 9월에 접어들면 근해 갯바위 곳곳에서 모습을 드러낸다. 이때가 되면 손가락 2~3지 굵기의 갈치가 큰 무리를 이뤄 내만을 벗어나 깊은 수심으로 이동한다. 낚시인들이 갯바위에서 갈치를 낚을 수 있는 시기로서, 적게는 수십 마리 많게는 백 마리 이상 낚기도 한다.

루어낚시는 생미끼낚시와 달리 채비 손실이 덜하며 많은 마릿수낚시가 가능하다. 마릿수 재미야말로 루어낚시의 최대 장점이다. 간단한 지그헤드 채비 하나로 수십 마리를 낚을 수 있다. 갈치는 씨알이 잘아도 챔질과 동시에 몸을 뒤틀면서 순간적으로 강하게 저항하기에 입맛뿐만 아니라 나름 손맛까지 즐길 수 있다.

방파제보다 장비 한 단계 업그레이드

갈치 갯바위 루어낚시는 철저하게 밤에 이뤄진다. 하지만 해가 저물기 시작하는 저녁에 입질이 시작되기에 어두워지기 전에 갯바위에 진입해야 한다. 진입 후에는 집어등을 켜고 갈치가 모여들기를 기다린다. 낚싯배가 데리러 오는 시간은 선장과 상의해야 하는데 밤 12시경 철수할 수도 있고 밤을 새워 낚시를 한 뒤 해가 떠오르면 철수하기도 한다. 현재 갈치 갯바위낚시를 출조하는 지역은 갈치낚시 인구가 많고 하절기 야영낚시 패턴이 정착돼 있는 거제~통영~고성~삼천포 지역에 한정된다.

갯바위 갈치 조황은 해마다 다르다. 잘 낚이는 해가 있고 또 그렇지 않은 해가 있다. 2013년엔 통영 근거리 갯바위에서 한 달 반 정도의 오랜 기간 동안 2~3지 굵기의 갈치를 마릿수로 낚기도 했다. 그때는 초저녁부터 밤 12시까지만 낚시를 하더라도 30리터 아이스박스 가득 갈치를 낚을 수 있을 정도였다. 덕분에 많은 낚시인들이 갯바위 갈치 루어낚시를 경험했으며 그 재미에 푹 빠졌다. 여름철 방파제에서 낚이는 풀치 정도 씨알이라면 볼락루어낚시에 사용되는 1000번 크기 릴과 7.6피트의 짧은 로드로 충분하나 가을철 근거리 갯바위에서 낚이는 갈치 씨알은 3지 정도로 굵어지기 때문에 2000~2500번 크기 릴과 8피트 정도 길이의 로드가 좋다. 원줄은 합사 0.6~0.8호, 쇼크리더는 2~3호를 쓴다.

지그헤드 채비가 가장 많이 사용되지만 입질이 약을 때는 바이브레이션 또는 메탈지그 등

에도 곧잘 반응한다. 갈치는 횡으로 움직이기도 하지만 수직으로 이동하며 먹이활동을 한다. 그래서 지그헤드는 미늘이 아래로 향하는 역방향 지그헤드를 사용한다. 내만권 방파제 갈치용으로는 2~2.5g 지그헤드가 알맞지만 갯바위 갈치용으로는 5~10g 지그헤드를 주로 사용하며, 포인트가 멀리 그리고 깊이 형성될 때는 14g까지 사용한다.

지그헤드 채비에 사용되는 웜은 꼬리가 둥글게 말려있는 컬리(curly) 웜이 가장 일반적이다. 그밖에 패들(paddle)테일, 핀(pin)테일, 스트레이트(straight) 등 다양한 모양의 웜에도 잘 반응한다. 웜의 크기는 3인치 내외의 크기가 좋다. 활성도가 좋을 때는 4~5인치의 큰 웜에 오히려 더 반응이 좋을 때도 있는 만큼 다양한 크기의 웜을 준비한다.

잘 낚이던 갈치가 일순간 입질이 까다로워질 때가 있다. 이때는 작은 웜으로 바꿔주는 것이 좋다. 작은 크기의 웜이 없다면 머리 부분을 잘라서 크기를 줄여준다. 다만 꼬리 부분은 손대지 않는다. 꼬리 부분을 자르면 입질을 받기 힘들어진다. 야광이 되는 것이 좋으며 레드, 오렌지, 화이트, 펄화이트(진주색) 등이 잘 먹히는 색상들이다.

집어등은 한 곳에 집중하는 것이 좋다

과거엔 갯바위 갈치낚시에서 집어등의 사용이 보편화되지 않았다. 그러나 이제는 갈치뿐만 아니라 야간에 이뤄지는 모든 루어낚시에 집어등이 사용되고 있다. 특히 갯바위 루어낚

필자가 2013년 10월 통영 만지도에서 루어낚시로 거둔 갈치 조과.

통영 만지도에서 집어등을 켜고
갈치를 노리고 있는 낚시인.

시의 경우는 짧은 기간 동안 많은 낚시인들이 몰리기에 집어등의 중요성이 더욱 강조되며 또 반드시 필요하다.

그렇다면 어떤 집어등을 골라야 할까? 일단 무조건 밝아야 한다. 한적한 갯바위에서 혼자 낚시를 한다면 굳이 불빛이 밝을 이유는 없다. 그러나 주위에 많은 낚시인들이 모여 있다면 다른 사람들보다 조금이라도 더 밝은 집어등이 유리하다. 불빛 색상은 백색이 좋다. 집어도 잘되며 주변이 잘 보여 안전에도 도움이 된다.

갈치가 갯바위에 붙으면 대개 두세 개의 집어등을 갖고 출조한다. 두세 곳으로 불빛을 분산시키면 갈치도 분산되므로 포인트를 정한 뒤 집중적으로 불빛을 모으는 것이 집어에 도움이 된다.

불빛이 가장 밝은 곳은 갈치의 씨알도 잘고 입질도 매우 약하다. 밝은 곳보다는 어두운 곳에서 입질이 시원스럽고 또 씨알도 굵다. 그리고 불빛 좌우도 좋지만 전방 가장 먼 곳까지 채비를 던지면 그곳의 씨알이 가장 굵다. 집어등 불빛의 각도 조절도 잘해야 한다. 불빛을 너무 멀리 비추면 손해다. 채비가 날아갈 수 있을 정도의 거리까지만 비춘다.

깊은 수심 끼고 있는 곳부리가 명당

갯바위는 조류의 영향을 받으며 수심 또한 다양하다. 방파제와는 달리 포인트를 잘 선택해야 한다. 홈통 안쪽보다는 곳부리 지역이 유리하며 같은 곳부리 지역이라도 조류가 적당히 흐르는 곳의 조과가 앞선다. 그리고 수심이 얕은 곳보다 조금 깊은 곳이 좋다. 또한 집어등을 놓아야 하기에 낚시자리는 평평하고 이동할 공간이 넓어야 한다.

해가 지고 수면에 집어등 불빛을 비추면 갈치들이 서서히 낚시자리 앞으로 모여들기 시작한다. 가장 입질이 활발한 시간대는 집어등을 켜고 30분~1시간 정도 흐른 뒤라고 할 수

갯바위 앞을 비추고 있는
집어등. 밤에 이뤄지는
갈치낚시에서 집어등은
필수 장비다.

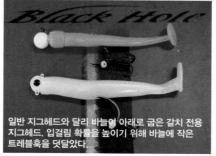
일반 지그헤드와 달리 바늘이 아래로 굽은 갈치 전용
지그헤드. 입걸림 확률을 높이기 위해 바늘에 작은
트레블훅을 덧달았다.

있다. 그리고 새벽녘에도 입질이 활발하다. 이때는 날이 밝아오면서 갈치가 깊은 수심으로 이동하기 전 마지막 먹이활동을 하는 시간이라고 할 수 있다.

조류가 적당히 흐르는 곳이라면 집어등을 켜고 일정 시간이 흐르면 갈치가 수면 가까이 떠올라 먹이활동을 한다. 일단 갈치의 입질이 시작되면 많은 수가 갯바위 가장자리에 모여 있다고 판단해야 한다.

갈치 루어낚시는 밤새 2~3회 입질이 활발한 시간대가 있다. 이때는 손놀림이 빨라야 더 많은 갈치를 낚을 수 있다. 갈치의 날카로운 이빨에 손이 다칠 수도 있으니 맨손보다는 반드시 장갑을 끼고 뒤처리를 해야 한다. 그리고 야간에만 이뤄지는 낚시인만큼 안전에 만전을 기해야 한다. 집어등 외에도 별도의 휴대용 랜턴을 준비하는 것이 좋다.

리트리브, 폴링, 저킹

갈치가 눈에 보일 정도라면 지그헤드를 최대한 멀리 던진 뒤 착수와 함께 바로 리트리브를 해서 수면에 떠있는 갈치부터 노린다. 갈치가 수면에서 입질할 때는 루어를 시원스럽게 당긴다. 활성도가 좋은 때로서 챔질도 잘되며 마릿수 조과도 가능하다.

갈치의 움직임이 눈으로 확인되지 않는다면 루어를 던진 뒤 원줄의 텐션을 유지한 채 천천히 가라앉히면서 입질을 확인해야 한다. 중층이나 바닥에서 입질할 때는 "투둑" 하는 미세한 입질이 전해진다. "투둑" 하는 느낌이 전해지는 순간 곧바로 챔질을 해야 한다. 이때 챔질하지 않으면 지그헤드의 바늘이나 트레블훅이 갈치 입에 박히지 않아 릴링 도중에 빠져버린다.

갈치가 중층이나 바닥에서 입질을 한다면 짧은 저킹을 반복하는 것도 효과적이다. 저킹을 하고 뒷줄을 사려서 원줄에 텐션을 걸고 폴링을 시킨다. 이런 동작을 반복하면 어느 순간 입질이 전해지게 된다. 저킹은 릴 핸들을 한 바퀴 돌릴 때 로드를 한 번 쳐올리는 '원피치(one pitch) 저킹(jerking)'을 한다. 캐스팅-폴링-저킹-훅킹-릴링-랜딩의 순으로 낚시가 이뤄진다.

남해안 갈치낚시 명소 23
거제·마산·진해·남해·여수·목포

박경식 자유기고가, 「한국의 명방파제 낚시터 남해편」 저자

거제도

대계방파제

경남 거제시 장목면 외포리. 대계방파제가 있는 대계마을은 김영삼 전 대통령의 생가가 있는 곳으로 유명하다. 40~50m 길이의 작은 방파제로서 외항은 테트라포드, 내항은 석축으로 이뤄져있는데 낚시인이 많지 않아 조용하게 갈치낚시를 즐기기에 안성맞춤한 곳이다. 2~3지급 갈치가 잘 낚인다.

방파제 바로 앞까지 차량 진입이 가능하고, 내만의 방파제여서 날씨에 따른 영향도 적은 편이다. 수심은 5~6m이며 7월 말부터 잔 씨알의 갈치가 낚이다가 8월 중순부터는 제법 굵은 씨알이 올라온다.

가장 좋은 포인트는 외항 쪽이며 집어등을 놓을 만한 장소만 있다면 그 곳이 포인트라고 할 수 있다. 사람들이 많지 않으므로 안전한 테트라포드 자리를 선택하는 것이 우선이다. 가로등이 내항 쪽에만 비추고 있어 외항 쪽에서 낚시를 할 때는 반드시 밝은 집어등을 켜야 한다.

거제도의 숨은 갈치 명소인 대계방파제.

■**내비게이션 입력 주소 외포리 1228-5**

능포방파제

경남 거제시 능포동. 능포방파제는 이웃한 느태방파제와 함께 거제 지역 방파제의 양대산맥으로 통한다. 느태방파제의 유명세에 가려 있었으나 루어낚시의 대중화와 함께 능포방파제는 다양한 포인트 여건으로 뛰어난 조황을 발휘하게 되었다. 갈치 조황은 초여름부터 시작된다. 7월 초부터 풀치가 낚이기 시작해 8월 말에는 2~3지급 씨알로 마릿수 낚시가 가능하다.

방파제 전역이 포인트라고 할 수 있으나 오른쪽 큰 방파제 내항이 가장 좋은 포인트다. 큰

해마다 여름부터 가을까지 갈치가 잘 낚여 낚시인이 몰리는 여수 돌산도 임포항과 임포방파제.

갈치를 비롯해 각종 회유어종이 잘 낚이는 다대방파제.

어종이 낚인다. 내항은 개펄 지형과 몽돌이 섞여 있으며 외항 쪽은 몽돌밭과 여밭이 함께 발달되어 있다.

다포방파제에 비해 안쪽에 위치해 있어 파도나 바람의 영향을 덜 받아 날씨에 상관없이 낚시를 할 수 있는 것이 장점이다. 포인트는 내항, 외항을 가리지 않고 골고루 분포해 있으나 외항 조황이 더 나은 편이다. 상황이 좋지 않을 때는 내항에서 낚시를 하는 것도 좋다. 외항 쪽 포인트는 거의 전역에서 갈치낚시를 할 수 있으나, 가장 좋은 곳은 방파제 끝부터 100m 구간이다. 방파제 입구 선착장에서도 갈치가 낚이는데, 정박된 배가 많지 않을 경우에만 가능하다.

■내비게이션 입력 주소 다대리 458-3

구조라방파제

경남 거제시 일운면 구조라리. 구조라방파제는 길이 350m에 이르는 대형 방파제로서 내항은 석축, 외항은 테트라포드로 이루어져 있다. 방파제 연안에 난간이 설치되어 진입하기는 다소 번거롭다. 구조라해수욕장을 끼고 있어 많은 사람들이 찾는 곳으로서 주차장이 넓고 편의시설도 많아 관광과 낚시를 겸할 수 있어 나들이터로 적합하다.

포인트 바닥이 대부분 사니질대로 이뤄져 있어 밑걸림이 적어 낚시를 하기에도 편하다. 외항이 주요 포인트가 되는데, 테트라포드가 촘촘하게 있어 발판이 편하고 안전하다.

갈치 시즌이 길고 발판이 좋은 구조라방파제.

갈치는 7월 중순부터 들어와 10월 하순까지 낚이는데, 거제권의 다른 방파제에 비해 씨알이 굵은 편은 아니지만, 평균 2지급의 마릿수 조과가 좋다. 내, 외항을 가리지 않고 방파제 전역에서 갈치가 낚이나 집어등을 사용해야 조과가 좋다. 방파제 중간 지점보다는 끝과 입구에서 조황이 좋은 편이다.

■내비게이션 입력 주소 구조라리 191-11

상유방파제

경남 거제시 장목면 유호리. 부산과 거제도를 잇는 거가대교에서 가장 가까이 있는 방파제로서 낚시하기 좋은 여건을 가지고 있다. 원래는 봄 감성돔 낚시터로 알려진 곳이나 두 개의 방파제에서 8월부터 갈치가 쏟아진다. 거가대교에서 가깝다는 점 때문에 부산에서도 낚시인들이 일부러 갈치를 낚으러 원정을 올 정도니 조과에 대해서는 이미 검증된 셈이다.

왼쪽 작은 방파제는 수심이 얕아 방파제 끝 부분에만 포인트가 형성된다. 초저녁부터 집어등을 켜 놓아야 본격적으로 밤이 되면 입질을 받는다. 오른쪽의 큰 방파제는 외항 전역이 포인트라고 할 수 있는데 중층 수심부터 바닥층까지 꼼꼼하게 탐색하면 큰 씨알의 갈치도 올라온다. 수심은 5~6m 전후. 집어등을 사용해 집어가 되면 생미끼, 루어 가리지 않고 마릿수의 갈치를 낚을 수 있다.

■내비게이션 입력 주소 유호리 449-13

마산·진해

명동방파제

경남 창원시 진해구 명동. 진해 명동항에 빽빽하게 정박된 배가 방파제의 절반 이상을 가리고 있지만 명동방파제는 진해를 비롯한 인근 창원 마산, 부산 낚시인들에게 오랫동안 갈치 낚시터로 사랑 받아온 곳이다. 볼락, 호래기, 낙지를 비롯해 갈치까지 낚이는 이곳은 사시사철 낚시인들이 끊이지 않는 명소다.

방파제 높이는 낮은 편이나 난간이 설치되어 낚시하기에는 다소 번거로운 면이 있다. 나란

방파제 중간 200~300m 사이 내항이 주요 포인트가 되는데, 시즌이 되면 많은 낚시인들이 몰려 자리다툼이 치열하다. 이 경우 집어등의 성능에 따라 성패가 좌우되는데, 혼자서 낚시를 하기보다는 2~3명이 집어등을 모아 최대한 밝게 발밑을 비춰줘야 한다. 입질은 집어등 아래보다 집어등 불빛과 어두운 곳의 경계 지점에서 많이 들어온다.

■내비게이션 입력 주소 능포동 31-5

다대방파제

경남 거제시 남부면 다대리. 다포방파제와 함께 다대다포항의 관문인 다대방파제는 각종 회유어종들의 전시장이라고 할 만큼 다양한

부산 경남 방파제 중 가장 유명한 갈치 낚시터인 명동방파제.

히 선 두 개의 방파제 중에서 서쪽에 있는 바깥쪽 방파제가 낚시하기에는 더 좋다. 수심은 가까운 곳은 3~4m, 먼 곳은 7~8m다. 회유 어종이 들어오는 초여름부터 항상 낚시인들이 진을 치고 있는 곳이므로 좋은 자리를 차지하기가 쉽지 않다. 그래서 낚시를 하기 위해서는 초저녁부터 자리를 차지하고 집어등을 켜놓아야 한다. 명동방파제는 가로등 시설이 잘 되어 있어 사람이 없을 때는 굳이 집어등이 없어도 갈치를 낚을 수는 있으나, 마릿수 조과를 위해서는 집어등이 필수다. 갈치가 먼 곳에서 입질하므로 캐스팅 거리가 긴 루어낚시가 낫다.

■내비게이션 입력 주소 명동 621-8

음지도방파제

경남 창원시 진해구 명동. 창원 해양공원 안에 있는 방파제로서 현지에서는 음지도방파제라고 불린다. 볼락 루어낚시 유행과 함께 등장한 곳으로 잔 씨알의 볼락이 잘 낚이는 곳이다. 볼락루어낚시 도중에 웜을 툭툭 건드리는 고기가 있었는데 알고 보니 갈치였다. 해양공원 안에 있는 덕분에 가로등이 밝게 켜져 있어 갈치가 항상 몰려들어 조과를 보장받는다. 방파제 내항이 발판이 좋아 낚시하기에는 편하나 외항에 비해 조과는 떨어지는 편이다. 한 가지

꾸준한 갈치 조황이 매력인 음지도방파제.

아쉬운 점은 공원 안에 있어 차를 타고 들어갈 수 없다는 점과 밤 10시가 넘으면 폐장이 되어 철수해야 한다는 점이다.

가장 좋은 포인트는 방파제 끝에서 외항 쪽을 보는 곳으로 갈치는 물론 굵은 볼락이나 우럭 같은 록피시도 입질한다. 내항 쪽 역시 방파제 중간부터 끝 부분에서 갈치가 잘 낚인다. 루어를 사용해 가로등이 밝은 곳보다는 가로등 불빛이 닿지 않는 곳을 공략하는 편이 낫다.

■내비게이션 입력 주소 명동 656

삼포방파제

경남 창원시 진해구 명동. 진해 내만 깊숙이 있는 삼포방파제는 2개의 방파제가 있는 곳으로 진해 현지인들의 생활낚시터로 각광 받는 곳이다. 다른 방파제에 비해 날씨의 영향을 적게 받고 주변 공간이 널찍해 진입도 수월하다. 가로등 시설이 잘 되어 있어 여름부터 밤이 되면 피서를 나온 가족 단위의 낚시객들이 많다. 바닥이 사니질대로 이뤄져있다.

낚시 공간이 널찍해 가족 나들이터로 각광 받는 삼포방파제

낚시는 주로 오른쪽에 있는 큰 방파제에서 많이 하나 왼쪽의 작은 방파제도 조황은 뒤지지 않는다. 큰 방파제는 진입이 용이해 낚시인들이 많이 찾는다. 포인트는 방파제 끝 부분이 가장 좋고, 내항 쪽에서 갈치가 잘 낚인다. 주로 루어를 이용해 갈치낚시를 하는데 집어등을 켜야 마릿수 조과를 거둘 수 있다. 집어가 되면 갈치는 발 앞까지 몰려드는데 이때 루어에 짧고 강한 저킹 액션을 주면 입질한다. 채비를 수면까지 띄웠다가 바닥으로 가라앉히는 폴링 액션에도 입질하나 이 때 여유줄을 많이 주면 갈치 이빨에 라인이 끊어질 수 있으므로 주의해야 한다.

■내비게이션 입력 주소 명동 78-1

갈치 씨알이 굵게 낚이는 원전방파제

원전방파제

경남 창원시 마산합포구 구산면 심리. 좌우 연안 방파제와 뜬 방파제 이렇게 세 개의 방파제가 어우러져 한 개의 큰 낚시터를 만들었다. 뜬 방파제의 조황이 좋아 뜬 방파제 출항지로서의 역할이 더 커졌으나 도보로 진입할 수 있는 두 개의 방파제도 여전히 갈치 낚시터로서의 명성을 잃지 않고 있다.

갈치낚시는 원전방파제 전역에서 가능하다. 방파제 바깥쪽으로 나가면 집어등이 필요하나 입구 쪽이나 선착장에서는 굳이 집어등을 켤 필요도 없다. 관광객들이 많이 찾는 덕분에 훤하게 가로등을 켜놓아 자연스레 집어가 되어 있다. 눈에 안 보일지는 몰라도 갈치가 있을 만한 곳에 채비를 던지면 십중팔구 물고 늘어진다. 대개 8월 중순 이후 갈치가 들어오므로 이때부터 공략하면 된다. 큰 씨알을 낚으려면 방파제 끝부분까지 가서 안전한 곳에 집어등을 켜고 삼십 분 정도 기다린 다음 낚시를 한다. 원전방파제 갈치는 인근의 방파제 중에서 가장 큰 씨알을 자랑한다.

■내비게이션 입력 주소 심리 197-7

심리방파제

경남 창원시 마산합포구 구산면 심리. 2개의 선착장과 2개의 방파제가 있는 심리마을에서 가장 낚시가 잘 되는 곳은 바깥쪽에 위치한 2개의 방파제 중에서 남쪽에 있는 작은 방파제다. 사계절 낚시인들로 몰리는 명낚시터로서 특히 전갱이, 고등어, 갈치가 들어오는 7월부터는 밤마다 발 디딜 틈 없이 사람들로 붐빈다. 수심이 얕고 많은 사람들이 한꺼번에 낚시를 하는 관계로 탐색 범위를 넓게 잡기보다는 집

갈치 외에 고등어, 삼치가 잘 낚이는 심리방파제

어등을 켜고 불빛을 중심으로 좁고 촘촘하게 탐색을 하면서 입질을 기다리는 방법으로 낚시를 해야 한다. 바닥엔 폐어구나 뜯긴 채비가 많아 밑걸림이 많다.

이 일대는 해안을 따라 낚시를 할 수 있는 장소가 많다. 차량 이동이 많은 곳이 아니므로 도로변에 임시로 주차를 하고 낚시를 하는 낚시인들을 많이 볼 수 있는데 방파제가 비좁을 때는 해안도로변에서 집어등을 켜고 낚시를 해도 갈치는 낚인다. 되도록 밝은 집어등을 준비하거나 동행한 이들의 집어등을 한데 모아 집어를 시키는 것이 좋은 방법이다.
■내비게이션 입력 주소 심리 614-14

남해도

적량방파제

경남 남해군 창선면 진동리. 남해 창선도 동쪽 내만에 있는 곳으로서 방파제가 일자로 길게 뻗어 있다. 주변은 친수공간으로 단장되어 있어 피서지로도 좋은 장소다. 석축으로 된 내항, 테트라포드로 된 외항 모두 낚시가 잘 되는데, 내항보다는 외항이 갈치낚시 여건이 좋은 편이다. 방파제뿐만 아니라 방파제 주변의

마릿수 갈치 조황이 매력인 적량방파제.

선착장이나 인근 갯바위에서도 갈치는 낚인다. 특히 방파제 입구의 선착장은 가로등이 밝아서 자연 집어등 역할을 한다. 루어낚시를 하면 2지급 갈치는 손쉽게 낚는다. 방파제 안쪽으로는 가로등이 없으므로 집어등을 반드시 갖고 가야 갈치를 낚을 수 있다.
내항 석축은 경사가 다소 급해 밤에 이동할 때는 주의해야 하고, 집어등도 필요하다. 내항에는 배가 정박된 곳이 많아 낚시하기 다소 불편할 수도 있으나 방파제 끝으로 이동하면 별다른 방해물 없이 낚시를 할 수 있다.
■내비게이션 입력 주소 진동리 997-17

항도방파제

경남 남해군 미조면 송정리. 몽돌해수욕장으로 잘 알려진 항도마을의 방파제로서 일찍이 루어낚시 붐을 타고 명 포인트로 알려진 곳이다. 관광지인 까닭에 방파제에도 가로등 시설이 잘 되어 있으며 방파제 진입로부터 안쪽 모두 공간이 넓다. 항도마을 방파제는 내항도와 외항도라는 작은 두 개의 섬을 잇는 방파제로서 외항 쪽의 포인트는 흡사 갯바위낚시를 하는 착각을 일으킬 정도로 포인트가 험하다.

남해도의 루어낚시 명소인 항도방파제.

내항 쪽에서 낚시를 하는 것이 편한데, 넓고 안정된 발판, 밝은 가로등으로 굳이 욕심을 부리지 않는다면 집어등을 켜지 않아도 마릿수 갈치를 낚는 것은 어렵지 않다. 다만 내항 쪽은 갈치 씨알이 2지 이하로 작은 편이라 씨알욕심을 부린다면 집어등을 들고 외항 테트라포드나 갯바위 쪽을 공략해 보는 것이 좋다. 방파제 끝에서 내항과 외항을 동시에 공략하는 것도 좋은 방법이다.
■내비게이션 입력 주소 송정리 391-13

방파제 주변이 잘 정비돼 나들이 낚시터로 추천할 만한 은점방파제.

은점방파제

경남 남해군 삼동면 물건리. 소박한 어촌마을의 정취를 안고 있는 은점마을 앞 은점방파제는 이웃한 물건방파제의 명성에 가려 사람들이 잘 알지 못하는 포인트다. 깨끗하게 정비된 방파제 부근은 주차를 하기에도, 돗자리를 깔고 휴식을 취하기에도 좋다. 2개의 방파제 중 낚시를 할 수 있는 곳은 왼쪽의 큰 방파제로서 포인트는 외항 쪽에 있다. 내항은 중들물~만조~초날물 정도까지만 낚시를 할 수 있다. 물이 빠지면 수심이 너무 얕아 낚시 자체가 불가능하다. 집어 시간까지 고려하면 처음부터 외항에 포인트를 잡는 것이 유리하다. 방파제 끝에서 중간에 꺾어지는 지점까지가 좋은 포인트다. 작은 방파제의 끝 부분에서도 물이 들어오면 낚시를 할 수 있는데, 집어등을 켜고 먼 곳을 공략하면 입질을 받을 수 있다. 갈치 씨알은 그리 큰 편은 아니지만 한 번 갈치가 들어오면 잔 씨알의 마릿수 조과가 가능한 곳이다.
■내비게이션 입력 주소 물건리 664-23

장포방파제

경남 남해군 창선면 진동리. 장포방파제는 적량방파제와 함께 창선도를 대표하는 방파제로서 내만 깊숙이 있는 관계로 제법 규모가 있

외항, 내항 모두 갈치 조황이 뛰어난 장포방파제.

는 방파제임에도 테트라포드가 없는 석축형 방파제다. 내만 입구를 가로지르는 2개의 방파제로 이루어져 있는데, 왼쪽(북쪽)에 위치한 방파제에서 주로 낚시를 한다.

늦여름부터 갈치낚시가 시작되는데 풀치가 들어오기 시작하면 생미끼와 루어를 가리지 않고 입질한다. 9월 중순이 지나면 씨알이 굵어진다. 진입이 수월한 오른쪽 방파제에는 가로등이 있어 집어등 없이도 낚시를 할 수 있다. 북쪽 방파제는 가로등이 없으나 집어등을 켜면 남쪽 방파제보다 훨씬 우월한 조과를 거둘 수 있다. 집어가 되면 외항과 내항을 가리지 않고 입질을 한다. 외항 쪽이 집어효과가 좋고 큰 씨알의 갈치가 많은 편이다.

■내비게이션 입력 주소 진동리 133-1

유구방파제

경남 남해군 남면 평산리. 죽도를 바라보고 있는 유구마을에 있는 두 개의 방파제 중 낚시를 할 수 있는 곳은 서쪽에 위치한 큰 방파제다. 바다 쪽으로 길게 뻗어나가 오른쪽으로 한번 꺾어진 형태로서, 낚시를 하기에는 최상의 형태를 갖추고 있다. 석축방파제로서 방파제 높이가 낮아 민장대, 루어낚시, 릴찌낚시 등 어떤 장르의 낚시를 해도 편하다. 갈치는 방파제가 꺾어진 부분이 가장 좋은 포인트다. 가로등이 없어 집어등이 반드시 필요하다.

사니질대의 바닥으로 밑걸림이 많이 없어 바닥까지 채비를 내린 다음 입질을 기다리면 제법 큰 씨알의 갈치가 물어준다. 작은 방파제 끝 부분에서도 갈치가 낚인다. 좁은 끝 부분에서만 낚이므로 2~3명만 낚시를 할 수 있다. 루어로 먼 곳을 노려야 입질을 받을 수 있다.

■내비게이션 입력 주소 평산리 2163-4

사니질 바닥으로 이뤄져 낚시하기 편한 유구방파제.

방죽포방파제

전남 여수시 돌산읍 죽포리. 방죽포해수욕장 입구를 가로질러 뻗어있는 방죽포방파제는 여수 돌산도 내에서 가장 다양한 어종이 낚이는 곳이다. 테트라포드가 촘촘하게 박혀 있는 곳이라 낚시 발판도 좋고, 여름 해수욕철을 제외하고는 진입과 주차 공간도 좋은 편이다. 주변 수심은 5~9m 정도이며 조류 소통이 좋아 회유성 어종이 많이 들어온다.

갈치 포인트는 주로 외항에 형성된다. 가로등이 방파제 끝까지 이어져있어 편하게 낚시를 할 수 있는 것은 물론 집어 역할도 해준다. 집어등을 들고 가면 더 좋은 조과를 거둘 수 있다. 방파제와 이어진 갯바위에서도 갈치는 잘 나온다. 집어등과 루어낚시 조합이면 2지급은 마릿수로 손쉽게 낚는다. 9월 말이 되면 3지급도 종종 낚여 손맛과 입맛을 더해준다.

■내비게이션 입력 주소 죽포리 282-7

낚시 발판이 좋고 마릿수 조황이 뛰어난 방죽포방파제.

돌산방파제

전남 여수시 돌산읍 군내리. 군내리방파제라는 이름으로 더 잘 알려진 곳으로 방파제의 규모가 크고 진입도 수월하다. 사철 낚시가 이루어지며 어자원이 풍부하다. 갯바위낚시 출항지로 유명한 곳으로 날씨가 좋지 않아 출항을 하지 못한 낚시인이 이 방파제에서 아쉬운 손맛을 달래곤 했다.

6월 말부터 비교적 일찍 갈치가 붙는다. 이때는 풀치밖에 없으나 8월부터는 2지급 씨알이 낚이기 시작해 9월로 접어들면 3지급의 씨알이 올라온다. 두 군데의 방파제 중에 길이가

여수

외지인에게 덜 알려져 한적하게 갈치낚시를 즐길 수 있는 돌산방파제.

긴 동쪽 방파제의 초입과 선착장에서 손맛을 볼 수 있으며 방파제가 꺾어진 부분에 있는 가로등 밑이 가장 좋은 포인트다. 외항, 내항 가릴 것 없이 갈치는 잘 나오는 편이며, 갈치가 잘 나와도 낚시인들이 많이 몰리는 곳이 아니기 때문에 마릿수에 대한 욕심이 없다면 집어등이 반드시 필요한 곳도 아니다.

■내비게이션 입력 주소 군내리 505-6

임포방파제

전남 여수시 돌산읍 율림리. 돌산도 최고의 방파제 낚시터로서 갯바위 부럽지 않은 조황을 자랑하는 곳이다. 안 낚이는 어종이 없을 정도로 다양한 어종이 낚이는데 여름부터 늦가을까지 최고의 어종은 바로 갈치다. 몽돌과 사니질대의 바닥으로 이루어져 있으며 수심은 4~10m다.

갈치낚시 물때는 조금을 전후한 때가 좋다. 사리엔 뻘물이 심해져 물색이 많이 탁해진다. 내항 쪽 방파제의 끝부분이나 바깥쪽 큰 방파제의 외항 테트라포드, 내항 전역이 포인트라 할 수 있다. 바깥쪽 방파제에서 이어지는 갯바위 지역도 갈치가 잘 낚이는데 현지인들이 휴게소 자리라고 부르는 포인트다. 감성돔 포인트로 유명한 곳으로 밤에 집어등을 켜면 방파제 못지않게 갈치가 잘 올라온다.

■내비게이션 입력 주소 율림리 1-13

오동도방파제

전남 여수시 수정동. 오동도와 여수시를 잇는 대형 방파제로서 포인트가 넓다. 여수권 내 다른 포인트에 비해 큰 씨알의 갈치가 올라온다. 오동도를 중간에 끼고 양팔을 벌리고 있는 형태다. 차를 타고 드나들기 편하고 낚시인이 좀

많지만 규모가 큰 만큼 낚시할 장소는 충분하다. 여름부터 갈치가 올라오며 동방파제 테트라포드가 주 포인트다.

동방파제는 2012년 여수세계박람회를 앞두고 잔잔한 수면 유지를 위해 약 230m를 증축해 규모가 더 커졌다. 릴찌낚시, 루어낚시 모두 잘 되는 편이나 집어등이 있다면 루어낚시의 조황이 월등히 낫다. 모두 오동도 쪽 불빛이 밝은 곳이 포인트다. 갈치낚시 중 삼치나 농어가 낚이기도 한다. 방파제 구간이 워낙 길기 때문에 오동도 입구에 주차 후 짐을 줄여 진입하는 게 좋다.

■ 내비게이션 입력 주소 수정동 3

소율방파제

전남 여수시 돌산읍 율림리. 소율방파제는 주차장이 넓고 진입로가 잘 닦여 있어 편하게 낚시할 수 있다. 돌산도의 많은 방파제 중에서도 소율방파제는 갈치낚시로는 1~2등을 다툰다. 테트라포드, 석축, 주변 갯바위가 어우러진 곳으로 상황에 따라 다양한 포인트 선택이 가능한 것이 장점이다. 주변 수심은 5~6m. 포인트는 방파제의 가장 끝부분부터 중간 지점까지의 외항이다. 풀치는 8월부터 낚이나 본격적인 시즌은 9월 말부터다. 11월 초까지 계속되는데 10월에 가장 굵은 씨알이 마릿수로 낚인다.

생미끼보다는 루어가 효과적이며 내항 쪽에서도 낚시는 잘 되는 편이다. 다만 사람들이 많을 때에는 집어등을 켜고 축광 기능이 우수한 웜을 써야 입질이 빠르다.

■ 내비게이션 입력 주소 율림리 134-15

갯바위, 테트라포드, 석축 등 다양한 갈치 포인트로 사랑 받는 소율방파제.

목포

전국 최대 규모의 갈치 자원과 낚시터를 자랑하는 영암방조제.

영암방조제

전남 영암군 삼호읍 삼포리. 삼호방조제라고도 불리는 곳으로 목포가 전국적인 갈치 명소가 된 것은 바로 영암방조제의 활약이 컸다. 7월 말부터 갈치가 몰려들기 시작하는 이곳은 방조제 전역에서 갈치낚시를 할 수 있는 대규모의 갈치 낚시터다. 뿐만 아니라 선상갈치 낚시로도 유명세를 타고 있으며 여름~가을에 이르는 시기는 이 일대가 갈치로 포위된다고 해도 과언이 아니다. 초창기에는 민장대로 갈치를 낚는 낚시인들이 많았으나 최근에는 집어등과 루어 채비로 무장한 낚시인들이 훨씬 더 많은 조과를 올리고 있다.

방조제는 석축으로 이루어져 있는데 낚시하기에는 발판이 좋은 편에 속한다. 석축 끝까지 다 내려가지 않아도 낚시를 할 수 있을 정도로 낚시 자리의 높이도 알맞다. 수심은 2~3m 정도가 나온다. 특정 포인트는 없고 집어등만 있으면 갈치를 모으는 것은 어디에서도 가능하다. 따라서 사람이 많이 없는 곳을 골라서 느긋하게 낚시를 즐길 수 있다.

■ 내비게이션 입력 주소 삼포리 산 162-12

금호방조제

전남 해남군 화원면 영호리. 전남 해남군 금호리와 영호리를 잇는 방조제. 방조제 길을 따라 전역에서 낚시를 할 수 있다. 진입여건도 좋아 방조제 갓길에 주차를 하고 10m만 이동하면 낚시터다. 석축으로 된 곳이며 집어등을 이용하면 생미끼, 루어를 가리지 않고 갈치가 잘 물어준다. 이 일대의 앞바다는 늦여름부터 갈치낚싯배들이 환하게 바다를 밝히고 있어 그 불빛이 방조제까지 닿아 굳이 랜턴을 켜지 않고도 이동할 수 있다. 이로 인해 갈치가 방조제 가까이 붙지 않는 경우도 있는데, 이때는 아주 밝은 집어등으로 장시간 집어를 해야 마릿수 조과를 거둘 수 있다.

■ 내비게이션 입력 주소 영호리 970

대반동 선착장(대반동방파제)

전남 목포시 죽교동. 목포 시내 해양대학교 인근에 위치한 곳으로 행정구역은 죽교동에 속하지만 현지에서는 대반동방파제로 불린다. 교통이 편리하고 주차 공간도 넓어 목포 시민들이 갈치 시즌이 되면 자주 찾는 곳이다. 시내에 위치한 곳이라 야경을 함께 즐길 수 있는 것이 장점이다. 특히 눈앞에서 펼쳐지는 목포대교의 야경은 여느 관광지 못지않은 볼거리다.

8월 초부터 시즌이 시작되어 10월 말까지 입질을 계속 받을 수 있다. 이곳에는 갈치 외에도 갑오징어도 잘 낚여 시즌이 되면 밤낮으로 낚시인들이 장사진을 이룬다. 집어등을 활용한 루어낚시를 해야 하는데 평균 2지급의 갈치가 주로 낚인다. 갈치 전용채비인 물결채비 위에 집어용 케미컬라이트를 달면 입질을 빨리 받을 수 있다. 9월 말부터는 씨알은 굵어지나 마릿수는 점점 줄어든다.

■ 내비게이션 입력 주소 죽교동 465-151

영암방조제에서 루어에 낚인 갈치를 바라보고 있는 낚시인.

일본의 갈치 배낚시
낮에 즐기는 게임피싱

오구라 토모카즈

한국다이와(주) 마케팅부장. 일본 다이와 근무 시 농어, 배스, 에깅, 지깅, 볼락, 송어 등 전 장르의 낚시 장비 개발에 관여했다. 많은 필드테스트 조행을 통해 항상 새로운 낚시와 제품을 구상하고 있다.

갈치는 한국에서 인기가 높은 것처럼 일본에서도 인기가 있는 물고기입니다. 인기가 있는 이유를 따져본다면 첫째 맛있다는 것입니다. 일본에서는 주로 소금구이를 해서 먹습니다만, 신선한 것은 회로도 먹고 그 외에 이탈리아식 요리나 찜 등 매우 다양한 방법으로 즐기고 있습니다.

인기의 배경 중 또 하나의 이유는 바로 손맛입니다. 갈치낚시에서 손맛이라 함은 갈치가 바늘에 걸리고 손에 들어올 때까지의 파이팅을 의미합니다. 갈치는 회전하면서 낚싯줄을 당겨주기 때문에 독특한 손맛이 있습니다. 저의 경험에 비춰보면 한국에서 갈치낚시는 입맛을 위해 하는 것 같습니다. 일본 낚시인이 많이 빠져 있는 게임성(루어낚시와 같은)은 거의 없다고 생각하고 있습니다. 먹거나 게임으로 즐기거나 하는 것은 각 나라의 문화이기 때문에 어느 쪽이 정답이라고 할 것

은 없습니다만, 지금 한국의 낚시 방법을 A, 일본의 낚시 방법을 B로 했을 경우, 'A가 좋은가', 'B가 좋은가'라는 것이 아니라 A, B 양쪽 모두 즐기는 방법이 있어도 좋다고 생각합니다.

일본 갈치는 한국과 같은 종

일본에서 갈치는 북쪽 홋카이도에도 있다고 합니다만, 혼슈에서 오키나와까지의 따뜻한 바다에 폭넓게 서식하고 있습니다. 일본의 갈치는 두 종류로 분류하고 있는데 하나는 타치우오(タチウオ, 갈치)이고 또 하나는 키비레타치우오(キビレタチウオ, 황색 지느러미의 갈치)입니다. 키비레타치우오는 오키나와 등의 남쪽 해역 밖에서만 서식하기 때문에, 기본적으로는 일본의 낚시 대상어는 한국에서 낚이고 있는 타치우오, 갈치 한 종류가 되겠습니다. 덧붙여 설명하자면 키비레타치우오는 대형급의 경우 2m 전후까지 자라서 마치 공룡과 같은 모습입니다.

갈치의 크기는 일본에서도 지수(指數), 손가락 수로 크기를 측정합니다. 손가락 3개라든지 손가락 4개라든지 이렇게 말입니다. 손가락 5개가 되면 드래곤급으로 불리면서 그 손맛이 특별합니다.

갈치낚시 방법은 선상, 육지 어느 쪽이든 여름부터 가을에 걸쳐 시즌이 형성됩니다. 이 시기가 되면 갈치를 전문적으로 노리는 사람도 있고 항구 근처에 살면서 저녁 찬거리로 1~2마리를 낚아 돌아가는 아줌마들이 있을 정도로 사랑 받습니다. 도쿄, 나고야, 오사카, 히로시마 등 일본 내 모든 항구에서 낚싯배가 있어 출항하게 됩니다.

일본에선 10개 바늘채비는 쓰지 않아

일본에서 갈치낚시는 육지에선 밤낚시를 하기도 하지만 배낚시는 낮낚시로 이뤄집니다. 그리고 한국과 같이 10개의 바늘을 사용하는 낚시 스타일은 거의 없습니다. 왜 없을까요? 그것은 갈치가 미끼를 먹는 기술이 매우 좋아서 입질이 있어도 바늘에 잘 걸리지 않으며, 그리고 바늘에 건 후 곧바로 감아올리는 즐거움이 있기 때문입니다. 한국과 같이 기다리는 스타일의 낚시는 아니고 한 마리라도 적극적으로 공격하는 스타일이라 하겠습니다.

저도 한국에서 갈치낚시를 한 경험이 있습니다. 10개의 바늘에 3마리가 걸렸다, 또는 4마리가 걸려 있었다고 함께 승선한 동행자는 말했지만. 저는 낚인 4마리의 갈치가 아니라 아무것도 걸리지 않은 6개의 바늘에 주목했습니다. 갈치가 걸리지 않은 바늘의 미끼는 사라지고 없었습니다. 즉, 확률의 낚시이면서 어업적인 요소가 강한 게 한국의 갈치낚시라고 생각합니다. 앞에서도 말했습니다만, 이런

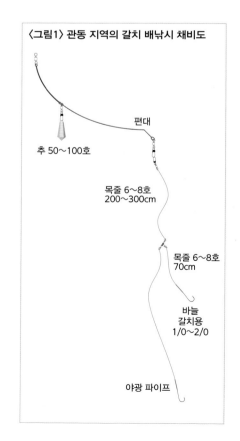

〈그림1〉 관동 지역의 갈치 배낚시 채비도

추 50~100호

편대

목줄 6~8호 200~300cm

목줄 6~8호 70cm

바늘 갈치용 1/0~2/0

야광 파이프

거문도 앞바다에서 낮에 낚인 갈치. 일본의
배낚시는 낮에 이뤄지고 있다.

지난 2007년 10월, 거문도 앞바다를 찾아 갈치 낮낚시를 시도한
일본 배낚시 명인 타하라 야스후미씨가 갈치를 낚아 올리고 있다.

낚시는 하면 안 된다라고 말하는 것은 아닙니다. 그렇지만 갈치낚시는 초보자나 여성이 즐길 수 있는 방식으로도 낚시할 수 있어야 하기 때문에 지금까지의 낚시 방법에 새로운 제 생각을 덧붙여 말하는 것으로 글을 쓰도록 하겠습니다.

편대를 사용하는 관동 지역의 미끼 배낚시

조황과 시기에 따라서 다릅니다만, 일본 배낚시의 경우 아침 6시경 출항해서 오후 3시경 항구에 돌아가는 게 일반적입니다. 갈치가 잡히는 시즌에는 항구도 갈치낚싯배로 활기가 차있어 많은 손님들이 갈치낚시를 즐깁니다. 우선 처음으로 이야기하고자 하는 것은 관동 지역을 중심으로 하는 낚시 방법입니다. 조금 전 이야기했던 대로 갈치는 미끼를 취하는 것에 매우 능숙합니다. 그러니까 한 마리 한 마리를 확실히 거는 편이 결과적으로는 낚시의 성과 면에서 낫다고 생각하기 때문에, 바늘은

1개, 많아도 2개까지만 사용합니다.

미끼는 가다랑어나 고등어를 토막 내어 사용하며 바늘의 사이즈는 갈치 바늘 1/0호에서 2/0호로서 한국과 크게 다르지 않습니다. 사람에 따라서는 바늘의 매듭 부분에 튜브를 다는 등 채비 방법도 다양합니다. 원줄, 추, 채비를 그대로 사용하면 원줄에 엉키기 때문에 편대(天秤 : 원줄과 목줄, 추 등이 엉키지 않게 막아주는 소품)을 사용합니다. 이 편대를 사용하는 방법이 관동 지역의 낚시 방법입니다. 추는 장소에 따라 다릅니다만, 50~100호(150호를 사용하는 경우도 있음)를 사용합니다. 채비는 소개한 〈그림 1〉과 같습니다.

갈치의 활성이 나쁠 때에는 목줄을 길게 하고 보다 자연스러운 움직임을 낼 수 있도록 대응합니다. 원줄로 사용하는 PE라인은 2~3호가 기본입니다. 굵으면 채비가 낙하하는 속도가 느려지고 감도도 둔해지므로, 아무리 굵어도 4호를 넘지 말아야 합니다. 굵은 PE라인을 사용하는 이유는 갈치의 이빨에 낚싯줄이 끊어

타하라 야스후미씨가
꽁치살에 바늘을 꿴 모습.

지는 것을 방지하기 위함이라고 말합니다만, 사실 갈치의 이빨은 워낙 날카로워서 나일론사 30호를 써도 끊어져 버리기 때문에, 낚싯줄이 끊어지는 것을 무서워하는 것보다도 약간 가는 PE라인를 쓰는 것이 많이 낚는 데 더 낫다고 생각합니다.

2m 전후 7:3~8:2 액션 로드 사용

갈치는 미끼를 보고 단번에 먹는 것이 아니라, 한번 입질해보고 나서 삼킵니다. 그러니까 입으로 물 때 입질이 작기 때문에, 갈치 로드의 초릿대는 매우 유연한 것이 특징입니다. 또 항상 입질을 유도하면서 낚시를 하기 위해선 몸통 부분은 조작하기 쉬운, 어느 정도 탄력이 있는 것이 요구됩니다. 그리고 미끼를 삼킨 후 단번에 챔질을 하기 때문에, 낚싯대의 버트 부위는 파워가 있는 것이 요구됩니다. 액션으로 말하면 7:3~8:2로서 길이는 2m 전후가 일반적입니다.

릴은 손으로 감는 수동릴도 좋습니다만, 수심이 100m를 넘을 때도 있어서 최근에는 소형 사이즈의 전동릴이 일반적입니다. 다이와의 제품을 예로 들자면 시보그 150이 매우 인기입니다. 이상이 태클에 대한 설명입니다.

첫 입질 후 로드 무거워질 때 챔질

낚시하는 방법입니다만, 갈치는 '유령'이라고도 불리듯이 장소를 자주 바꾸면서 빠르게 이동하는 물고기입니다. 그러니까 중요한 것은 계속 찾아야 한다는 것이며, 그날의 상황에 맞게 재빨리 대응해야 합니다. 채비가 바닥에 도달하면, 거기서부터 그냥 아무것도 하지 않고 감아올리는 것이 아니라, 낚싯대 끝을 40~50cm 위아래 방향으로 움직여서 미끼를 둥실둥실 띄우면서 감아올리는 느낌으로 입질을 유도합니다. 〈그림 2〉와 같이 이 입질 유도의 폭(로드를 움직이는 폭)과 스피드가 중요합니다.

낚시를 하다 보면 신기할 정도로 이렇게 입질을 유도하는 사람에게만 갈치가 잡힙니다. 계속 입질을 유도하고 있으면, 가끔 톡톡 낚싯대 끝이 움직입니다. 입질이 있어도 계속 유도 액션을 취합니다. 이러한 낚시 과정은 마치 타이라바낚시와 비슷하며 입질이 있어 빨리 감거나 멈추거나 하면 갈치는 미끼만 먹고 달아납니다.

그대로 액션을 주고 있으면 갑자기 묵직하게 무거워지는 순간이 있습니다. 갈치가 바늘까지 삼킨 것입니다. 이 순간에 로드 전체를 들어 올리듯이 크게 챔질합니다. 입질이 들어온 후에도 계속해서 입질 유도 액션을 주다가 로드에 무게가 실렸을 때 챔질에 들어가는 것입니다. 이것이 갈치낚시의 묘미라고 봅니다. 챔질을 하지 않아도 갈치가 걸리긴 합니다만, 미끼만 따먹힐 수도 있습니다. 호리호리한 몸매의 전용 로드로 파이팅을 하면 갈치 본래의 강력한 당길힘을 만끽할 수 있습니다. 입질 유도 액션과 입질, 그리고 파이팅이 미끼 배낚시의 기본이 됩니다.

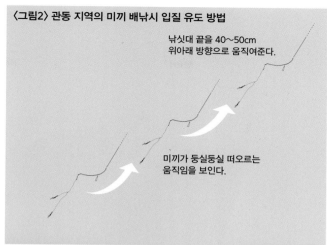

〈그림2〉 관동 지역의 미끼 배낚시 입질 유도 방법

낚싯대 끝을 40~50cm 위아래 방향으로 움직여준다.

미끼가 둥실둥실 떠오르는 움직임을 보인다.

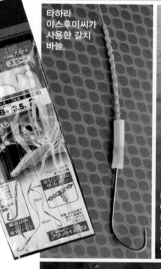

타하라 야스후미씨가 사용한 갈치 바늘.

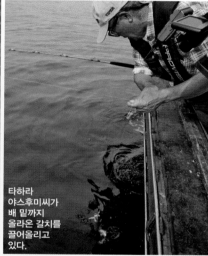

타하라 야스후미씨가 배 밑까지 올라온 갈치를 끌어올리고 있다.

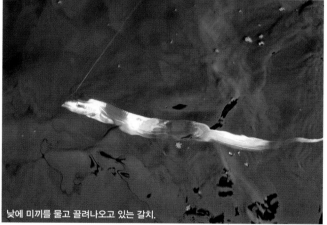

낮에 미끼를 물고 끌려나오고 있는 갈치.

텐야를 사용하는 관서 지역의 미끼 배낚시

오사카 등 관서 지역에서 갈치낚시에 사용하는 것이 '텐야(テンヤ, 납봉바늘, 봉돌에 바늘이 달린 형태의 채비)'입니다. 텐야는 배스낚시에서 사용하는 거대한 지그헤드라고 생각해주세요. 무게는 대개 40호 전

거문도 앞바다에서 낮낚시를 시도해 4지급 씨알을 낚아낸 명인 타하라 야스후미씨. 6시간 동안 낚시해 9마리의 갈치를 낚았다.

타하라 야스후미씨가 거문도 갈치 낮낚시에서 사용한 채비. 관서 지역 나가사키 태생인 그는 관동식과 약간 다른 봉돌 편대 일체형 채비에 집어등을 연결해 사용했다.

니다. 조금씩 감아올리면 예신이라 할 수 있는 첫 입질이 들어옵니다. 갈치가 미끼를 건드리는(바늘이 아님) 상태로서, 낚싯대 끝이 콕콕 하며 상하로 움직입니다. 그 상태로 그대로 계속 감고 있으면 낚싯대를 잡아당기는 본 입질이 나타나며 그 순간에 챔질합니다.

저의 출생지는 관동 지역인 도쿄이기 때문에 관서 지역의 텐야를 사용하는 낚시를 많이 하지는 못했지만 어느 쪽의 낚시든 재미있고 입질 과정부터 히트할 때까지의 과정은 흥분되고 매우 즐겁습니다.

갈치 지깅

갈치를 노리는 배낚시 방법은 생미끼뿐만이 아니고 루어를 사용하는 낚시 방법이 있습니다. 때에 따라서는 미끼낚시보다 나은 조과를 보이기도 하고, 초보자라도 간단하게 즐길 수 있어서 일본에서는 미끼낚시와 함께 매우 인기가 높은 장르입니다.

태클에 대해 알아보겠습니다. 로드는 베이징 로드로 불리는 PE라인 1호 전후에 알맞은 로드를 씁니다. 미디엄테이퍼의 타이라바용 로드도 문제가 없습니다만, 갈치 루어 전용 로드는 슬로우 테이퍼가 많습니다. 릴은 1호 전후 PE라인을 200m 전후 감을 수 있는 베이트릴을 추천합니다.

후를 사용합니다. 이 경우의 미끼는 한국이나 일본 관동 지역 채비와는 다릅니다. 미끼가 되는 정어리를 한 마리 통째로 텐야에 꿰입니다. 라인과 릴은 관동 지역의 것과 거의 같습니다

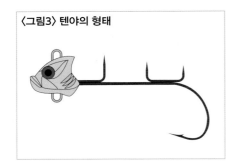

〈그림3〉 텐야의 형태

만, 로드는 관동 지역의 것보다 조금 뻣뻣합니다.

40호 텐야에 정어리를 통째로 꿴다

낚시하는 방법은 관동 지역과 닮아 있습니다만, 액션에서 차이가 납니다. 포인트에 도착하여 바닥까지 채비를 떨어뜨린 후 재빠르게 바닥에서 떼어 놓습니다. 이것은 조류가 빠른 장소에서, 가능한 한 자신의 바로 밑에서 텐야를 컨트롤하기 위해서입니다. 추와 미끼가 합쳐져 있어 움직임이 더 다이렉트로 전달됩니다. 또 입질 유도 액션은 보다 작고 샤프하게 됩

당연히 PE라인을 사용하는 경우 리더라인이 필요합니다. 하지만, 갈치 지깅의 경우는 두 개의 리더라인을 연결합니다. 그 이유는 갈치의 이빨이 날카롭기 때문입니다. 첫 번째 리더라인은 보통 우리가 말하는 리더라인과 같으며, PE 원줄의 2배 강도의 것을 사용하고 길이는 1m 전후입니다. 즉, PE 1호 16lb 전후를 사용한다면, 리더라인은 30lb 전후가 됩니다. 하지만 30lb는 갈치의 이빨에 닿으면, 순간적으로 끊어지기 때문에, 첫 번째 리더라인보다 더 굵은 두 번째 리더라인을 첫 번째 리더라인에 연결합니다. 두 번째 리더라인의 굵기는 보통 80lb를 사용하며 길이는 50~100cm입니다.

지그는 형상보다 컬러가 중요하다

여기까지가 낚싯대, 릴, 라인의 세팅입니다만, 중요한 것은 루어입니다. 이 루어가 매우 중요합니다. 통상 사용하는 무게는 80~150g이 메인으로서, 깊은 곳이나 조류가 빠를 때는 그 이상의 것을 사용할 때도 있습니다. 갈치에서 중요한 것은 루어의 형상보다 컬러입니다. 수심 50m 이상의 깊이가 되면, 지상으로부터의 빛이 닿지 않게 되어 일반적으로 모든 색은 검정색이 된다고 말하기도 하지만 이 컬러에 의해서 낚시의 성과가 크게 달라집니다. 옆에 있는 사람과 같은 형태의 루어와 같은 액션을 취해도 컬러에 의해 입질에서 차이가 납니다.

대표적인 컬러로는 글루(야광), 퍼플(자주), 오렌지, 실버, 블루의 다섯 가지이며 이것을 기본으로 하면서 컬러를 추가해갑니다. 컬러가 다른 것만으로도 이렇게 조과가 다르게 나타납니다. 옆에서 낚이는데 자신에겐 잡히지 않으면 정말로 분한 일이겠죠. 저도 초보인 여성 낚시인과 낚시를 갔을 때 대패를 했던 적이 있을 정도로 컬러는 중요합니다.

한편, 루어에 다는 바늘도 중요합니다. 통상 지그에는 어시스트훅을 붙입니다만, 이 훅과 링을 연결하는 목줄이 일반 어시스트훅 목줄과 같이 나일론계라면 거의 100% 끊어집니다. 갈치용으로 판매되고 있는 어시스트훅은 이 부분이 와이어이거나 금속으로 되어 있습니다.

감아올리는 방법에 따라 조과 차이

낚시 방법은 미끼낚시를 닮아 있습니다. 갈치 지깅이야말로 루어 테크닉을 시험할 수 있는 최고의 장르라고 생각합니다. 포인트에 대해 선장의 지시에 따라 공략 수심층까지 지그를 떨어뜨리는 것은 비슷하지만 감아올리는 방법에 따라 조과가 좌우됩니다.

①그냥 감기
이것은 말 그대로, 액션을 주지 않고 감는 것입니다. 채비가 갈치의 유영층을 통과하게 합니다. 선장이 '50m 부근에 반응이 있어'라고 했을 경우엔 60m까지 떨어뜨려서 40m까지 감고, 또 60m를 떨어뜨려 갈치가 있는 수심대를 찾습니다. 특별한 테크닉이 없는 것처럼 보일지도 모릅니다만, 감는 스피드에 변화를 주어서 입질이 들어오는 제일 좋은 스피드를 찾습니다〈그림 4〉.

②저킹(샤크리)

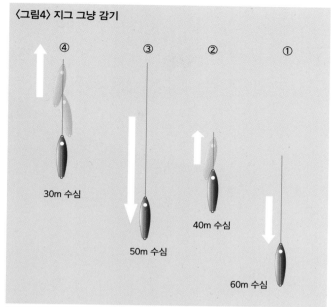

〈그림4〉 지그 그냥 감기

30m 수심

50m 수심

40m 수심

60m 수심

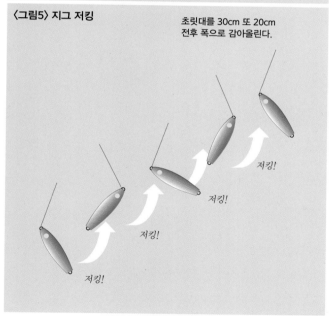

〈그림5〉 지그 저킹

초릿대를 30cm 또 20cm 전후 폭으로 감아올린다.

저킹!

저킹!

저킹!

저킹!

부시리 지깅 등과 같이 저킹(샤크리) 액션으로 로드를 움직이면서 루어를 움직여 입질을 유도하는 방법으로서 이 방법이 일반적입니다. 이 방법은 초릿대를 30cm 정도 상하로 움직이면서 느긋하게 감아 들이는 방법도 있으며, 20cm 전후 폭으로 초릿대를 흔들면서 날카롭게 움직이는 방법도 있습니다. 그날의 낚시 상황에 맞는 액션을 재빨리 찾아내는 것이 제일 중요합니다〈그림 5〉. 갈치의 성격은 변덕스러워서 어제까지 A라고 하는 방법이 좋아도, 오늘은 B라고 하는 액션이 좋을 수 있습니다. 이렇듯 입질 패턴이 수시로 변하는 점이 갈치 지깅의 묘미입니다. 하루만 낚시를 해서 많은 갈치를 잡았다고 하여도 갈치 지깅에서는 '고수'라고는 부르지 않습니다.

갈치 요리
구이·회·조림·무침·매운탕

갈치구이. 양념 소스를 얹어 더욱
먹음직스러워 보인다.

갈치는 가장 맛있는 생선 중 하나로 손꼽힌
다. 또 영양소가 풍부한 생선으로 단백질이
16~25%, 지방이 10%나 된다. 바닷고기의
지방은 체내에 쌓이지 않고 소변 등으로 배출
되는 불포화지방산이라 살찔 염려가 없다. 탄
수화물인 글리코겐·로이신 등의 필수아미노
산과 각종 무기질 그리고 비타민 A·D도 풍부
하게 들어 있다. 낚은 갈치는 보관만 잘해서 집
으로 가져오면 24시간 안에 회로 즐길 수 있으
며, 그 자체로 훌륭한 식재료이기 때문에 무엇
을 해먹어도 맛있다. 갈치요리의 대표 격은 소
금구이지만 그밖에도 다양한 요리로 즐길 수
있다.

회

작은 것은 뼈회로

작은 갈치와 큰 갈치는 회 뜨는 방법이 다르다. 작은 갈치는 포를 뜨기 어려워서 뼈째 썰며, 큰 갈치는 포를 뜬 후에 살만 썬다. 갈치를 많이 먹어본 사람들은 대부분 회보다 뼈회를 좋아한다. 억세지 않고 고소한 갈치 뼈에서 우러나는 맛의 중독성 때문이다. 뼈회를 좋아하는 사람은 큰 갈치도 뼈째 먹는데, 큰 갈치의 뼈는 억세기 때문에 아주 잘게 썰어야 한다.

갈치회를 맛있게 먹는 방법 중엔 회를 막걸리에 씻은 후 먹는 방법도 있다. 내장과 지느러미를 제거한 후 썰기 전에 막걸리에 담가두거나 살짝 씻어내면 달짝지근한 막걸리 맛이 배어 더 감칠맛이 난다. 예전에는 갈치회를 잘못 먹으면 배탈이 난다고 해서 살균 목적으로 막걸리에 씻었다는데, 막걸리의 살균효과는 근거 없는 말이다.

그런데 갈치를 먹고 간혹 배탈이 나는 수가 있다. 그 이유는 갈치 몸속에 들어 있는 하얀 힘줄을 먹었기 때문이다. 힘줄은 갈치 내장에 연결되어 척추로 이어져 있는데, 작은 갈치는 내장을 빼낼 때 힘줄이 함께 달려 나오지만, 큰 갈치는 내장에 힘줄이 달려 나오지 않기 때문에 포를 뜬 후 힘줄을 별도로 제거해야 한다〈사진 4 참조〉.

한편 갈치의 비늘에 붙은 은색 물질이 배탈을 일으키는 원인이라는 말도 있지만 전혀 사실이 아니다. 갈치 비늘의 은색 물질은 구아닌이라고 하는데 보통 사람이 먹어서는 전혀 해가 되지 않고 오히려 요즘은 구아닌이 몸에 좋다며 벗겨내지 않고 먹는 경우가 더 많다. 구아닌으로 탈이 나는 경우는 구아닌에 알레르기 반응을 보이는 체질을 가진 사람이 먹었을 때이며 복통이나 두드러기가 생길 수 있다. 구아닌은 가열하면 쉽게 분해되기 때문에 굽거나 끓일 때는 걱정하지 않아도 된다.

그런데 뼈회를 칠 때는 갈치 피부의 구아닌을 수세미 등으로 문질러 제거하는데, 그 이유는 구아닌을 벗겨줘야 뼈회가 깔끔하고 먹음직스러워 보이기 때문이다. 하지만 뼈회조차 구아닌을 벗기지 않고 그대로 먹는 사람도 많다.

갈치 뼈회.

1. 철수세미로 갈치의 몸을 민다. 골고루 문지르되 너무 강하게 문지르면 살이 물러져서 맛이 떨어지므로 적당히 문지른다. 수세미가 없으면 칼, 칫솔, 수건 등으로 밀어도 된다.
2. 큰 갈치는 머리를 자르고 포를 뜬다. 갈치가 길기 때문에 날이 잘 선 칼로 천천히 한다.
3. 작은 갈치는 지느러미, 머리, 내장을 제거한다. 지느러미는 칼로 그으면 쉽게 제거할 수 있으며, 가위로 잘라도 된다.
4. 큰 갈치의 경우 내장을 뺄 때 딸려 나오는 하얀 힘줄은 배탈의 원인이 되므로 꼭 제거해야 한다. 내장을 제거할 때 당기면 쉽게 빠진다.
5. 손질한 갈치는 바닷물에 한 번 씻는다. 바닷물이 없으면 민물엔 씻지 말고 키친타월 등으로 닦아낸다.
6. 손질하는 중에도 얼음에 얹어두면 선도를 유지할 수 있다.
7. 물기를 완전히 제거하고 살에 붙은 이물질이 없나 잘 살핀다.
8. 작은 갈치는 뼈째 썬다. 잘게 썰어야 씹기 좋다. 뼈를 씹는 것을 즐기는 경우 5cm 정도로 크게 토막을 낸 후 칼로 살짝 다져서 먹기도 한다.

완성한 갈치 간장조림.

간장조림
짭조름한 명품 밥반찬

갈치를 튀긴 후 간장에 조린 요리이다. 구이나 흔한 조림에 식상한 낚시인이라면 꼭 먹어보기 바란다. 준비물은 큰 갈치와 진간장, 물, 설탕, 물엿, 무, 당근, 전분이다. 전분을 입힌 갈치를 기름에 한 번 튀긴 후 조리는데, 밥반찬으로 아주 좋다.

1. 갈치는 지느러미와 내장을 제거하고 내장 주변의 검은 막을 깨끗이 씻어낸다.
2. 먹기 좋은 크기로 자른다.
3. 갈치에 전분을 묻힌다. 전분은 갈치 살을 단단하게 하며 잡냄새를 제거해 준다.
4. 프라이팬에 기름을 넉넉하게 두르고 갈치를 튀긴다. 중불을 유지하면서 노릇노릇해질 때까지 기다린다.
5. 조림을 할 소스는 간장 7, 물 3의 비율로 섞은 후 물엿과 설탕을 한 숟가락씩 넣어 만든다.
6. 먹기 좋은 크기로 자른 무와 당근을 먼저 넣고 소스가 끓기 시작하면 갈치를 넣는다.
7. 약한 불로 끓이며 가끔 소스를 끼얹어 준다. 소스가 졸아들 때까지 두면 된다.

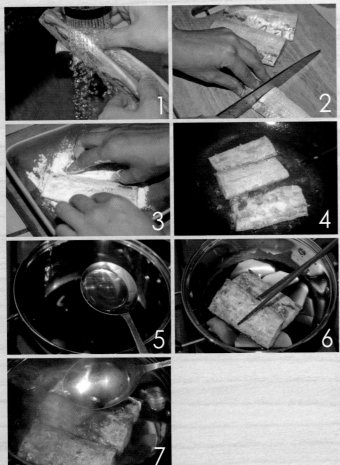

구이
한입 씹히는 살맛 최고

4~5지 되는 씨알의 갈치는 살이 많아 구이를 해먹는 게 좋다. 먼저 칼로 지느러미와 내장을 제거하고 배 안쪽의 검은 부분을 모두 긁어낸 뒤 먹기 좋을 크기로 토막을 내고 등 쪽에 칼집을 내준다. 굵은 소금을 뿌려준 뒤 프라이팬에 식용유를 적당량 붓고 갈치를 올려놓고 굽는다. 익기 시작하면 반대쪽으로 뒤집어 주는 식으로 두세 번 뒤집어서 노릇노릇하게 되면 완성.

노릇노릇하게 살이 익은 갈치구이.

회무침·물회

채소 가늘게 썰어야 맛있어

회무침은 갖가지 채소에 갈치회와 새콤달콤한 초고추장을 넣고 버무리면 된다. 맛의 핵심은 무, 당근, 오이 같은 딱딱한 채소를 아주 잘게 썰어 아삭하게 씹히는 맛을 살리는 것이다. 특히 무가 맛을 좌우한다. 똑같은 재료를 써도 전문식당보다 집에서 만든 회무침이 맛이 없는 이유는 대부분 채소를 굵게 썰기 때문이다. 회무침에 들어가는 채소는 무, 당근, 양파, 오이, 깻잎, 파프리카, 고추 등이다. 무와 양파는 반드시 넣어야 회무침의 맛을 살릴 수 있다. 초고추장은 시중에 파는 것을 쓴다. 새콤달콤한 맛을 더하기 위해서는 식초와 올리고당(설탕)을 더 넣으면 된다.

회무침에 얼음과 물을 부으면 맛있는 갈치물회가 된다. 단, 물이 들어가므로 양념을 더 많이 넣어야 한다.

1. 회무침 재료. 무, 당근, 오이, 양파, 깻잎, 파프리카, 고추를 잘게 썬다.
2. 갈치회와 초고추장을 넣고 버무린다.
3. 완성한 갈치 회무침.

시원한 국물 맛이 별미인 갈치 물회.

매운탕

겨울에 맛보는 칼칼한 국물 맛 일품

갈치로 조림을 많이 해먹는데 칼칼한 국물이 일품인 매운탕은 갈치를 색다르게 즐기는 조리 방법이다. 특히 쌀쌀한 겨울엔 조림보다 매운탕이 더 어울린다. 준비물은 갈치 6~7토막, 양파, 대파, 무, 청양고추, 고춧가루, 다진 마늘, 간장 1큰술, 소금이다. 양파와 대파, 무, 청양고추를 미리 썰어놓고 멸치육수를 넣은 물을 끓인다. 물이 끓으면 무와 양파, 청양고추를 넣고 갈치를 넣는다. 국물의 양은 갈치가 조금 잠길 정도가 적당하다. 고춧가루 1큰술을 넣은 뒤 소금으로 간을 맞춘다. 조금 더 끓기 시작하면 마늘과 대파를 넣은 뒤 식탁으로 내오기 전 소금으로 다시 한 번 간을 맞춘다.

칼칼한 국물이 밑맛을 돋우는 갈치 매운탕.

국내 최초! [갯바위 **릴찌** 낚시 교본]

낚시무크지 제 **4**탄!

구멍찌낚시

▶ 바다낚시의 백미, 구멍찌낚시 완벽해설서
▶ 각종 찌 선택과 채비법, 물때와 조류 읽기
▶ 찌낚시 양대 채비 반유동 vs 전유동

구입 문의 황금시간 (02)736-2031_내선 800~803

구멍찌낚시
감성돔·벵에돔·참돔 찌낚시

찌밑수심 조절과 뒷줄 견제조작
물때와 조류 읽기
감성돔낚시 표준-1호 반유동채비
벵에돔낚시 하이테크-교
참돔낚시 하이테크-교

제로찌와 투제로찌의 차이
찌낚시 성패를 가르는 밑밥

구멍찌
집중분석

찌낚시 양대 채비
반유동 vs 전유동

올컬러 252쪽 **값 15,000원**

최고의 인기 대상어종
감성돔, 벵에돔, 참돔을 낚는 길이 여기에 있다

18人의 갯바위낚시 전문가들 필진으로 참여 (가나다순)

강민구　강호철　금성철　김용화　김지송　김한민　민병진　박범수　박재홍

박진철　이성규　이승현　이영광　이영언　이택상　조경래　홍경일　오구라 토모카즈

낚시춘추 무크지 6

갈치낚시

지은이 낚시춘추 편집부
펴낸이 정규도
펴낸곳 황금시간

초판 1쇄 인쇄 2014년 9월 4일
2쇄 발행 2018년 8월 10일

편집 허만갑 서성모
디자인 이상준 김광규 김현숙

공급처 (주)다락원 (02)736-2031

주소 경기도 파주시 문발로 211
전화 (02)736-2031(대)
팩스 (031)8035-6907
출판등록 제406-2007-00002호

값 12,000원
ISBN 978-89-92533-68-3 13690

http://www.darakwon.co.kr

• 다락원 홈페이지를 통해 인터넷 주문을 하시면 자세한 정보와 함께 다양한
혜택을 받으실 수 있습니다.